数字商贸系列新形态项目化精品教材

U0725710

商务礼仪与沟通
——商务素养修炼

主　编：肖剑锋　关怀庆

副主编：高艳梅　陈京华　肖鸣声

主　审：曾国良　乔永超

电子工业出版社·

Publishing House of Electronics Industry

北京·BEIJING

内 容 简 介

本书是数字商贸系列专业基础平台课程教材，在编写过程中借鉴了企业培训和欧美职业教育的经验，特别强调"干中学"方法。首先，本书将数字商贸类专业学生所需要的核心技能逐一分解为多个具体项目。其次，根据工作岗位的实际需求设置总任务，并以总任务为引领，以具体任务为主线，巧妙地将教学内容融入各项任务。最后，学生在教师的指导下提出解决问题的思路和方法，并进行实际操作。教师引导学生边学边做，完成相应的任务。通过持续的实践练习和经验积累，学生能够在理念思维、心态行为、形象礼仪、表达沟通能力、谈判博弈能力和自我提升能力等方面逐步具有商务人士应有的专业素养。

本书既可作为中等职业学校、高等职业院校和应用型本科院校数字商贸类专业的教材，也可作为机关企事业单位及各级各类培训机构的培训教材。

本书配有 PPT、案例库、微课等数字化教学资源。

图书在版编目（CIP）数据

商务礼仪与沟通：商务素养修炼 / 肖剑锋，关怀庆

主编. -- 北京 ：电子工业出版社，2025. 3. -- ISBN

978-7-121-49947-0

Ⅰ. F718；F715

中国国家版本馆 CIP 数据核字第 2025N1X233 号

责任编辑：李　静　　　文字编辑：曹　旭
印　　刷：三河市华成印务有限公司
装　　订：三河市华成印务有限公司
出版发行：电子工业出版社
　　　　　北京市海淀区万寿路 173 信箱　　邮编：100036
开　　本：787×1092　1/16　　印张：15.75　　字数：373 千字
版　　次：2025 年 3 月第 1 版
印　　次：2025 年 3 月第 1 次印刷
定　　价：48.80 元

凡所购买电子工业出版社图书有缺损问题，请向购买书店调换。若书店售缺，请与本社发行部联系，联系及邮购电话：(010) 88254888，88258888。

质量投诉请发邮件至 zlts@phei.com.cn，盗版侵权举报请发邮件至 dbqq@phei.com.cn。

本书咨询联系方式：(010) 88254604，lijing@phei.com.cn。

编 写 说 明

一、编写目的

《中华人民共和国国民经济和社会发展第十四个五年规划和 2035 年远景目标纲要》指出：要"健全有利于更充分更高质量就业的促进机制，扩大就业容量，提升就业质量，缓解结构性就业矛盾"，要"全面贯彻党的教育方针，坚持优先发展教育事业，坚持立德树人，增强学生文明素养、社会责任意识、实践本领，培养德智体美劳全面发展的社会主义建设者和接班人"，对以就业为导向的职业教育提出了高质量发展的要求。

根据多年的就业跟踪调查，企业对职业院校各专业大类的毕业生都有相应的素养要求，即每个专业大类的毕业生都应具备某些相对优势，甚至是独特的能力。对于数字商贸类专业的毕业生来说，由于其主要面向现代服务业就业，专业素养主要体现在从"内在"到"外表"所展现出的理念思维、心态行为、形象礼仪、表达沟通。

在借鉴欧美职业教育发展模式的过程中，我国职业教育的人才培养目标先后经历了从培养技术型人才，到培养技术技能型人才，再到培养以能力为本位的职业技术人才的几次转变。然而，由于发展历史较短，目前业界习惯将职业能力简单地定位于专业技能，过于强调学生的岗位技能，而忽视了职业能力的内涵层面，缺乏针对学生专业素养的有效课程和教学手段。

当前，职业教育在专业素养课程方面缺乏有效的实践性教材，导致学生难以悟透道理并提高能力，教学效果也难以获得企业的认可。因此，与企业、教研机构共同创新开发专业素养教材，开发新的教学内容和课程资源库，改革教学方法，适度引进企业讲师授课，可适应企业的用人、育人、留人需求及毕业生的职业发展需求。为此，编写一套适合职业教育数字商贸类专业的教材非常必要且具有重要的意义。

二、编写特点

以学生为中心。作为培养职业院校数字商贸类专业学生"基本功"的重要教材，本书编写坚持"以学生为中心"，着眼于将理论知识应用于现代服务业工作实践中，力求解决"所学无用"和"所用未学"问题。通过借鉴大量企业在职人员的实际培训课程，并紧密结合当前企业对员工素养的实际要求，采用多种实训手段，切实培养学生的专业素养。

以能力为根本。坚持"以能力为本位"原则，结合任务驱动法和项目教学法，以学生为主体、以任务为牵引、以项目为核心、以情境为载体、以思政为引领，采用"干中学"方法，帮助学生修炼基本技能，养成专业素养。

以行动为导向。通过模块项目法构建相关教学内容，基于工作流程安排教学顺序，设计任务引领法实施教学流程，既充分体现了职业教育以行动为导向的教学特征，又方便教师组织教学和实训，非常适合学生学习。

以可行为原则。本书力求保证教学内容符合职业院校数字商贸类学生的年龄特征和知识水平，各种实训手段切实可行，并且便于教师组织实施教学。实训中使用的器具和必备条件坚持"就地取材、易于开展"，具有很强的可操作性。

以情境为载体。在课堂中尽量创设真实的情境，唤醒学习者的兴趣，充分运用多元智能、情境教育、体验教育等理论，让学生在真实情境下切身体验，提高学生学习的积极性，在"真做"中"学习"技能，在"学习"中"修炼"素养。

以融汇促创新。职业院校、企业和教研机构三元合作开发教材，在教材整体设计方面具备产教融合优势，理念先进，结构、体例和内容原创度高，理论与实践结合性强。

三、编写分工

本书由广东财贸职业学院、东风集团岚图汽车科技有限公司、广州大匠电子商务公司、深圳市粤豪珠宝有限公司、广东省教育研究院等单位成员联合策划编写。广东财贸职业学院肖剑锋、广东省教育研究院关怀庆任主编并统稿，广州大匠电子商务公司肖鸣声、岚图汽车科技有限公司陈锐、深圳市粤豪珠宝有限公司何钰、广东财贸职业学院肖剑锋、高艳梅、陈京华、郑晓燕、葛景瑶、吉美慧、李静芳参与编写，扬州科润德机械有限公司总经理曾国良、广州南菱汽车股份有限公司副总经理乔永超负责主审。

在本书的编写过程中，我们参考了大量的相关书籍和文献，在此向这些作者表示诚挚的感谢！受编者水平所限，书中难免有不妥和错误之处，恳请各位读者给予批评指正。

编　者

2025.3.19

目　　录

理念思维修炼

　　商务是指与买卖商品和服务相关的所有商业活动。商务人士虽然在工作中围绕信息流、物流和资金流开展工作，但其终极目标始终是人，即消费者、顾客或客户。为了提升工作成效和回报社会，商务人士必须聚焦"识别和满足顾客需求""获得顾客满意"。因此，商务人士必须具备顾客导向理念，以及创新、创造和创富思维。

项目 1 　顾客导向理念修炼

一、修炼目标

知识目标

- 了解竞合关系的实质。
- 熟悉顾客导向理念的内涵和要求。
- 掌握社会营销观念和关系营销理论的内涵。
- 掌握顾客满意理论的框架。

能力目标

- 能够理解和贯彻顾客导向理念。
- 能够在商业活动中灵活运用顾客满意理论。
- 能够在商务活动中熟练运用关系营销技巧。

素养目标

- 树立与时俱进的顾客导向理念。
- 建立诚信经商意识，在商务活动中遵循商业伦理。

二、修炼情境

小王是广东财贸职业学院电子商务专业的学生。该校致力于"打造数字商业人才培养高地"，电子商务专业旨在为现代服务业培养人才，多数毕业生将投身于粤港澳大湾区的现代产业，从事销售工作——也就是经商。对于这个领域，良好的沟通技巧是必不可少的。

小王听过许多关于经商的俗语和谚语。例如，"不懂生意经，买卖做不通""商场如战场""买卖不成仁义在"等。

小王和同学都很想知道：商人和顾客之间到底应该是什么样的关系；究竟该如何看待和对待顾客；怎样才能赢得顾客的好感和忠诚；如何通过服务顾客来增加自己的财富；等等。

三、修炼内容

（一）顾客至上、服务第一法则

1. 工作任务

将全班同学按性别、性格、能力互补情况，每5～6人组成一个团队（小组），分别回答以下问题，时间为6分钟。

（1）在购物网站上搜索"手机"，分析主要有哪些牌子的手机？

（2）想寄快递到北京或上海，有多少家快递公司可供选择？

（3）发布自己制作的短视频有哪些平台可以选择？

（4）列举出三种很难买到的日用商品。

（5）列举出三种没有竞争对手的日用商品。

（6）可以得出以下哪个结论？

① 商品（服务）大多非常丰富，不同品牌间的竞争非常激烈，可供顾客挑选的余地非常大。

② 商品（服务）大多"只此一家，别无二店"，顾客别无选择。

（7）如果顾客本来要在 A 店购物，但由于某种不满最后去了 B 店，那么 A 店和顾客分别有何损失？

（8）在做生意的过程中，对于绝大部分商品（服务），是商家占据主动还是顾客占据主动？为什么？

（9）当去实体店或网店买衣服时，售货员或客服的哪些行为会令你不满意？请按不满意程度从高到低列举 5 项。

（10）列举一项和商家很不愉快的事。你当时的感受和想法是什么？

（11）商家的"一日三餐"来源于何人？怎样对待提供这"一日三餐"的人才能让商家"发展壮大"？

2. 解决方案

通过回答以上问题，各团队讨论总结启发和感悟，在学习通、雨课堂、钉钉、智慧职教等平台上上传团队讨论结果，要求总结简洁明了时间为8分钟。

3. 教师点灯

◁ **评价要点参考** ▷

- 技术日益先进，生产力日益发达，制造能力越来越强，商品非常丰富。
- 商家之间竞争非常激烈，顾客挑选商品的余地很大，因而处于支配地位。
- 顾客因为有足够的选择余地，只会选择符合自己心意的商家和商品。
- 当商客不欢而散时，顾客最多增加了挑选成本，而商家却可能失去利润——其生存的根本。

- 顾客最看重商品是否符合自己的需求，其次是购物体验，顾客转换成本很低。
- 顾客是商家利润的根本来源，顾客认同是商家生存和事业发展的保证。
- 明智之士做事应以目标为导向，商家的根本目标是合法合规地获得利润。
- 顾客有权挑剔，商家要为自己的利润和事业发展修炼心性和提升服务水平。
- 和气生财、顾客至上、服务第一，是在同质化竞争中胜出的法宝。

4. 理论指导

顾客是指前来商家购买东西的人或要求服务的对象，包括组织和个人，是与商务人士直接打交道的"买方"和"甲方"。

1）顾客导向营销观

"顾客导向"不仅是对现代市场营销观的精辟概括，也是指导企业营销实践的行动指南。随着营销理论与实践的发展，顾客导向营销观的内涵也在不断变化：从以适应需求为目标的市场营销观，到以创造需求为目标的大市场营销观，再到以顾客满意为目标的顾客满意营销观，使企业的营销活动越来越贴近顾客。

生意场上流行"和气生财"的商训，这是有着深刻道理的。首先，商客间天然存在利益连接下的竞争关系，双方谈生意就是合作目标下的利益竞争，在这个过程中，主动和被动关系取决于双方的利益价值和营销策略。其次，绝大多数商品到处都有得卖，商家之间竞争非常激烈，顾客可以仔细地货比三

> **小提示：** 印象定律，人们怎么看待你决定了他们倾向于怎样回应你。

家、比质量、比价格、比服务。质量和价格往往比较刚性，难以有太大的差别；服务是"没有最好，只有更好"，弹性很大。因此，货比三家的结果往往变成比服务。再次，任何顾客都想满意地实现交换，高兴地进行消费。对于给人气受的店铺和服务员，顾客要么提出不满，要么选择离开。这样做生意肯定门可罗雀。最后，如果商家服务人员对顾客友好相迎、态度热忱、说话中听、耐心回答疑问，并且真心为顾客着想，让顾客进入店铺后感受到被尊重，则会让顾客放下戒心、心情愉悦、愿意消费，并对商家产生好感，成为回头客。商家因良好的服务获得了更多的利润。

2）顾客至上、服务第一法则

◀ 敲黑板：顾客到底是谁？ ▶

- 顾客是公司最重要的关系人物，无论他是亲自出面还是线上相见。
- 顾客不靠我们而活，而我们却离不开他们。
- 顾客的挑三拣四不是打扰我们工作，嫌货人才是买货人，他愿意来"挑刺"恰是我们努力的目的。
- 服务好顾客是让客商双方各取所需，商家只有提供好的服务才能创造机会和价值。
- 顾客不是我们争辩或斗智的对象，当我们在口头上占了上风时，也失去了顾客。
- 顾客是把需求带到我们面前的人，让顾客满意，使我们得利，就是我们的职责。

对于商家而言，其最大的目标无非是盈利和发展，而利润只能来自顾客。因此，尊重

顾客、理解顾客，持续提供超越顾客期望的产品与服务，做顾客永远的伙伴，是商家必须坚持和倡导的。

面对激烈的市场竞争，商务人士要主动靠近顾客，以顾客的需求和利益为中心，最大限度地满足顾客的需求，需特别注意以下几个方面。

（1）提供让顾客满意的服务。成功地服务顾客，首先在于如何善待顾客，使顾客对所提供的服务感到满意。在接待顾客的过程中，对不同类别的顾客都应当接待好，让他们充分感觉到被尊重，应当时刻具备"顾客至上"的思想。

（2）了解顾客的需求。具备了善待顾客的思想后，要促成交易的达成，还必须了解顾客。接待顾客和平常人与人之间的交往不同，在一般情况下，只有我们了解某个人，才有可能善待他。但在接待顾客上，我们需要先善待，再了解。而在了解的过程中，要以顾客为主，调动顾客的积极性，引导顾客多说，想方设法挖掘顾客的需求。

（3）影响顾客，让顾客愉快地与你合作。要让顾客愉快地与你合作，就需要营造一种和谐的气氛，始终站在顾客的立场上为其着想，让顾客喜欢你、信任你，并乐于与你沟通，使顾客在愉快的心情下进行合作。

（4）迎合顾客，赢得顾客的心。在现代商业中，商品过剩现象非常突出，有大批的商品供顾客选择。顾客在购买一件商品时，往往经过多个步骤：首先收集商品的信息，然后比较同类商品，接下来参考相关群体的意见，最后决定是否购买。因此，在销售中，商家应当充分了解这一点，巧妙地迎合顾客的意愿，使其对所提供的服务感到满意。

"一流企业抓服务，二流企业抓质量，三流企业杀价格。"在当今生产能力过剩的同质化竞争时代，热情至诚地为顾客做好服务就是为顾客提供增值体验的重要途径，也是增强竞争力的一种强有力的手段，这是每位商务人士都应当了解的。

5. 技能点拨

如何贯彻顾客至上、服务第一法则？

1）每走一步，先想到的都应该是顾客

（1）应站在顾客的立场上，而不是站在公司的立场上去研究、设计和改进服务。

（2）完善服务系统，加强售前、售中、售后服务。对顾客在使用商品中遇到的各种问题及时帮助解决，使顾客感到方便。

（3）高度重视顾客意见，让顾客参与决策，把处理顾客的意见作为使顾客满意的重要一环。

（4）建立一切以顾客为中心的机制。各个机构的设立、服务流程的变革、新技术的运用等，都要以顾客需求为中心，对顾客意见建立快速反应机制。

2）尊重顾客的想法

（1）顾客是商品的购买者，不是麻烦制造者。

（2）顾客最了解自己的需求和爱好，这恰恰是企业需要获取的信息。

（3）顾客是聪明的，他们会比较、判断、反思和感悟。

3）5S 理念

（1）适度微笑（Smile）。销售人员只有对顾客有体贴的心意，才可能发出真正的微笑。笑容可以表达欢迎、快乐、健康、体贴、宽容和感谢。

（2）动作迅速（Speed）。它有两种意义：一是物理速度快，即工作时尽量快些，不要让顾客久等；二是演示速度快，销售人员诚意十足的动作与体贴的心意会使顾客产生满足感，使他们不觉得等待时间过长。以迅速的动作表现活力，不让顾客等待，是好服务的重要标准。

（3）诚恳（Sincerity）。销售人员如果有尽心尽力为顾客服务的诚意，顾客一定能体会到。以真诚、不虚伪的态度工作，是销售人员的基本礼仪。

（4）灵巧（Smart）。销售人员应精明、整洁、利落，以干净、利落的方式来接待顾客，以敏捷、优雅的动作来包装商品，以灵活、巧妙的工作方法来获得顾客的信赖。

（5）研究（Study）。销售人员要时刻学习并熟练掌握商品知识，研究顾客的消费心理，培养销售服务技巧，这样做不仅会在接待顾客的层面上有所提高，也必定会有更好的销售业绩。

6. 企业实践

◆ 实践背景

目前，阿里、腾讯、京东、唯品会、字节跳动、移动、电信、快手、花生日记等知名数字化平台均已在广州布局，帮助传统商贸企业重构"人""货""场""服务"四者关系，全面链接商场、商户和顾客，构建有温度、会感知的智能商贸生态体系，提升客流和成交转化。通过数字化平台的大数据系统，利用 5G、VR、AR 等新技术，引导平台和品牌进行"个性化"精准定制与精准营销，可实现对销售目标的精准触达，提升购物体验。

2020 年 9 月 1 日，华晨宝马汽车有限公司（简称 BMW）将"售后服务部门"正式更名为"客户服务与支持部门"，旨在向消费者传递"以客户为中心"的清晰信号。随后，BMW 相继推出了一系列数字化服务，包括：BMW 云端互联 App、BMW 客户服务中心微信公众号、BMW 天猫/京东官方旗舰店、My BMW App。这些举措旨在打造"社交化的品牌体验"模式，强化客户与品牌的情感链接。此外，BMW 还致力于为客户提供创新的数字化服务，如远程升级服务，使客户可以像使用智能手机一样完成软件自动升级安装，时间成本大大降低。

BMW 还推出了全新的"网络领创项目"，通过充分利用数字化管理平台和 BMW 悦服务小程序，领创经销店可与客户持续沟通，更新维保进度，缩短等候时间，改善客户体验。此外，BMW 还推出了"BMW/MINI 服务体验官"和"宝马忠诚之悦"项目，为客户提供长期有效的在线反馈渠道，倾听客户声音，解决客户问题，全方位改善服务质量，带给客户更加卓越的服务体验。

BMW 还推出了以下优惠服务和延长保修计划。

长悦保养套餐和长悦保养回馈计划：为新老车主提供在养护上的优惠选择。

延长保修服务：最多可将保修期延长至 7 年，在延长保修服务期内，为车主免费修理或更换规定范围内的零部件。延长保修服务还可随车转让，让车主在进行二手车交易时获得更高的评估价值。

58 分钟机油保养服务：客户可通过云端互联 App、客户服务与支持热线、客户服务中心微信公众号等途径提前预约。保证客户仅需 58 分钟即可享受高效原厂机油保养服务及一次免费的车辆健康检查。

二手车回家标准服务：所有 BMW 车主均可享受这一贴心服务。

当客户遇到紧急状况时，可以通过车机、售后热线和 BMW 云端互联 App 多个呼叫渠道发起救援请求。BMW 道路救援团队将 7×24 小时为客户带去安心守护，全面保障客户的人身和车辆安全。BMW 道路救援实时监控平台如同天眼一般，能够在呼叫接听的第一时间准确掌握事故车辆的位置，在线指导客户排除部分故障。若遇紧急状况，则可以通过强大的团队支持，帮助车主完成交警、保险公司、拖车和救护车的远程呼叫，为客户的生命财产安全提供强大的保障。

◆　**实践任务**

以团队为单位，通过阅读以上案例材料，集体研讨以下问题：

（1）数字化技术给企业贯彻顾客至上、服务第一法则带来哪些优势？

（2）BMW 利用数字化平台为客户做了哪些增值服务？

◆　**实践指南**

（1）精准定制和精准营销能更好地满足消费者的个性化需求。商品可通过虚拟全景展示，实现全天候选购，提升购物便利性；提高购买效率和配送速度，实现销售的精准触达；方便消费者货比三家挑选物美价廉的商品，实现"一站式和一键式"购物。此外，通过持续沟通提供增值服务，可提升消费者满意度，增加回头客比例。

（2）面对客户日益多样化、个性化的需求，BMW 坚持"顾客至上"，从客户角度出发，利用不断升级的数字化、科技化、全链条体验，直击不断变化的需求。在全面提升客户体验的同时，BMW 以"服务质量"为基石，关注客户的价值、便捷、关爱、沟通"核心诉求，推出一系列贴心高品质服务，带给客户最优质的品牌服务体验，从而提升客户满意度，赢得客户信任。

（二）顾客满意理论

1. 工作任务

回忆购买手机的经历，并认真回答以下问题，时间为 7 分钟。

（1）在购买之前，你原本希望买一个什么样的手机（包括品牌、主要功能、主要配件、价位等）？

（2）你一开始打算去哪里购买（如专卖店、大型商店、网店等）？为什么？

（3）你想去的那家店有名气吗？档次和口碑如何？

（4）你去的那家店铺（或网店）有较满意的软/硬装修条件吗？销售或客服人员的形象（穿着、表情、姿势、服务用语等）统一吗？

（5）你觉得那家店铺卖的是正品吗？销售或客服人员诚实吗？

（6）你遇到的那位销售或客服人员重点介绍了什么品牌？你最终买了什么品牌？为什

么会做这样的选择？

（7）手机最开始报价多少？你希望以什么价格成交？实际成交价是多少？

（8）你买手机前后一共花了多少时间？用了多少交通或流量费用？

（9）成交后销售或客服人员有没有教你如何使用产品？有没有送什么配件或礼物？

（10）成交之后你感觉是否达到了你的预期目标？

（11）你对这次购物的满意程度如何？为什么？

（12）你后来有没有跟朋友提过这家店铺？向几位朋友提过？如何提的？

（13）再次购买手机时，还会去那家店买吗？为什么？

2. 解决方案

通过回答以上问题，各团队讨论总结启发和感悟，在学习通、雨课堂、钉钉、智慧职教等平台上上传团队讨论结果，要求总结简洁明了，时间为 8 分钟。

3. 教师点灯

◀ 评价要点参考 ▶

- 顾客做购买决策时会综合评估总成本和总价值。
- 赢得顾客的方法是为顾客创造高的让渡价值。
- 多次满意的顾客会因为降低交易成本而对品牌和商家形成忠诚。
- "金杯银杯，不如顾客口碑"，忠诚的顾客是商家最好的广告。
- 顾客满意度与回头客数量成正比，赢得回头客者赢得市场。

4. 理论指导

市场竞争的本质特征就是"争夺顾客"，没有顾客就等于没有市场。现代商务理论认为，"顾客满意是企业经营的一切答案"，经商应以顾客为导向，力求满足顾客需求和期望，追求顾客满意，树立品牌口碑。

1）顾客满意（CS）

所谓顾客满意，是指顾客在使用一件产品后，根据其实际体验与之前的期望进行对比后所产生的一种感觉状态。简单来说，当商品的实际表现符合或超过顾客的期望时，顾客就会感到满意；反之，则可能感到不满意。

2）顾客满意度（CSI）

顾客满意度是衡量顾客满意程度的量化指标，由该指标可以直接了解企业或产品在顾客心目中的地位，可用如下几个综合性指标来反映顾客满意状态。

（1）知名度。知名度是指顾客对企业产品或服务知晓的程度。如果顾客对某种产品或服务非常满意，就会在消费过程中放弃其他选择而选择知名度高的产品。产品知名度高通常是因为使用过的顾客多且满意，形成了"口碑效应"。

（2）美誉度。美誉度是顾客对企业或品牌的褒扬程度。对企业或品牌持褒扬态度的人，肯定对企业提供的产品或服务满意，即使其本人不曾直接消费该企业提供的产品或服务，也一定直接或间接地接触过该企业产品或服务的消费者，因此其意见可以作为参考。

（3）重购率。重购率是指顾客消费了该企业的产品或服务之后再次消费、愿意再次消费或介绍他人消费的比例。当一个顾客消费了某种产品或服务之后，如果心里十分满意，那么他将会再次消费。重购率可以作为顾客满意度衡量的重要指标。

（4）抱怨率。抱怨率是指顾客在消费了企业提供的产品或服务之后抱怨的比例。通过了解顾客的抱怨率，可以了解顾客的不满意状况。抱怨率不仅是顾客直接表现出来的显性抱怨，还包括顾客的隐性抱怨。因比对抱怨率的了解必须直接征询顾客。

（5）销售力。销售力是指产品或服务的销售能力。一般而言，顾客满意的产品或服务有良好的销售力，而顾客不满意的产品或服务没有良好的销售力，所以销售力也是衡量顾客满意度的重要指标。

3）顾客让渡价值

顾客让渡价值是指企业转移的、顾客感受到的实际价值。它一般表现为顾客购买总价值（包括产品价值、服务价值、人员价值和形象价值）与顾客购买总成本（包括货币成本、时间成本、精神成本和体力成本）之间的差额。

顾客在购买产品时，总是希望获得较高的顾客购买总价值和付出较低的顾客购买总成本，以便获得更多的顾客让渡价值，使自己的需求得到最大限度的满足。因此，顾客在做购买决策时，往往从价值与成本两个方面进行比较分析，从中选择出那些期望价值最高、购买成本最低，即"顾客让渡价值"最大的产品，作为优先选购的对象。

企业想在竞争中战胜对手，吸引更多的潜在顾客，就必须向顾客提供顾客让渡价值比竞争对手更高的产品，获得更高的顾客满意度。提高顾客让渡价值是提高顾客满意度的主要手段，途径有二：一是通过改进产品、服务、人员与形象，提高产品的总价值；二是通过改善服务与促销网络系统，减少顾客购买产品的时间、精神与体力的耗费，降低货币与非货币成本。由于顾客购买总成本具有一定的刚性，它不可能无限制地缩减，因而更积极有效的方法是增加顾客购买总价值。

4）顾客满意的营销效应分析

（1）满意与再次购买意愿相关，而且完全满意的顾客，其再次购买意愿远高于仅表示满意的顾客，相差5倍以上。从顾客的角度讲，满意意味着再次消费的风险和不确定性降低。顾客在购买或消费后相当于抪有了评价自己满意程度的第一手资料，这对于顾客是否再次购买或消费起着关键性作用。

（2）顾客满意与顾客忠诚。只有最高等级的满意度才能产生忠诚。在一项针对医疗保健和汽车行业的研究中，使用了5分制的顾客满意度评分。研究发现：当顾客给产品或服务打3分时，他们的忠诚比率是23%；打4分时，忠诚比率上升到31%；而当顾客感到"完全满意"，给出5分时，忠诚比率大幅提高到75%。在竞争强度较高的产业里，满意度与忠诚度的相关性较小。当顾客面对许多选择时，只有最高等级的满意度才能提高忠诚度。而在垄断行业里，满意度不起作用，顾客会保持很高的忠诚度。

（3）顾客满意与顾客保留。顾客保留和公司利润率之间有非常高的相关性。当顾客不履约率下降5%时，公司利润率将上升25%～85%（因行业不同而不同）。而顾客满意是顾客保留的前提，在一般的市场环境下，没有顾客满意，很难有顾客保留的可能性。开发一个新顾客的费用是保留一个顾客费用的 6 倍左右。忽略已有顾客的利益，只将运营重点放在吸引新顾客上，必然会导致公司利润的下降和市场份额的降低。

（4）顾客满意与获利能力。从许多企业在广告和促销上花费大量资金来看，一般企业还是更重视对新客户的获取，而忽视对原有客户的维护。然而对于企业利润获取和长期财务结构而言，提高顾客满意度，进而增加顾客忠诚度，实为企业的重要策略。顾客满意度是企业利润的未来性指标，是投资回报、市场份额、利润等传统绩效指标的重要补充。

◀ 敲黑板：一些有关顾客的调研数据 ▶

- 84%的顾客在进入商店之前并没有明确的购买计划，他们是临时决定购买的；92%的顾客在店内才最终决定要购买哪个品牌的商品。
- 一个企业失去的顾客中，有 68%转向竞争对手是因为售货员或客服人员态度冷淡，使顾客没有受到礼貌的接待。
- 营销中的 1∶25∶8∶1 意味着服务好 1 位顾客会影响 25 位顾客，其中 8 位顾客会产生购买欲望，1 位顾客会产生购买行为。
- 在不满的顾客中，4%的顾客会告诉你他们感到不满的理由，96%的顾客会选择离开，91%的顾客不会再次光临。
- 250 定律：每一位顾客身后约有 250 名亲朋好友（在数字商务店铺中会更加夸张），得罪一名顾客意味着得罪了至少 250 名潜在顾客。
- 100 位满意顾客会带来 25 位新顾客（在数字商务店铺中会更加夸张）。
- 60%的新顾客来自现有顾客的推荐（在数字商务店铺中会更加夸张）。
- 向现有客户销售的成功几率是 50%，而向一个新客户销售的成功几率仅有 15%。
- 公司平均每年流失 10%的老顾客。
- 高度满意顾客的价值是一般满意顾客价值的 10 倍。
- 保持一个现有消费者的营销费用仅仅是吸引一个新消费者的营销费用的 1/5。

5. 技能点拨

如何提升顾客满意度？

（1）将顾客满意度作为绩效关键指标（KPI）严格考核。

商家的生产、销售、物流、财务、客服等环节都与营销相关，这些管理环节都不能忽视。要建立管理和考核机制，认真审查流程，扎扎实实地做好每个环节，并将顾客满意度分解为员工 KPI 严格考核。

（2）进一步重视"客户资源"的价值。

成立专门的部门，集中管理企业的"客户档案"和"业务数据"；重视多种渠道的客户请求和需求信息；重视销售机会的管理，以提高销售成功率；把"客户资源"作为企业资产来管理，将其"利用率"与业务部门的绩效考核结合起来，以便更好地管理和利用客户资源。

（3）客户分级，为不同类型的客户制定针对性营销策略。

只追求满意度往往并不能解决最终问题，因为很多时候，客户满意度提高了，并不意味着企业的利润就会获得改善。只有为公司贡献利润的客户才是价值客户，而且价值客户对企业的利润贡献亦有高低之分。因此，应对稀缺的经营资源进行优化配置，集中力量提升高价值客户的满意度；同时，也应关注潜在的高价值客户，逐步提高他们的满意度。从全部客户满意，到价值客户满意，再到高价值客户满意，最后到高价值客户关键因素满意，这应该是企业提升"客户满意度价值回报"的流程。

（4）不断收集和研究客户需求。

企业要实现中长期的稳定成长和发展，必须不断收集和研究目标客户群的产品和服务需求，并积极有效地反馈、融入自身的产品和营销策略中。只有这样，才能在激烈的竞争中提高已有客户的满意度，抓住新客户。

（5）和客户建立亲善关系。

如今，客户通过互联网等各种便捷的渠道可以获得更多更详细的产品和服务信息，使客户比以前更加聪明、强大，更加不能容忍被动式推销。由于客户更愿意和与他们类似的人交往，他们希望与企业的关系超越买卖关系。因此，我们需要快速地找到与客户的共同点，为客户提供个性化、兴趣化服务，使客户在使用过程中获得产品以外的良好感受。同时，在与客户的交往中，要善于听取客户的意见和建议，表现出对客户的尊重和理解，让客户感觉到企业特别关心他们的需求。企业还应鼓励员工站在客户的角度思考应该提供什么服务，以及怎样提供服务。

（6）提高客户转换成本。

一个保留客户的有效方法是提高客户转换成本，使客户不能轻易地跑到竞争对手那一边。一方面，我们可以通过技术等手段提高客户转换成本；另一方面，我们可以建立产品和服务生态系统，或者培养客户使用习惯，以"阻碍"客户的离开。此外，如果客户认为企业在满足他们的需求上明显优于他人，并认同企业的价值观，甚至与企业的员工建立了情感上的紧密联系，那么这些因素也能留住客户。

（7）积极地化解客户抱怨。

在互联网时代，一个不高兴的客户可以迅速影响成千上万个潜在的客户。因此，我们必须在事态变坏前采取行动，给客户提供抱怨的渠道，并认真对待客户的抱怨。在企业内部建立处理抱怨的规章制度和业务流程，如规定对客户抱怨的响应时间、处理方式，以及进行抱怨趋势分析等。

（8）做好客户期望值管理。

夸大产品的价值或做出超范围的承诺来诱导购买，会提高客户的期望值，进而减少让渡价值，降低满意度，这是很不明智的行为。因此，在介绍公司、产品或服务时要做到客观真实，既不要夸大也不要隐瞒。成熟的商家通常把与客户沟通的内容和方式进行标准化。

（9）做好全员服务技能培训。

努力提高公司全体员工的服务技能和销售技巧，让员工学会包容和理解客户，时刻保持平和的心态，控制情绪，发挥团队精神等。这些都需要商家平时加大培训力度，以提高总体服务水平。

（10）建立监督考核制度。

要使商家服务水平落到实处，还要通过对顾客的回访来收集反馈意见，加大对员工服务技能、服务态度、服务规范、服务效果的监督和考核，并将考核结果与员工的薪资和晋级挂钩。

6. 企业实践

◆ **实践背景**

有一对年轻夫妻，他们喜欢运动，每月约花费1000元购买运动商品，并且他们能影响一个类似家庭进行相似的消费。现在，这对年轻夫妻的家门口新开了一家运动商品店。

◆ **实践任务**

以团队为单位，通过阅读以上案例材料，集体研讨以下问题：

（1）对于新开的运动商品店来说，这对年轻夫妻的理想购买总价值如何测算？

（2）对于上架商品，新开的运动商品店有两种选择：一是坚持卖质量有保证的商品，纯利润率约为5%；二是卖质量不稳定的商品，纯利润率约为25%。请分别测算在这两种情况下，这对年轻夫妻能给新开的运动商品店带来多少利润？说明自己团队的计算过程。

（3）通过测算，得到哪些启发？

◆ **实践指南**

（1）对于年轻夫妻的理想购买总价值，应测算其全生命周期的购买价值，并加上他们能影响的顾客的购买总价值。

（2）新开的运动商品店若卖质量有保证的商品，年轻夫妻有望成为忠诚顾客，其首年贡献的利润为1000元/月×12个月×5%=600元。考虑到他们全生命周期及介绍新顾客，后续每年能贡献的利润约为1200元。新开的运动商品店若卖质量不稳定的商品，年轻夫妻最多上当一次，贡献的总利润最多为1000元×25%=250元。

（3）忠诚顾客的购买总价值远高于一次性顾客，商家要诚信经营，做回头客生意才能实现利润最大化。聪明的商人懂得在顾客全生命周期内创造最大价值。

（三）关系营销理论

1. 工作任务

各团队按以下场景设计解决方案。

小王是某品牌桶装水的加盟店店主，他的店位于市区繁华地段的一个大型小区内，旁边有一家大型医院、一家政府机关和一所中学，还有几家银行和两栋大型写字楼。小区内也有其他竞争对手，共有四家桶装水店。

请为小王提供如下问题的解决方案。

（1）开拓客源有哪些具体做法？

（2）收集客户信息有哪些具体做法？应收集哪些信息？

（3）如何对已有的客户信息进行管理？

（4）怎么做可以保持已有客户不流失，并建立起比较亲密的联系？

2. 解决方案

通过回答以上问题，各团队设计解决方案，在学习通、雨课堂、钉钉、智慧职教等平台上上传团队讨论结果，时间为12分钟。

3. 教师点灯

◀ **评价要点参考** ▶

- 无论是开拓客源还是留住客户，诀窍是沟通、再沟通。
- 要想精准掌握客户的需求特征，就必须一丝不苟地记录客户需求信息。
- 像对待新客户一样重视老客户的利益，"结识新朋友，不忘老朋友"。
- 善用数字信息技术，可以为生意插上翅膀。
- 生意永远火爆的根本原因，就是回头客实在太多。

4. 理论指导

所谓关系营销，就是把营销活动看成企业与消费者、供应商、分销商、竞争者及其他公众发生互动作用的过程，其核心是持续沟通以建立和发展与这些公众的良好关系。要实现关系营销的目标，企业必须在提供优质的产品、良好的服务和公平的价格的同时，与各方加强经济、技术等方面的联系和交往。

1）关系营销理论的基本内容

（1）强调交易与关系的结合。关系营销理论认为，营销既是一个管理过程，又是一个社会过程。营销中既要通过相互交换实现交易活动，又要通过履行承诺建立和巩固各方关系。从交易到关系是一个连续、系统的过程，只有两者结合，才是完整的营销。

（2）强调"关系"的多元性。关系营销理论强调多方关系的处理，不仅要注重与消费者的关系，还要注重与一切"参与者"的关系；不仅要注重关系的识别与建立，还要注重关系的维持与巩固，通过利益各方之间的相互沟通与磨合，形成一种稳定、相互信任、相互依赖的关系。

（3）强调实现"多赢"目的。关系营销理论强调营销中必须兼顾企业、消费者及其他利益相关者的利益，建立、维持、巩固良好的关系，在实现企业利润目标的同时，实现各方目的。

2）关系营销的本质特征

（1）双向沟通。在关系营销中，沟通应该是双向的，而非单向的。只有广泛的信息交流和信息共享，才可能使企业赢得各个利益相关者的支持。

（2）合作。一般而言，关系有两种基本状态，即对立和合作。关系营销理论认为，只有通过合作才能实现协同，因此合作是"双赢"的基础。

（3）创造利益，实现多赢。关系营销旨在通过合作增加关系各方的利益，而不是通过损害其中一方或多方的利益来增加其他各方的利益。

（4）亲密。关系能否稳定和发展，情感因素起着重要的作用。因此，关系营销不仅要实现物质利益的互惠，还必须让参与方能从关系中获得情感需求的满足。

（5）控制。关系营销要求建立专门的部门，用以跟踪顾客、分销商、供应商及营销系统中其他参与者的态度，由此了解关系的动态变化，及时采取措施消除关系中的不稳定因素和不利于关系各方利益共同增长的因素。

此外，有效的信息反馈也有利于企业及时改进产品和服务，更好地满足市场的需求。

3）关系营销中的关键过程

关系营销是一项系统工程。我们必须全面、正确理解关系营销所包含的内容。

从战略上来讲，发现需求、满足需求并保证顾客满意、打造顾客忠诚是关系营销的三部曲。要实施关系营销，必须从公司理念、组织结构和业务流程等方面进行调整。公司必须树立"顾客至上"和"顾客满意"等理念，同时在组织结构和业务流程方面要以顾客为中心实施业务流程再造（BPR），让企业的一切活动都以顾客为本，把构建与顾客的长期信赖关系作为企业盈利的重要手段。

从战术上讲，要实施关系营销必须以客户关系管理（CRM）系统为基础，因为关系的建立与维护离不开对客户的了解，尤其是对客户信息的掌握，而这些信息又得借助CRM系统来获得。因此，关系营销和CRM是相互交织、不可分割的。CRM是现代信息技术和经营思想的结合体，它以信息技术为手段，通过对"以客户为中心"的业务流程的重新组合和设计，形成一个分析客户、了解和诊断客户、挖掘客户、提高客户满意度的智能化解决方案，以提高客户的忠诚度，最终实现效益的提高和利润的增长。

◀ **敲黑板：CRM 系统从哪些方面为商家赋能** ▶

● 数字化时代，商家要抢先进行数字化转型，提高自身竞争力。

● CRM 系统从业务流程、团队管理、客户管理等方面，提高转化率。

● CRM 系统在全面收集客户信息的基础上，通过自带的智能数据分析引擎，深度挖掘数据，建立全方位客户视图，助力销售洞察，发现高价值、高意向客户及客户特点，采取个性化销售策略，促进客户转化成交。

● CRM 系统帮助分析销售动态，如不同产品的销售情况、不同地区的销售情况等，进行下一步市场开发决策；帮助管理者发现销售各环节是否存在问题，及时调整解决。

● CRM 系统的信息实时共享功能可实时将客户最新动态共享给每一个团队成员，以便能够及时、准确地为客户提供满意的服务，从而增加客户黏性。

---

5. 技能点拨

如何实施关系营销？

（1）设立客户部。

建立专门从事客户关系管理的客户部，选派业务能力强的人担任该部门总经理，并下设若干客户经理。客户经理需经过专业训练，具有专业水准，对客户负责。其职责包括编制长期（或年度）客户关系营销计划、制定沟通策略、定期提交报告、落实公司向客户提供的各项利益、处理可能发生的问题，维持同客户的良好关系。

（2）建设客户关系管理系统。

企业在客户每次购买产品或服务时，通过客户关系管理系统，建立起详细的客户档案数据库。企业借此可准确找到目标客户群，降低营销成本，提高营销效率。此外，通过数据库能了解、诊断和挖掘客户需求，经常保持与消费者的沟通和联系，强化消费者与企业的关系，这是实施关系营销的基础。

（3）制订接触计划。

企业各部门与客户的每次接触都有可能帮助企业发现潜在的机会。如果每一次接触都有良好的沟通和交流，企业可能发现客户的潜在需求，从而提高客户的满意度，并建立和维持良好的关系。

（4）频繁市场营销。

频繁市场营销是指给予多次重复购买的客户奖励。其基本原理体现了关系营销的核心思想之一，即留住老客户比争取新客户更为容易与划算。通过重复购买，客户对产品、用法及其竞争品牌的产品特点都积累了一定的知识，企业只需投入较少的关注即可再次赢得客户。

（5）顾客组织化。

成立顾客俱乐部，成员主要是企业的现有顾客和潜在顾客。俱乐部为其会员提供各种特制服务。顾客俱乐部的形成可以加强企业与顾客之间的相互了解，培养顾客对企业的忠诚，了解顾客的需求，而且通过其会员机制，企业可以宣传产品和服务。

（6）定制营销。

企业根据每位顾客的不同要求而生产出不同的产品，满足顾客的特殊需求。定制营销有利于企业与顾客建立并发展长期关系，顾客能在一系列合适的营销组合中进行选择，如送货条件、培训计划、付款方式和技术服务等。这是一种最高层次的伙伴式的关系营销。

（7）退出管理。

"退出"指顾客不再购买企业的产品或服务，终止与企业的业务关系。退出管理指分析顾客退出的原因，相应改进产品服务，以减少顾客退出。退出管理可按如下步骤进行：测定顾客流失率→找出顾客流失的原因→测算流失顾客造成的公司利润损失→确定降低流失率所需的费用→制定留住顾客的措施。

企业应经常测试各种关系营销策略的效果、长处、缺陷等，持续不断地改进，在高度竞争的市场中建立和加强与顾客的联系，使顾客满意。

6. 企业实践

◆ **实践背景**

企业家 A 先生到泰国出差，下榻于东方饭店，这是他第二次入住该饭店。

次日早上，A 先生走出房门准备去餐厅，楼层服务员恭敬地问道："A 先生，您是要用早餐吗？" A 先生很奇怪，反问："你怎么知道我姓 A？" 服务员回答："我们饭店规定，晚上要背熟所有客人的姓名。" 这令 A 先生大吃一惊，尽管他频繁往返于世界各地，也入住过无数高级酒店，但这种情况还是第一次碰到。

A 先生愉快地乘电梯下至餐厅所在楼层，刚出电梯，餐厅服务员忙迎上前："A 先生，里面请。"A 先生十分疑惑，又问道："你怎么知道我姓 A？"服务员微笑答道："我刚接到楼层服务电话，说您已经下楼了。"

A 先生走进餐厅，服务员热情地问："A 先生还要老位子吗？"A 先生的惊诧再度升级，心中暗忖："上一次在这里吃饭已经是一年前的事了，难道这里的服务员依然记得？"服务员主动解释："我刚刚查过记录，您去年6月9日在靠近第二个窗口的位子上用过早餐。"A 先生听后有些激动了，忙说："老位子！对，老位子！"于是，服务员接着问："老菜单？一个三明治，一杯咖啡，一个鸡蛋？"此时，A 先生已经极为感动了："老菜单，就要老菜单！"

给 A 先生上菜时，服务员每次回话都退后两步，以免自己说话时唾沫不小心飞溅到客人的食物上。

一顿早餐，就这样给 A 先生留下了终生难忘的印象。

此后三年多，A 先生因业务调整没再去泰国，但在他生日的时候突然收到了一封东方饭店发来的生日贺卡："亲爱的 A 先生，您已经三年没有来过我们这里了，我们全体人员都非常想念您，希望能再次见到您。今天是您的生日，祝您生日愉快。"

◆ 实践任务

以团队为单位，通过阅读以上案例材料，集体研讨以下问题：

（1）东方饭店的服务员是怎样知道 A 先生的消费偏好的？

（2）东方饭店为什么会在三年后才给 A 先生寄生日贺卡？这对我们有何启发？

◆ 实践指南

（1）东方饭店运用了客户关系管理系统，记录了客户的消费信息和特征，贯彻以客户为中心的理念，实现了管理流程的标准化。通过信息共享和服务规范，服务员能够了解客户的信息和消费偏好，达到宾至如归、超出预期的服务水准，从而提升顾客满意度。

（2）实施关系营销的重要手段是与客户建立感情联系，关键是要让客户感到舒服和满意。如果联系太过频繁或者不合时宜，则可能会给客户带来打扰和厌烦的感觉；而恰当时机的联系则可能带给客户温馨和感动，从而收获更高的满意度。东方饭店运用客户管理系统，判断 A 先生有一定的消费间隔期，在间隔期到了还未见到 A 先生前来消费时，适时发送生日贺卡，既能让 A 先生有被想念的温馨，也起到唤醒客户的作用。

◀ 思政园地：中华传统经商文化中的顾客导向理念 ▶

● 陶朱商训：天，为先天之智，经商之本；地，为后天修为，靠诚信立身；人，为仁义，懂取舍。

● 北京同仁堂商训：品味虽贵必不敢减物力，炮制虽繁必不敢省人工。

● 百年堂阿胶商训：遵古训，戒见利忘义，须堂堂正正做人；求正品，忌粗制滥造，必道道地地真胶。

● 马应龙商训：以真夺人，以勤治店。

- 广誉远厂训：非义而为，一介不取；合情之道，九百何辞。
- 乔家（大院）商训：义、信、利。
- 瑞蚨祥店训：诚信筑基，悦客立业；经营宗旨：至诚至上，货真价实，言不二价，童叟无欺；服务文化：来者即是客，欢迎下次再来。
- 胡庆余堂（胡雪岩一手打造的药店）商训：戒欺。
- 玉堂酱园店训：货真价实、童叟无欺；经管理念：为商以德、诚信为本、谋利有度、竞争有义，利泽长流。
- 张小泉祖训：良钢精作。

四、修炼巩固

案例题一

王永庆 15 岁那年，辍学到茶园当杂工，后来又到一家店铺做学徒。再到嘉义米行工作时，他十分珍惜这份工作，处处留意老板的每个动作、每句话。每天关门后，老板怎么记账、如何核算成本，他都用心学习，并在睡前回想当天所做的事。

第二年，他用借来的 200 元做本金，在嘉义开了一家小型米店，自己当起了老板。

别人卖米时，大米中常混有沙砾和小石子（当然也不是故意的），而他在卖米之前会把这些杂物全部挑拣出来。

别的米店都是坐商，而他是行商。他走街串巷地推销，并且配置了运输工具，送货上门，方便顾客。

在送货上门的同时，他会注意这户人家有几口人，每天用多少米，需要多长时间送一次货，每次送多少。他都一一记下，按时送米上门。

送米时，他还细心地为顾客擦洗米缸，记下米缸容量，把新米放在下面，把陈米放在上面。

他还了解顾客家发薪金的日子，在他们有钱的一两天内去讨米钱。

以上看上去是小事，其实是王永庆做小本生意的大事。

问题：结合本项目所学知识，你认为王永庆会做生意吗？为什么？你从本案例中得到哪些启发？

案例题二

某餐馆的管理要求如下。

（1）不要指定顾客在哪里坐，他们想在哪里坐就尽量满足他们。

（2）不要鼓励顾客多点菜，他们点到一定程度上，就要提醒他们已经够吃了。

（3）不要随意改变自己的招牌菜菜谱及价格，哪怕是一些小菜。

（4）不要打乱上菜的顺序，要保持时间上的连续性。

（5）要适当提供免费的茶水、汤，要给顾客等待、停留的时间，不赶客。

（6）当顾客有需要服务的信号时，要立即上前问询，永远不要让顾客去找服务员。

（7）不要让顾客看到郁沉哭丧的脸，要始终让顾客看到带适度微笑的脸。

（8）对顾客始终充满热情，想顾客之所想，时刻准备为顾客进行服务。

（9）记住常客的喜好，了解新客的需求。

（10）始终处在帮助顾客吃好、喝好的心态上，不要妨碍顾客。

问题：你觉得以上管理要求合理吗？为什么？请逐条论述。

案例题三

某网店打出的口号是"买贵了，差价双倍奉还"。有一天，一位顾客联系客服，要求获得两毛钱的赔偿，理由是在店里买的洗面奶比在京东超市买的贵了一毛钱。客服了解事情的缘由后，认为这名顾客太较真，试图用几句话打发顾客。顾客交涉了一会儿，最终没有再坚持。两毛钱的赔偿自然没有兑现，而顾客也不在乎这点钱。事情就此了结。

问题：你如何看待这次事件？为什么？

案例题四

某位销售人士的工作日记摘要如下。

想要提高客户的满意度，就要从服务开始，一一兑现你在客户面前的承诺。然而，兑现你的承诺只是满足客户的期望，并不能提高客户的满意度。因为客户在任何同行那里购买，都能得到同样的服务。你所提供的服务在客户眼里仅仅达标而已。

若想真正提高客户的满意度，产生复购和裂变效应，就不能让客户感觉到他是在和冷冰冰的机器人和程序打交道，而是要做同行没有做的事情。

如何超出客户的预期？

成交之后，一定要让客户快速得到产品或服务。客户在选择产品前可能不慌不忙，但成交之后就特别期待拥有。没有一个客户喜欢长时间等待。因此，无论是产品发货还是服务交付，都要迅速进行。

作为销售人员，你需要能够替客户着想，了解客户的潜在需求，调动团队资源，做好销售支持，积极主动地满足客户需求，做到快速交付产品。

定期主动与客户联系，了解产品使用情况，询问是否有问题。朋友圈给客户原创内容点赞并认真评论，这些小细节都能让你在同行中脱颖而出。

超出客户预期的最直接方法是赠送产品。赠送的产品应与客户的业务关联性强，并且客户单独购买非常昂贵，而你的成本却很低。最重要的是，在成交之前不要告诉客户你会赠送，而是在产品交付之后再赠送，这会让客户感到意外和惊喜，并超出他们的预期。

超出客户预期的满意能带来裂变效果，客户会越来越多。这就是销售的底层逻辑。

问题：为什么要让客户产生超出预期的满意？如果开一家网店，则有哪些实用方法可以让客户产生超出预期的满意？

实践题

以团队为单位，利用周末对自己所在城市的商业街或网店进行调研，对比不同商家的服务水平，撰写一份调查分析报告。报告需要包括现象描述、顾客反应分析、改进服务措施等主要内容。

项目 2　创新创造创富思维修炼

一、修炼目标

知识目标

◆ 熟悉发散性思维的种类和内涵。

◆ 理解创造营销理论，掌握产品创新的实用方法。

◆ 掌握差异化营销理论的内涵。

能力目标

◆ 懂得运用创新方法，具备制造差异化产品的能力。

◆ 具备运用创新思维进行跨界营销的能力。

◆ 懂得引领和创造顾客需求，具备营销创富的能力。

素养目标

◆ 养成创新创造思维，懂得倡导"中国智造"与打造"中国品牌"的意义。

◆ 养成追求卓越、系统思考、坚持深耕、付诸行动的创富品质。

二、修炼情境

小王已经将顾客至上的理念深植于心，并掌握了充分满足顾客需求、适度管理顾客期望、提升顾客服务质量、妥善维扩顾客关系的生意经。

小王之前听说过很多无法分辨正误的俗语（谚语），如"站在风口，连猪也会飞""一招鲜、吃遍天""人无我有、人有我优、人优我特、人特我转""不想当老板的员工不是好员工""嘴巴甜一点、脑筋活一点、行动快一点、效率高一点、做事多一点、理由少一点、肚量大一点、脾气小一点、说话轻一点、微笑露一点"等。

小王立志毕业后创业当老板，他希望自己以后能成长为像雷军、刘强东那样的人物，拥有创造财富的本领。

👥 三、修炼内容

（一）养成创新思维

1. 工作任务

各团队按以下场景设计解决方案，讨论出 6 种以上的方法。

如何将普通单车卖给大老板（如刘强东、雷军等）？

2. 解决方案

各团队将讨论出的结果上传至学习通、雨课堂、钉钉、智慧职教等平台上，要求简洁明了，时间为 6 分钟。

3. 教师点灯

◀ 评价要点参考 ▶

- 传统售卖商品的方式为销售商—商品—渠道—顾客，在这种情况下可以怎样售卖？
- 销售商自身可以做哪些变革和创新使顾客满意？
- 商品可以做哪些变革和创新使顾客满意？
- 渠道可以做哪些变革和创新使顾客满意？
- 顾客需求可以做哪些挖掘，以创造新的顾客需求？
- 如何改变传统的线性模式，创造新的生态系统模式？
- 逆向思考："我要卖"可否改为"他要买"？
- "销售商""商品""渠道""顾客"分别有哪些相关者？
- 创新是无边界的，要冲破思想自我设限的桎梏。

4. 理论指导

商务创新是建立在商务人员具有创新思维基础之上的。创新思维通常包括系统思维、辩证思维、抽象思维、形象思维、发散思维、逆向思维、灵感思维、联想思维、跨界思维和集中思维等形式，具体如表 1-2-1 所示。

表 1-2-1　创新思维形式

形式	定义	举例
系统思维	系统思维是把认识对象作为一个整体系统，从系统和要素、要素和要素、系统和环境的相互联系、相互作用中全面、整体和综合地考察认识对象的一种思维方法。它能极大地简化人们对事物的认知，给团队带来整体观	系统思维运用思维导图来分析、解决问题，其核心就是让人们先整体分析事情的前因后果和内在逻辑，然后全面分析所有影响因素和可能的解决途径，最后形成一个总体的系统方案
辩证思维	辩证思维是以运动、变化和发展的视角认识事物的思维方式，要求在观察问题和分析问题时，以动态发展的眼光来看问题，对立统一规律、质量互变规律和否定之否定规律是辩证思维的基本规律	在促销策划中，经常遇到"降价是把双刃剑"的问题，一方面可以让店铺在短期内提高销量，另一方面又可能让店铺品牌受损而影响长期销量

（续表）

形式	定义	举例
抽象思维	抽象思维是人们在认识活动中运用概念、判断、推理等方式，通过分析、综合、比较等手段对客观现实进行间接、概括反映的过程。这种思维方式把感性认识阶段获得的对于事物认识的信息材料抽象成概念，运用概念进行判断，并按一定逻辑关系进行推理，从而产生新的认识	营销策划中经常用到的概念营销是指企业在将市场需求趋势转化为产品项目开发的同时，利用说服与促销，提供近期的消费走向及相应的产品信息，建立起鲜明的功用概念、特色概念、品牌概念、形象概念、服务概念等。例如，宝洁公司海飞丝产品"去头皮屑"和海尔"五星级服务"的概念营销
形象思维	形象思维是对事物表象进行取舍时形成的、用直观形象的表象解决问题的思维方式，是以具体的形象或图像为思维内容的思维形态	在超市陈列中，通过对大量货物集中陈列并模仿货物外形形成的巨大堆头，可营造逼真的量感气势，刺激顾客的购买欲望。另外，通过模特装扮所营造的美感，可以刺激顾客的感官，诱导顾客购买
发散思维	发散思维是从一个目标出发，沿着各种不同的途径去思考，探求多种答案的思维方式。它主要具有思维视野广阔，呈现出多维发散的特点	光明牛奶曾推出的麦风，就是介于豆奶和牛奶之间的产品，通过在牛奶中加入大麦和膳食纤维而获得成功
逆向思维	逆向思维是一种思维取向总是与常人的思维取向相反的思维方式，如人弃我取、人进我退、人动我静、人刚我柔等，主要有以下几种形式：反向思维（对普遍接受的信念或做法进行质疑）；雅努斯式思维（构想或引入事物的正反两个方面，考虑它们之间的关系，然后创造出新事物）；黑格尔式思维（容纳一种观念的正反面，试着把二者融合成第三种观念）	做钟表生意的都喜欢说自己的表准，而某表厂却说他们的表不够准，因为每天会有 1 秒的误差。这不但没有失去顾客，反而让大家非常认可，踊跃购买；再如天津"狗不理"包子的命名等
灵感思维	灵感思维是指凭借直觉而进行的、突如其来地产生新概念或新意向的顿悟性思维，是逻辑性与非逻辑性相统一的理性思维方式	在汽车外形设计领域，许多设计都是在设计师苦苦思索之后，通过观察动物产生灵感的。例如，宝马的"鹰眼"大灯、奔驰 300SL 的"鸥翼"车门、大众"甲壳虫"的车身、吉利"熊猫"的造型、标致的"狮子"标志，以及福特致胜系列的"豹子"造型等
联想思维	联想思维是在人脑内记忆表象系统中由于某种诱因使不同表象发生联系的一种思维方式，主要思维形式包括幻想、空想、玄想	一家美国玩具公司在策划中从"克隆羊"多利身上得到启发，顾客只需将一张女儿的彩照和一份反映女儿特征的表格寄给公司，该公司就会制作一个与照片一模一样的玩具
跨界思维	跨界思维是运用广阔的视野和多角度、多领域的视角看待问题，并提出解决方案，通过嫁接其他行业的理念和技术，让原本毫不相干的元素相互渗透、相互融合，从而突破原有行业惯例和常规，实现创新和突破的思维方式	舞蹈教育学校可以与所有 6 岁至 12 岁群体重叠的机构进行跨界营销，如书法教育学校、音乐教育学校、全脑开发学校、礼仪教育学校等，通过相互引流实现"零成本拓客"。这就运用了当下比较流行的跨界思维
集中思维	集中思维与发散思维相对而言，是从已知的种种信息中通过鉴别、选择和加工，产生一个结论，从现成的众多材料中寻找一个答案的思维方式	真功夫在研究大型快餐企业的共性特征时，发现这些企业的产品主要是油炸和烘烤食品，于是决定采用"蒸"这种方式来与之区别

◀ 敲黑板：商务创新 ▶

● 没有创新，就没有企业家。商务创新的方式包括经营理念创新、商业模式创新、制造方法创新、营销策略创新。

● 先进企业生产的产品价值只有很少一部分是从重复简单劳动及资本物中得到的，而主要是从设计产品和营销创新中得到的。

● 创新需要灵感，灵感来自长期的创新思维训练与全身心的学习投入和积累。商务人士须加强学习，不断丰富知识结构，有意识地经常运用创新思维和方法，养成创新习惯。

● 克服习惯性思维对新构思的抗拒性，善用批判性思维，走自己的路，勇敢向世俗的"戒规定律"挑战。

● 破除心理自我设限障碍，打破思维定式，培养思维的变通性，开创新路子。

● 加强头脑风暴等不设限讨论训练，不轻易否定他人奇思妙想，经常进行思维碰撞。

5. 技能点拨

商务创新思维常用方法如表 1-2-2 所示。

表 1-2-2　商务创新思维常用方法

形式	方法
系统思维	整体法：把思考问题的方向始终对准全局和整体，从全局和整体出发。 结构法：把思考问题的方向放在注意系统内部结构的合理性上。 要素法：对各要素考察周全和充分，充分发挥各要素的作用，以使整个系统正常运转并发挥最好的作用或处于最佳状态。 功能法：为了使一个系统呈现出最佳态势，从大局出发来调整或改变系统内部各部分的功能与作用
辩证思维	联系：运用普遍联系的观点来考察思维对象，从空间上来考察思维对象的横向联系。 发展：从时间上来考察思维对象的过去、现在和将来的纵向发展过程。 全面：从时空整体上全面地考察思维对象的横向联系和纵向发展过程。换言之，就是对思维对象进行多方面、多角度、多侧面、多方位的考察
抽象思维	定义：揭示概念内涵的逻辑方法，用简洁的语词揭示概念反映对象的特有属性和本质属性。定义的基本方法是"种"加邻近"属"的概念。 定义的规则：一是定义概念与被定义概念的外延相同；二是定义不能用否定形式；三是定义不能用比喻；四是定义不能循环。 划分：明确概念全部外延的逻辑方法，将"属"概念按一定标准分为若干"种"概念。 划分的规则：一是子项外延之和等于母项外延；二是一个划分过程只能有一个标准；三是划分出的子项必须全部列出；四是划分必须按属、种分层逐级进行，不可以越级
形象思维	模仿法：以某种模仿原型为参照，在此基础之上加以变化产生新事物的方法。 想象法：在脑中抛开某事物的实际情况，构成深刻反映该事物本质的简单化、理想化形象。 组合法：从两种或两种以上事物或产品中抽取合适的要素重新组合，构成新事物或新产品的创造技法。常见的组合技法一般有同物组合、异物组合、主体附加组合、重组组合。 移植法：将一个领域中的原理、方法、结构、材料、用途等移植到另一个领域中，从而产生新事物的方法，主要有原理移植、方法移植、功能移植、结构移植等类型
发散思维	一般发散法： （1）材料发散法：以某个物品为"材料"，设想它的尽可能多的用途。 （2）功能发散法：从某事物的功能出发，构想获得该功能的各种可能性。 （3）结构发散法：以某事物的结构为发散点，设想利用该结构的各种可能性。 （4）形态发散法：以事物的形态为发散点，设想利用某种形态的各种可能性。 （5）组合发散法：以某事物为发散点，尽可能多地把它与别的事物组合成新事物。 （6）方法发散法：以某种方法为发散点，设想利用该方法的各种可能性。 （7）因果发散法：以某个事物发展的结果为发散点，推测造成该结果的各种原因，或者由原因推测可能产生的各种结果。 假设推测法：通过假设与事实相反的情况进行推测，得出新观念。经过转换后，这些观念有可能成为合理且有用的思想。 集体发散法：用我们身边的无限资源集思广益，得出更多、更好的结论
逆向思维	怀疑法：敢于怀疑，打破习惯，对一切事物都反过来想一下。 对立互补法：以把握思维对象的对立统一为目标，在处理问题时既要看到事物之间的差异，也要看到事物之间因差异的存在而带来的互补性。 悖论法：对一个概念、一个假设或一种学说，主动从正反两方面进行思考，以求找出其中的悖论。 批判法：以一般性的思维技能（如比较、分类、分析、综合、抽象和概括等）为基础，对言论、行为进行分辨、评断、剖析，以见正理。 反事实法：对已经发生的事件进行否定并表征其原本可能出现而实际未出现的结果

（续表）

形式	方法
灵感思维	久思而至：在长期思考无结果的情况下，暂将课题搁置，转而进行与该研究无关的活动，在"不思索"的过程中，无意中找到答案或线索。 梦中惊成：梦是以被动的想象和意念表现出来的思维主体对客体现实的特殊反映，是大脑皮层整体抑制状态中，少数神经细胞兴奋进行随机活动而形成的戏剧性结果。梦中惊成，只留给那些"有准备的科学头脑"。 自由邂逅：研究者自觉放弃僵化的、保守的思维习惯，围绕科研主题，依照一定的随机程序对自身内存在的大量信息进行自由组合与任意拼接。 急中生智：情急之中做出了一些行为，结果证明，这种行为是正确的。 另辟新径：研究者久思之下灵机一动而转移到与原来解题思路相异的方向。 原型启示：在触发因素与研究对象的构造或外形几乎完全一致的情况下，产生联想，直接从客观原型推导出新发明的设计构型。 触类旁通：从其他领域的既有事实中受到启发，进行类比、联想、辩证升华而获得成功。 豁然开朗：这种顿悟的诱因来自外界的思想点化。主要是通过语言表达的一些明示或隐喻获得。 见微知著：从别人不觉得稀奇的平常小事上，敏锐地发现新生事物的苗头，并且深究下去，直到做出一定创新为止。 巧遇新迹：由灵感而得到的创新成果与预想目标不一致，属意外所得
联想思维	接近联想：联想物和触发物之间存在很大关联或关系极为密切的联想。 相似联想：由一种事物的外部构造、形状或某种状态与另一种事物的类同或近似所引发的想象延伸和连接。 对比联想：联想物和触发物之间具有相反性质的联想。 因果联想：源于人们对事物发展变化结果的经验性判断和想象，触发物和联想物之间存在一定的因果关系。 类比联想：联想物和触发物之间存在一种或多种相同而又具有极为明显属性的联想。在商业预测中，常用由点到面的类比联想。例如，通过典型调研或抽样调研测算出某市彩电年销售率为40%，以此销售率来推算其他城市的销售率；以国外同类产品市场发展趋势来预测；以国内相近产品类推新产品
跨界思维	市场跨界：通过对产品的消费群体进行再定义和重新分类，实现产品在另一类行业和市场的突围。 行业跨界：通过行业间的相互渗透与融合，使企业扩展产品范围，进入新的行业。 产品跨界：通过产品功效和应用范围的延伸，进行产品创新扩张。 品牌跨界：品牌与品牌之间通过相互映衬和相互诠释，实现品牌从平面到立体、由表层进入纵深、从被动接受转为主动认可、由视觉和听觉的实践体验到联想的转变，使企业整体品牌形象和品牌联想更具张力，对合作双方均大有裨益。 渠道跨界：基于渠道的共享进行品牌的合作。 文化地域跨界：通过文化借势或地域优势，激活企业或产品营销
集中思维	聚合显同法：把所有感知到的对象依据一定的标准"聚合"起来，显示它们的共性和本质。 层层剥笋法（分析综合法）：从问题的表层（表面）开始，层层分析，向问题的核心一步一步地逼近，抛弃那些非本质的、繁杂的特征，以便揭示出隐蔽在事物表面现象内的深层本质。 目标确定法：确定目标，进行认真观察，做出判断，找出其中的关键，围绕目标定向思维。目标的确定越具体越有效。 聚焦法：采用人们常说的沉思、再思、三思，在思考问题时，有意识、有目的地将思维过程停顿下来，并将前后思维领域浓缩和聚拢起来，以便更有效地审视和判断某一事件、问题或片段信息

6. 企业实践

◆ 实践背景

"下面我们来做一个思维游戏，游戏的规则是这样的，根据所给词在纸上快速写出联想到的词，如蜜蜂、鸟、飞机、雪达……"老师给同学们讲解着，并命题道："现在我说第一个词是'电'，请大家快速展开联想，在三分钟内联想到的词越多越好。"

三分钟后，老师让五位同学把自己的答案写在黑板上，分别为：

电、电话、电视、电线、电灯、电冰箱、食品、鸡蛋……

电、闪电、雷鸣、暴雨、彩虹、太阳、宇宙、外星人……

电、能源、石油、战争、伊拉克、美国、科技、强大……

电、危险、机遇、成功、能力、艺术、自然、规律……

电、风筝、节日、情人节、红豆、袁隆平、荣誉、军人……

接着，老师问："上述五个答案中思维跳跃度哪个大，哪个小？"

同学们经过一番讨论，很快得出了比较统一的结论，第五组的思维跳跃度最大，第一组的思维跳跃度最小。

"其他联想大家都很理解，但由'电'联想到'风筝'就比较让人费解，我想请刚才写出第五组答案的同学来为大家解释一下。"老师说道。

一位戴眼镜的学生不好意思地站起来道："由'电'联想到'风筝'是因为想到了一个故事。当年科学家富兰克林从事电学的研究，他在家里做了大量实验，研究了两种电荷的性能，说明了电的来源和在物质中存在的现象。在 18 世纪以前，人们还不能正确地认识雷电到底是什么。当时人们普遍相信雷电是上帝发怒的说法。一些不信上帝的有识之士曾试图解释雷电的起因，但都未获成功，学术界比较流行的观点是，雷电是'气体爆炸'的产物。在一次试验中，富兰克林的妻子丽德不小心碰到了莱顿瓶，电光闪过，丽德被击中倒地，面色惨白，足足在家躺了一个星期才恢复健康。这虽然是试验中的一起意外事件，但思维敏捷的富兰克林却由此想到了空中的雷电。他经过反复思考，断定雷电也是一种放电现象，雷电和实验室中产生的电在本质上是一样的。于是，他写了一篇名为《论天空闪电和我们的电气相同》的论文，并送给了英国皇家学会。但富兰克林的伟大设想竟遭到了许多人的嘲笑，有人甚至嗤笑他是'想把上帝和雷电分家的狂人'。富兰克林决心用事实来证明一切。有一天，阴云密布，电闪雷鸣，一场暴风雨就要来临了。富兰克林和他的儿子威廉一道，带着上面装有一个金属杆的风筝来到一个空旷地带。富兰克林高举起风筝，他的儿子则拉着风筝线飞跑。由于风大，风筝很快就被放上高空。一刹那，雷电交加，大雨倾盆。富兰克林和他的儿子一道拉着风筝线，父子俩焦急地期待着，此时，刚好一道闪电从风筝上掠过，富兰克林用手靠近风筝上的铁丝，立即掠过一种恐怖的麻木感。他抑制不住内心的激动，大声呼喊：'威廉，我被电击了！'随后，他又将风筝线上的电引入莱顿瓶中。回到家里以后，富兰克林用雷电进行了各种电学实验，证明了天上的雷电与人工摩擦产生的电具有完全相同的性质。风筝实验的成功使富兰克林在全世界科学界声名大振。英国皇家学会给他送来了金质奖章，聘请他担任皇家学会的会员。"

在同学们的热烈掌声中，戴眼镜的同学结束了她的联想故事。

"这个故事讲得很精彩。"老师夸赞道，"跳跃联想是创新思维的翅膀，富兰克林之所以能由实验室中的电流联想到天空中的雷电，突破当时人们的传统观念，大胆预测两者是相同的，靠的就是天才般的跳跃联想。"

"现在让我们回到刚才的话题，这位同学是如何由电联想到风筝的呢？通过她的讲述我们了解到，实际上她的完整思维过程是：电→富兰克林→实验→风筝。只是她在表述的时候思维快速跳跃，省去了其中的两步，直接由电联想到了风筝。这种大跨度跳跃式的思维方式不仅思维速度快，而且更容易激发大脑的灵感。鉴于此，在培养创新思维时，我们需要特别强化训练跳跃联想的能力，使大脑突破习惯性思维的窠臼，在远离常识、常观之外发现闪光的创意。"

"老师，我们怎样才能提高思维的联想跨度呢？"

"关于跳跃联想的训练比较复杂，思维向哪里跳跃，如何跳跃，怎样才算大跳跃，怎样才算小跳跃等，要结合具体问题来讨论。在这里我教给大家两种简单的跳跃联想训练方法：一是自由联想训练，即随便找一个词起头，在规定的时间内快速联想，就像刚才我们做的思维游戏一样，要求想到的词越多越好，这可以训练思维联想的速度；二是强制联想训练，即随机找两个不相关的事物，要求尽可能多地想出它们之间的联系或相同点，如大海、羽毛球有什么联系，有哪些相同点等。这种训练可以帮助我们提高思维的跨度。"

老师最后总结道："对于一般人来讲，如果能按照这两种方法坚持训练一个月，就基本上可以达到提高思维速度和跳跃性的目的，为创新思维打下坚实的基础。"

资料来源：《袁劲松——中国思维培训第一人》，有删改。

◆ **实践任务**

以团队为单位，通过阅读以上案例材料，集体研讨以下问题：

（1）材料中介绍了何种创新思维形式，以及什么样的训练方法？

（2）自由联想训练：手机→（　　　）→（　　　）……（要求：20个联想词/2分钟）

强制联想训练：请分析签字笔和直升机的联系。（要求：10个联系/5分钟）

◆ **实践指南**

（1）材料中介绍了创新思维形式之一的联想思维，以及自由联想和强制联想的训练方法。

（2）无论哪种训练方法，都要注意联想对象间的逻辑关联性要强，思维跳跃性要大。

（二）建立创造营销观

1. 工作任务

各团队按以下场景设计解决方案。

在数字经济时代，随着大数据、云计算和 AI 技术的迅猛发展，机器人不仅能够替代许多职业和岗位，同时也给商务活动带来了巨大的挑战。产品的设计与制造、销售模式与渠道、定价策略及促销方式都经历了根本性的变革。面对这样的变化，许多人开始思考，在不久的将来，我们普通人还能从事什么工作？还能销售什么产品或服务？

请各团队进行讨论，并提出关于"未来我们普通人能做什么、能卖什么"的若干方案。这将有助于探索适应新时代需求的发展路径和个人定位。

2. 解决方案

通过回答以上问题，各团队讨论总结启发和感悟，在学习通、雨课堂、钉钉、智慧职教等平台上上传团队讨论结果，要求总结简洁明了，时间为6分钟。

3. 教师点灯

4. 理论指导

1）发现和满足需求

如图 1-2-1 所示，马斯洛将人的需求从低到高分为生理、安全、社会、尊重、求知、求美及自我实现（超越）等层次，并认为当个人的最基本需求得到满足后（消费者的需求在有购买能力支持时），下一层次的需求就会发挥作用。

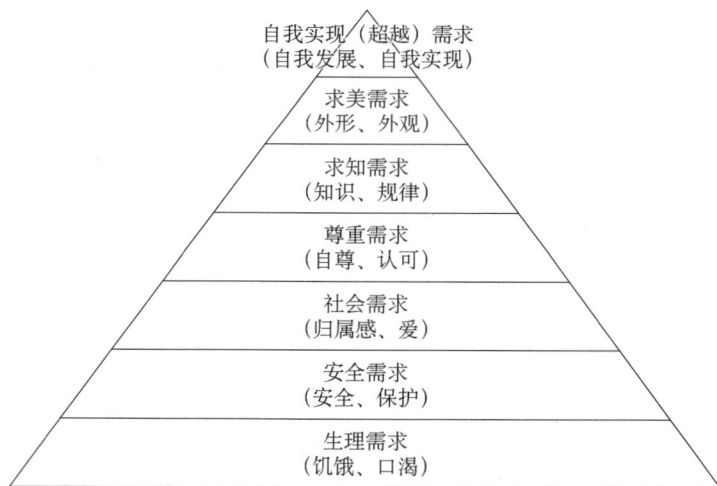

图 1-2-1　马斯洛需求层次图

需求是顾客想要解决的问题的集合，且顾客有能力购买。对于商务工作而言，必须以消费者的需求为出发点，通过产品来满足这些需求，快速解决问题，让顾客感受到产品带来的满足。

2）顾客存在深层次需求认知盲区

福特汽车创始人曾说过："如果我问人们要什么，他们会告诉我他们要的是跑得更快的马。"这表明我们看到的需求往往只是冰山一角，大部分需求隐藏在表面之下，这些隐性需求才是最有价值的部分。创新型商务人士的任务就是挖掘出这些潜在需求，找到或创造真正符合顾客需求的产品。现代企业获得竞争优势的有效途径在于敏锐地发现未被满足的需求，并创新产品，填补市场空白。

3）顾客需求变化越来越快

顾客的需求具有发展性的特点，它会随着社会进步、科技发展及经济变化而不断演变。科技进步的速度加快，使得顾客需求的有效期变短，商业模式和产品的创新周期也相应缩短。企业必须不断创新，特别是在数字商贸和高科技领域。顾客的潜在需求是指那些尚未意识到或表达出来的需求，代表未来市场需求，通常由现有需求衍生而来，具有一定的规律性，需要深入挖掘。

4）建立创造营销导向观

企业只有在深入挖掘顾客潜在需求的基础上把握市场需求发展趋势，不断开发新产品，通过营销努力诱导和创造需求，才能走在市场前面，在激烈的竞争中保持优势。为此，现代企业必须建立起以创造营销为导向的经营指导思想。

创造营销是在深刻洞察顾客潜意识中的模糊需求的基础上，通过创新方案将其清晰化，并通过市场营销活动加以满足的过程。企业和商务人士一方面需要向顾客学习，了解他们的需求；另一方面要帮助和培训顾客发现自己的隐性需求，影响和引导顾客对产品进行体验和选择。

5）运用大数据技术进行市场调研

顾客说的≠顾客心里想的≠顾客真实需求，创造营销要求企业和商务人士不仅关注顾客的客观描述，还要探寻需求背后的本质。对顾客潜在的需求必须采用主动进击、发展和动态的观点进行市场调查，在分析顾客过去和现在需求的基础上深入挖掘其未来和潜在的需求。

在知识和数字时代，商务人士应具备大数据分析思维，利用大数据技术进行多维度、大范围、深层次的市场调研，打破各种惯例和定式，透过现象看到个体特征和潜在需求的实质。

6）持续向顾客学习

随着科学技术的迅速发展，人们的生活方式和生活水平不断发生变化，消费者的需求也随之改变。为了适应这种快速变化的特点，商务人士必须不断掌握最新技术，通过持续向顾客学习，识别需求的变化，挖掘潜在需求，并适时推出满足这些需求的产品。

识别消费者需求的变化可以通过"需求三角模型"的三个方面——缺乏感、目标物与能力，与消费者进行沟通学习。

（1）缺乏感变化：缺乏感即理想与现实之间的差距，可以理解为实务中的"痛点"。缺乏感的主要来源如表 1-2-3 所示。

（2）目标物变化：需要了解具有同样缺乏感的目标物有何变化，以及相同的对象是否具有不同的缺乏感。

（3）能力变化：环境尤其是科技的变化会影响消费者能力，消费者能力不仅指经济支付能力，还包括金钱成本、形象成本、行动成本、学习成本、健康成本、决策成本等。

表 1-2-3　缺乏感的主要来源

种类	内容
任务需求	消费者要完成某项特定任务所产生的需求
角色扮演需求	消费者要塑造与其身份一致的形象而产生的需求
时间维度需求	① 对过去与未来的恐惧，指在过去的场景中，某种事物或经历使消费者留下了一个不好的印象，为了规避这种风险的发生与扩大产生的需求。 ② 对过去的缅怀，指在过去的场景中，某种事物或经历使消费者产生了愉快的记忆，为了重拾这段愉快的记忆而产生的需求。 ③ 对未来的憧憬，指人们憧憬通过消费某种商品而使生活或工作变得更加美好与便利的需求。
群体参照需求	消费者为了融入群体而产生的与群体特征一致的需求
关系需求	在某种特定关系下，由关系相对方的需要而产生的需求

7）引导顾客需求

在多变的市场环境下，顾客需求未知或不确定是很常见的，受自身认识能力、生活环境、生活方式、文化背景及工作条件的影响，加上市场上服务和产品的多样化，顾客未必总能明确自己的需求。此时，商务人士应对顾客进行教育和培训。

教育顾客是指针对目标顾客进行有目的、有计划、有组织的知识传授，培养科学消费观念，提高顾客素质，引导其选购商品。同时，企业应利用新媒体开展消费文化创新，除适应当地文化外，还应在一定限度内创造并植入新的消费文化，通过新媒体技术传播新文化，改变传统消费习惯，使顾客接受企业的产品和服务。

◀ 敲黑板：创造需求 ▶

- 张瑞敏："好的公司是满足需求，伟大的公司是创造市场（需求）!"
- 创造营销是一种以创造需求为目的，基于企业与顾客互动的新型营销理念。
- 顾客的"痛点"即未被满足的需求，是创造营销的重要来源。
- 企业应通过广泛而深入的市场调查，挖掘顾客的潜在需求，并把握市场需求的发展趋势。
- 企业和商务人士需要通过沟通、教育和培训，激发消费者的潜在需求，将其转化为现实需求。
- 要培育和创造新的消费文化，并利用新媒体进行创新传播，为新产品的市场推广铺平道路。

5. 技能点拨

创造需求的实施有哪些关键要素？

（1）魔力：创造情感共鸣。

市面上大部分的产品都是好产品，但只有那些能与客户产生情感共鸣的产品才具有魔力。斯莱沃斯基提出了一个魔力公式：魔力=卓越功能×情感诉求。由这个公式可以看出，好的产品必须拥有卓越的功能，还需满足情感方面的诉求，才能为客户创造良好的情感体验。

　　例如，相较于众多酒企的傲慢与麻木，根植于重庆传统酿造工艺的纯高粱新生代品牌江小白，定位年轻群体，凭借对消费情绪的深度挖掘，用直达人心的文案表达，为中国酒类品牌带来了新的生命力和活力。江小白酿造的是酒，讲的是情怀，让人一提到江小白，浮现在脑海中的是它酒瓶上的文艺语录和清淡的酒香，满足了用户"文艺青年""青春小酒"的情感诉求，为品牌赋予了魔力。

　　（2）痛点：解决顾客隐性困扰。

　　无论在哪个领域，对于顾客尚未实现的潜在需求，尤其是每个对产品功能或服务的抱怨、每步不必要的步骤、每次使用过程中的麻烦、每个引起用户失望的环节，都会形成或明或暗的痛点。这些痛点是提示线索，是企业和商务人员创造需求的突破口。

　　例如，美图秀秀的成功在于解决了广大爱美人士在学习修图方面的麻烦，使得美颜不再是一件复杂的事情。

　　（3）系统背景分析：全面建模和沙盘推演。

　　每一个附加步骤、每一个多余的限制、每一个额外的部件，都有可能决定新产品的成败。为了解决用户的问题，创新产品时需要对需求量、设计、制造、供应链、资源匹配、销售渠道、售后服务、更新换代等进行全面建模和沙盘推演，力求全盘兼顾，防止出现致命性差错。

　　例如，米聊比微信更早诞生，但最终被微信取代，并不是因为米聊产品不好，而是因为米聊没有微信那么多的用户资源，最终因需求量少而被"大鱼吃小鱼"。

　　（4）激发力：新媒体营销吸引流量，引爆产品魅力。

　　新产品刚上市时，大多数消费者都不知道或怀疑其性能，从而处于观望态度。此时需要迅速普及产品知识，激发人们采取行动，让潜在需求变成真正的需求。在数字化时代，新媒体营销是新产品快速推广成功的关键。通过精准定位受众锁定一类人群，切入一个场景进行创意内容制作，解决一个痛点，创造一种价值，（引入网红直播、短视频等）讲好一个故事，做好传播互动活动等手段，吸引流量和圈住粉丝，引爆产品魅力。

　　例如，2021年，随着"双减"政策落地，新东方教育培训深受政策影响，不得不转型另谋出路。在建立起"良心好人"人设后，俞敏洪成立东方甄选，开启农产品筛选和销售直播带货之路，加上董宇辉意外走红，东方甄选取得了爆炸式增长。

　　（5）优化迭代：周期改进升级产品。

　　产品被市场接受只是第一步，面对高速变化的市场，需要不断对产品进行优化迭代，以最快的速度跟上时代的步伐，进而打开新的市场。一个产品只有紧盯技术进步，同时让用户成为需求的协同创造者，才能实现持续增长。

　　以微信为例，从1.0时代的快速文字消息和图片分享功能，到2.0时代的语音对讲机功能，到3.0时代的摇一摇和漂流瓶功能，到4.0时代的朋友圈和开放API接口功能，再到5.0时代的表情商店、游戏中心、扫一扫和移动支付功能……它通过协同用户体验，结合技术进步，不断进行产品更新。

6. 企业实践

◆ **实践背景**

2020 年 3 月 18 日，爱玛创新品类直播发布会在京东平台举行。

此次发布会以"出发！宝贝"为核心主题，推出全新品类——爱玛安全亲子车（爱玛袋鼠车），致力于解决亲子出行安全问题，构建多场景、全方位的安全防护亲子出行解决方案。

目前，电动车市场相对成熟，各品牌竞争激烈。作为行业引领者，爱玛曾在电动车起步阶段，通过聚焦产品功能价值和时尚设计，开创了庞大的颜值出行蓝海市场。爱玛团队 2009 年自主研发的滑板电动车和 2015 年发布的经典爆款麦家族，均展示了其在时尚变革中的决心与魄力。

时尚与爱是爱玛的两驾马车，时尚是方向，爱是动力。2020 年，爱玛再次出发，以爱为初心，聚焦亲子出行场景，开创亲子车品类。爱玛副董事长段华提到，每个家庭是社会的基本单元，亲子关系是中国家庭中最重要的情感纽带。亲子出行市场有着庞大的需求和前景。满足用户所需，扎根亲子市场，跳出低质红海竞争，将时尚和爱融入亲子出行场景，是爱玛的使命和责任。

为什么选择亲子车？

爱玛针对全国 3000 多个 1～12 岁孩子家庭进行调研，发现高达 98% 的家长认为电动车安全防护是必要的，但在实际亲子出行中，仅 51% 使用了亲子头盔，34% 使用了儿童安全带。爱玛首席运营官胡宇鹏对此感触颇深，每一次亲子时刻都让他动容。袋鼠象征着最密切的亲子关系和对下一代的呵护，因此爱玛将安全亲子车命名为袋鼠车，希望守护亲子出行安全。

爱玛袋鼠车聚焦接送孩子上下学、买菜购物、走亲访友、亲子出游、通勤代步五大亲子出行场景；采用七大防护措施，即亲子头盔防伤害、安全背带防跌落、前置防撞包防磕碰、亲子雨披防雨雪、亲子挡风被防霜冻、亲子防晒服防晒伤、抗菌材料防细菌；启用三大亲子安全技术，即自动启停、CES 双重制动、天眼行车警示，并开发黄金三角人机设计、轻巧车体设计和 350mm 加长后座椅设计，全方位保障亲子出行安全。

此次发布会上，爱玛推出了 4 款亲子袋鼠车：

小蜜豆袋鼠车：经典车型，拥有自动启停功能和 CES 双重安全制动系统，是亲子出行的性价比之选。

小玛 UMINI 袋鼠车：采用 350W 德国博世电机、48V 15Ah 金标锂电池、U 形高碳钢车体，适合宝爸宝妈出行。

波莉袋鼠车：轻巧车身好操控，原创高颜值设计和可提式锂电池，符合"辣妈"时尚潮流。

波乐袋鼠车：糖果风萌趣设计，具有大容量书包筐和清晰警示尾灯，适合 16 岁以上宝贝或可爱女生出行。

爱玛流行趋势研究专家聂玉纯认为，色彩是爱玛的时尚传承。从 2015 年的迷彩色到

2018 年的"英伦疯",每一次都掀起了行业的色彩风暴。色彩蕴含着情感,是能够被感知的温度。亲子时光是温馨和轻快的,爱玛安全亲子车融合国际流行色彩,推出的 4 款早春流行色(物语蓝、起司黄、牛油昊绿、藕荷紫),能够赋予每一次出行快乐的好心情,点亮每一次出发时刻。

新生代的潮爸、辣妈作为社交媒体的深度用户,他们的消费习惯深受网红影响。网红的推荐能够迅速帮助品牌突破新产品的推广壁垒,快速占领用户心智。

此次发布会上,爱玛邀请了知名母婴博主小辣佼担任辣妈体验官。她在现场试骑了袋鼠车,称赞袋鼠车的设计相当贴心,切实为每一个家长和孩子提供了全方位的呵护。

此次爱玛创新品类直播发布会人气火爆,新品袋鼠车一上线便引发了抢购热潮。

从"爱就马上行动"到"全球超受欢迎的电动车",爱玛始终贯彻"让顾客感受到爱"的营销理念,一次次开创全新品类,不断实现跨越式变革。未来,爱玛袋鼠车将秉承爱的初心,担当行业使命,打造并持续优化亲子安全出行解决方案,解决亲子安全出行问题,开启爱玛的新纪元。

◆ **实践任务**

以团队为单位,通过阅读以上案例材料,集体研讨以下问题:

(1)爱玛袋鼠车新产品运用了何种创新思维?如何创造需求?

(2)爱玛袋鼠车新产品是如何创造需求的?

◆ **实践指南**

(1)爱玛袋鼠车新产品运用了联想和跨界思维,将自然界中袋鼠用"袋"带宝宝出行的概念跨界联想到年轻父母用"电动车"接送小孩。其物理逻辑纽带是"通过某物(产品)将两个个体连接成一体",而情感逻辑纽带则是"父母之爱"。借袋鼠车这一新品类,引发年轻父母对小孩的呵护、关爱和安全方面的情感需求。

(2)创造"亲子"情感共鸣,解决顾客"安全呵护"的隐性困扰,通过"色彩、结构、潮流时尚、品牌故事、市场调研、市场细分"进行全方位的营销策划和产品设计,精准定位受众,利用全媒体营销引爆产品魅力,凭借先进技术构建亲子出行行业标准,推进产品的优化迭代。

(三)培养创富能力

1. 工作任务

以下是一个简化的真实案例,各团队阅读后完成相应任务。

(消费者痛点)从家里去机场或者从机场回家,打车可能要花上百元。要是能获得免费接送,那该多好啊!

刘先生在"一没钱,二没车,三没司机"的情况下,成功实现了这一目标。

刘先生先联系了一家航空公司,提出:为乘客提供免费接送服务可以体现"心贴心的关怀,门到门的服务",从而增强乘客选择该公司航班的意愿;此外,车辆上可以进行广告宣传,提升公司的竞争力。经过谈判,航空公司同意对购买 5 折以上机票的乘客提供免费接送服务（从机票中抽取 25 元作为服务费）。

随后，刘先生向汽车经销商抛出合作意向：航空公司计划组建一支接送乘客的车队，首次采购 30 辆车，后续还有 100 多辆，要求汽车经销商就价格、付款方式、售后服务等提供方案。经过竞争，某销量不太理想的 7 座品牌车以 6 个月后付款的条件获得了订单。

接着，刘先生邀请司机参与航空公司班车的承包会议，向每位司机收取 10 万元车辆保证金（按车辆使用寿命进行折旧抵扣），并承诺每接送一位乘客支付给司机 20 元（司机可赚 5 元/位）。由于每辆车是 7 座，往返机场一趟可以接送约 10 位乘客，司机的收入约为 200 元。这种模式对司机有足够的吸引力，他们愿意接受。

最后，刘先生通过代理机票，依托航空公司班车带来的流量，为酒店、美食店、旅行社、土特产超市等引流返利，使免费班车业务做得风生水起。

刘先生对上述商业模式进行了总结，主要分为三步。

一是找到消费者痛点：有创意地"发明"一个"新物种"，解决消费者的痛点。

二是借鸡下蛋：利用"新物种"的价值，不需要说明或验证，可以为其他企业或消费者赋能，其他企业或消费者愿意主动买单，推广无阻力。

三是草船借箭引流：将"新物种"种植在一片空阔的肥沃"田野"上，只要播种就能迅速成长，速度一定要快。

例如，当发现人们在等待电梯时感到非常无聊，而且电梯厅的墙面上空荡荡的，什么都没有时，我们可以想到免费安装一块显示屏播放视频缓解无聊。如果付费给物业公司，物业公司增加了一笔收入，肯定会支持。在人流量大的电梯口播放广告，传播效果肯定不错。因此，可以创业做一家电梯间广告传媒公司。

各团队进行讨论、研究和策划：按照以上商业模式，策划创办一家公司，并说明创办公司的逻辑思路。

2. 解决方案

通过回答以上问题，各团队讨论总结启发和感悟，在学习通、雨课堂、钉钉、智慧职教等平台上上传团队讨论结果，要求总结简洁明了，时间为 8 分钟。

3. 教师点灯

◀ 评价要点参考 ▶

- 最好的商业策划就是"当对方刚想打瞌睡时，就把枕头递过去"。
- 合适的商业模式与商业思维，可以实现多方共赢。
- 一个好的商业模式能够成就一家伟大的公司，并形成生态系统。
- 财富是通过创造价值和解决问题而获得的；致富的秘诀在于大胆创新、眼光独到。
- 创富的根本，在于能为目标顾客和生态伙伴带来利益。
- 沟通可以创造价值，要利用沟通手段打通资源共享、共联、共赢甚至跨界之路。
- 合作共赢，借势更高。要善于借助相关者的资源，实现整合增值。

4. 理论指导

商务人士想要实现追逐财富的梦想，就必须拥有创造财富的智慧和方法，养成做人做事求辩证、大格局、宽视野、长运筹、善变通、强整合、勤坚守的品质，并具备以下创富能力。

1）辩证分析

任何事情都是一体两面的，商务人士要学会批判性独立思考，从正反两面分析和看待问题，然后抓住主要矛盾，而不能人云亦云，迷失对事物的正确判断。

例如，很多人谈论自媒体从业人员收入，有的人说可以一个月赚几万元，还有的人说根本赚不了钱。究竟谁说得对呢？辩证地看应该是都对，赚到钱的自然说赚到了，赚不到钱的自然说赚不到；他们都没有看到另一面，赚到钱的没看到赚不到钱的难处，没赚到钱的也没有看到赚到钱的辛苦付出和积累。

2）竞合发展

商务活动的主体（生态伙伴、商客、供应链）间天然存在竞争，但更多的是合作。商务人士必须树立竞合思维而非零和思维（一方利益全拿，另一方完败）。竞合思维强调竞争与合作是不可分割的整体，通过合作中的竞争、竞争中的合作，实现共存共荣，一起发展，这是商业竞争所追求的最高境界。竞合发展的创新点在于竞争联合，挖掘各方优势，进行要素互补，把利益蛋糕做大，在做大蛋糕的基础上，大家都有可能收获更多。

竞合发展的三大要素是，贡献、亲密和远景沟通。

（1）贡献：指建立竞合关系后能创造的具体有效的增量成果，即增加的实际利益和价值。贡献来源于三个方面：减少重复、损耗和浪费；借助彼此的核心能力整合资源并从中受益；创造新机会和新利益。

（2）亲密：指在交易伙伴间建立起利益相关、沟通顺畅、资源对接的关系。参与各方必须相互理解和建立互信，打造信息共享机制，降低信息收集和交易成本，建立有效沟通的合作团队。

（3）远景沟通：指在评估伙伴潜能、发展伙伴关系、进行可行性分析的基础上，建立导向系统，描绘共同目标及其实现方法，激发伙伴和员工的工作热情和创造力，形成活力源泉。

应该指出的是，同行竞争对手之间更多的是非合作博弈关系，多数情况下应以博弈思维应对处理。

3）借势飞跃

借势是指善于顺应潮流发展方向，抓住时代赋予的机会，借助外部势能和力量，达到"好风凭借力，送我上青云"的目的。借势的根本原则是，目标客户有什么样的认知和需求，就利用资源来打造什么样的品牌和产品，满足这种认知和需求。从营销的角度看，借势有以下策略：借天时（节日、盛典等）、地利的势；借关联品牌和旺销产品的势；借消费者自身的势；借新闻事件的势；借名人效应的势；借科技风口、消费潮流的势。在借势时要保持道义上的正当性，塑造和建立良好的形象。

4）利他习惯

商务人士每天都要跟人和利益打交道，在处理利益（物质与精神）关系时，不但要考虑现在，还要考虑将来；在处理和他人的关系时，先考虑他人再考虑自己，凡事善于换位思考，站在对方角度，主动为他人输出价值，找到对方的需求并设法满足。

在这个信用成本越来越高的时代，想要成长得更快，利他才是真正的方法。商务人士在整合资源前，懂得价值互换的道理，在向他人索取价值时，多问自己几次"我能给他人提供什么价值"，因为一个人能为别人创造多大价值，他就有多大价值。光有价值交换的思维还不够，还要做一个主动给予的人，养成在日常生活中主动给予的良好习惯。不要把商务活动看成单纯的卖产品，而是为客户服务，帮助客户解决他们的问题；从对方的角度看问题；认清主要问题和消除顾虑；确定大家都能接受的结果；寻找实现这种结果的各种可能途径。

5）整合资源

在生产力高度发达的今天，大部分行业产能严重过剩，想找项目创业的人比比皆是，资源既稀缺也充裕。商务人士没必要全部自己动手，最需要的是按照关键资源、关键环节、关键人物和关键工具四个核心元素，对不同来源、层次、结构和内容的资源进行识别与选择、组合与配置、激活和融合，使其具有较强的柔性、条理性、系统性和价值性，整合成自己所需要的样子。

例如，非凡四季酒店结合小旅馆的小而精致和豪华酒店的大方体面，利用整合思维，创造性地解决了小旅馆与大宾馆之间的矛盾；衣物清新剂的问世则是洗衣液公司在研发创新产品时使用"减法策略"的成果，通过从整体中删减某些元素，创造出了全新的产品。

6）系统权衡

系统权衡注重事物之间的联系，将事物视为一个整体系统来研究，进行全面、通盘的思考。正如生物学中的生态系统能够自我完善，形成动态平衡的生物链一样，企业（或商务人士）与其利益相关者也处在一个类似的生态系统中。这个系统中存在系统与要素、要素与要素、系统与环境之间的相互联系和作用。为了在这种环境中明确定位，需要运用系统分析方法，不仅关注企业内部的资源配置，还要重视企业外部的逻辑关系。用战略眼光，从利益共同体的角度出发，获得自身利益的最大化。运用系统思维，可以突破原有的企业界限和个人资源的限制，全面考虑并整合所有可用资源，从而创造财富。

例如，麦当劳是世界上最大的快餐集团，为了在全世界建立良好的品牌形象，麦当劳把所有的分店看作系统中的一员，每一家分店在服务与质量上应该是同等的，而解决这一问题，就必须建立一整套严格的服务与质量制度形成系统标准，并以这种标准去规范每一家分店的经营和管理行为，以保证在任何情况下都向顾客提供品质一流的食品。再如，格兰仕联合其他企业形成营销联盟，这些被联合的企业大多与格兰仕没有竞争关系，但和格兰仕合作可以大大提高自己企业产品的市场覆盖率，因此，他们之间形成了一种利益共同体关系，可实现共同增值。

7）长线深耕

产品永远是满足客户需求的根本，强大的产品力是竞争力的坚实保障，最好的产品才能实现更好的变现。客户需要经过引导、培育、说服、成交和管理。在互联网时代，客户不仅是消费者，还可以成为传播者和合作者。

商务人士应建立长线思维，秉持匠心精神，聚焦主业，专注并追求专业，严格把关以追求卓越，将产品品质和服务做到极致。要深耕客户，精准把握客户需求，培育和经营好每一个市场。通过无限的沟通，呵护每一份客户情感，与客户结成利益共同体。例如，中华老字号是指那些历史悠久、拥有世代传承的产品、技艺或服务的品牌。这些品牌不仅具有鲜明的传统文化背景和深厚的文化底蕴，还获得了广泛的社会认同，形成了良好的信誉。它们是稳定利润来源的可靠保证。

8）顺应趋势

自然界、人类社会和科技在其运动、变化和发展过程中，都遵循着固有的规律。事物之间的必然联系决定了它们发展的必然趋势。"顺势者昌，逆势者亡。"商务人士需要洞悉并顺应这些发展规律，与时代的大势保持同步。

在当今时代，信息和商务活动都更加数字化。互联网极大地提升了企业与消费者之间的沟通量和成交量，人们越来越依赖以数字经济为基础的生产和销售模式。人工智能在服务领域的应用飞速发展，在各行业中扮演着赋能的重要角色，成为推动企业前进的新质生产力。新质生产力的形成标志着人类改造自然的手段和方式的重大进步，是先进生产力替代传统生产力的过程。这种新模式不仅质量、效率更高，而且可持续性更强，带来了全要素生产率的提升。它将引领未来产业通过高质量供给创造新的需求。

◀ 敲黑板：创富之道 ▶

● 竞合可以近距离相互学习、相互激励，整合资源创造新价值，有利于创造出新的能力和利益。

● "站在风口，猪都能起飞。"商人应善于借助政策引导、科技发展和消费审美潮流等趋势。

● 消费者脑子里想要什么，你就想法去借什么。真正的强者，都懂得借势，借外物、借外力、借外智，让自己的起点更高，取得更大的成就。

● 将欲取之，必先予之；先能利他，而后才能利己；大智若愚；傻人有傻福。利他思维是最高境界的利己。

● 资源整合的本质是将有限的资源转化为无限的机会，整合不同的资源可以创造出全新的东西。

● "羊毛出在狗身上，猪来买单。""你的成本，很有可能是别人的收入；你的费用，很有可能是别人的财富。"商务人士要以辩证的系统思维模式来衡量成本和收益。

● 一个人围着一件事转，最后全世界可能都围着你转；一个人围着全世界转，最后全世界可能都抛弃你。

● 万物皆有周期，自有其规律；成大事者必乘势而为，进退有度方能事半功倍。

5. 技能点拨

创富中常用的创新方法有哪些？

1）团队创新方法

在需要对某一问题做出决策时，通常会召开团队会议进行讨论，借助团队成员的智慧来产生创新性的解决方案。

（1）团队头脑风暴法。团队头脑风暴法通过组织一批团队成员围绕一个明确的议题进行讨论，借助与会者的群体智慧，共同思考和互相启发激励，引发创造性设想的连锁反应，产生和发展出众多的创意构想。头脑风暴法可分为两种主要类型。

① 直接头脑风暴法：旨在激发创造性，尽可能多地产生各种设想。

② 质疑头脑风暴法：对提出的设想和方案逐一质疑，分析其现实可行性。

（2）戈登分合法。戈登分合法是一种类比方法，通过同质异化使熟悉的事物变得新奇（由合而分），或者通过异质同化使新奇的事物变得熟悉（由分而合）。该方法也被称为提喻法、综摄法或分合法等。戈登分合法步骤如下。

① 模糊主题：会议开始时，主持人不直接展开研究目标和具体要求，而是提出与设计课题本质相似的问题进行讨论。

② 类比设想：与会者可以自由发言，使用类推方法，如狂想类推、直接类推、拟人类推和符号类推等。当提出的随意想法接近主题时，主持人应及时归纳，并且给予正确的引导。

③ 论证可行性：对类比产生的启示进行技术、经济等方面的可行性研究，并编制具体的实施计划。

例如，研究改进除草的方案，主持人可以先提出"用什么办法可以把一种东西分离？"与会者可能会提出以下方法：用剪刀、剃刀、砍刀、刨刀等切断；用手锯、钢锯、电锯等锯断；用手或器具拉、拔、扯断；用风力、超声波、激光等分开；用化学物质腐蚀断等。主持人明确宣布主题后，通过讨论可以考虑以下几种方案：使用类似理发推子或旋转刀片的剪草机，探索超声波等新型设备，或者采用药物除草剂等化学方法。如果一开始不是用"分离"这个词，而是用"剪断"，那么人们的思路可能只会局限在刀具上。

2）工作思路创新方法：5W1H 设问法

5W1H 设问法是一种通过 6 个疑问词从不同角度检讨创新思路的设计思维方法。5W1H 即：

（1）为什么（WHY）：分析产品设计的目的在于明确是要解决原有产品的缺陷，还是开发全新产品；是为了提高效率和降低成本，还是为了保护环境和适应潮流等。

（2）是什么（WHAT）：分析产品的功能配置，即分析产品整体设计、基本功能与辅助功能的关系，以及消费者的实际需求。

（3）什么人（WHO）：分析产品的购买者、使用者、决策者、影响者，用来了解消费对象的习惯、兴趣、爱好、年龄特征、生理特征、文化背景、经济收入状况等。

（4）什么时间（WHEN）：分析产品推介时机及消费者的使用时间。企业根据时间，合理安排生产，把握产品的营销策略。

（5）什么地方（WHERE）：分析产品使用的条件和环境，即分析针对怎样的场所开发产品，以及有哪些受限和有利的环境条件。

（6）如何用（HOW）：分析顾客的消费行为，即考虑消费者的使用习惯等。

5W1H 设问法是提高思维严谨性与灵活性，培养概念综合化能力的最为简单且直接的方法。

3）产品设计创新方法

（1）仿生模拟法。仿生模拟法是模拟生物系统的某些原理来建造技术系统，使人造技术系统具有类似于生物系统某些特征的一种设计方法。其研究范围包括机械仿生、物理仿生、化学仿生、形体仿生、智能仿生、宇宙仿生等。

（2）扩图转换法。扩图转换法是运用扩散性思维，打破思维定式，将图形或实物重新界定或加以引申，转换成不同设计对象的一种设计方法。

例如，使用 6 根火柴可以漂出两个相邻的正三角形。如果要通过移动 3 根火柴将其变成 4 个大小相同的正三角形，则可以在平面上重新排列这些火柴。另外，当需要用同样的 6 根火柴构建 3 个大小相等的正三角形时，则需要将这些火柴从平面布置转换为立体布置，即构建一个三维形状。

（3）继承改良法。继承是在模仿的基础上进行改进，其原型是前辈的创造物，并蕴含批判的成分，运用了模仿加改良的设计思想。不同于"复古主义"，继承改良法强调批判，反对照搬陈旧，主张推出时代的和民族的，而复古主义明显带有保守、复旧的意味。

（4）新旧更替法。新旧更替法是认识论上的突变和跳跃，通常伴随着社会背景的重大变革。其设计思想具有显著的反传统性，往往指向与传统截然相反的方向。同时，新旧更替法展现出独特的新颖性，在大量司空见惯的传统设计中脱颖而出。一旦出现与传统设计截然不同的新设计，必然引人瞩目，犹如鹤立鸡群。

（5）属性列举法。属性列举法强调在创造过程中观察和分析事物或问题的属性，然后针对每项属性提出改良或改变的构想。其特点是将产品的各个属性列举出来并制成表格，接着列出改善这些属性的具体事项。这种方法特别适合老产品的升级换代。

属性列举法的步骤如下。

① 确定设计对象：按名词、动词、形容词列出属性。名词属性指材料、部件、整体、局部等，动词属性指技能、动作、方式等，形容词属性指形状、颜色、款式等。

② 分类整理：对众多的属性进行分类整理，通过提问或自问产生属性联想。

③ 推敲设想：推敲各种设想，找出最佳方案。

与属性列举法类似的还有缺点列举法和希望列举法。缺点列举法是找出现有产品或方案的不足，通过改良达到创新目的的一种方法。希望列举法则是针对人们对未来产品或方案的愿望，选择突破口，从而获得突破的一种设计方法。

（6）和田十二法。和田十二法是人们在观察和认识一个事物时，通过依次改变其原有属性来进行创新的方法论，它包括以下 12 步。

① 加一加：加些什么，会有什么结果？

② 减一减：减些什么，会有什么结果？

③ 扩一扩：放大、扩展，结果会如何？

④ 缩一缩：压缩、缩小，结果会如何？

⑤ 变一变：改变材料、功能、形状、颜色、声音、味道或气味等，会怎样？改变顺序会怎样？

⑥ 改一改：有哪些缺点？有改进这些缺点的方法吗？

⑦ 联一联：把某些东西或事情联系起来，能帮助我们达到某些目标吗？

⑧ 学一学：有什么可以模仿或学习？

⑨ 代一代：有什么可以替代？

⑩ 搬一搬：搬到别的地方，还能有其他用途吗？

⑪ 反一反：把正反、上下、左右、前后、横竖、里外颠倒一下，会有什么结果？

⑫ 定一定：为了提高学习、工作效率和防止可能发生的事故，需要制定哪些规定？

例如，在烈日下，年轻的母亲抱着戴着太阳帽的孩子还要自己打伞，实在不方便。能否设计一种母亲专用的长舌太阳帽，以遮挡母子二人的阳光？于是，有人发明了这种长舌太阳帽，很受母亲们的欢迎。

6. 企业实践

◆ 实践背景

要理解奇虎360的商业模式，首先需要了解一个网络商业模型——Freemium（Free+Premium），即通过开放免费的服务吸引用户，在此基础上建立盈利模式。Freemium模式的开创者是门户网站始祖雅虎，雅虎将传统报纸的商业模式搬上网络，提供免费的内容服务，再通过广告获取收益。自雅虎后，Freemium商业模式被广泛采用，包括搜索引擎、社交网络、即时通信、娱乐生活等领域。Freemium商业模式如图1-2-2所示。

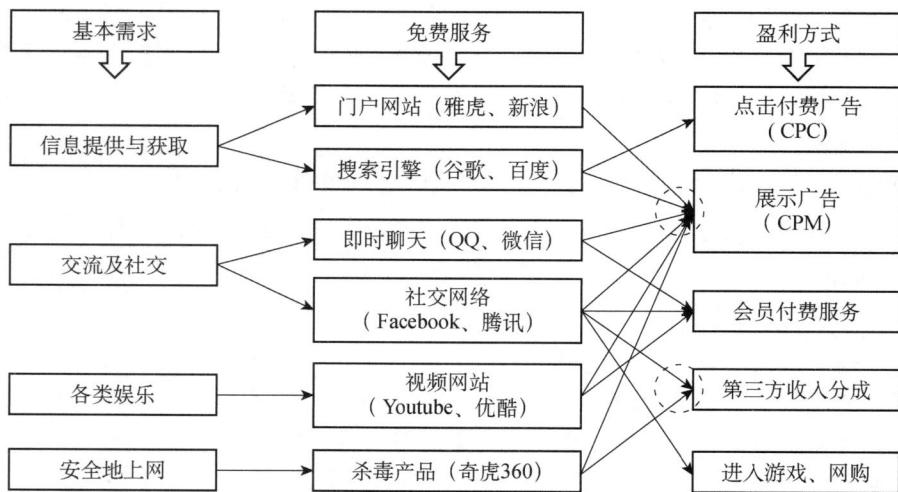

图1-2-2 Freemium商业模式

通过免费服务满足用户的基本需求（如信息获取、社交互动、娱乐消遣等），成为互联网的流量入口和用户门户。在此基础上，利用展示广告、提供付费服务及第三方合作分成等方式实现盈利，这就是 Freemium 商业模式的核心所在。

奇虎 360 将自身定位为"免费安全"公司。首先，通过满足网民的安全上网需求，聚拢起海量用户（截至 2011 年第二季度，奇虎 360 产品的月度活跃用户数达到 3.78 亿）。其次，奇虎 360 通过两大平台对海量用户进行转化，打通了免费服务与盈利之间的连接通道。奇虎 360 商业模式如图 1-2-3 所示。

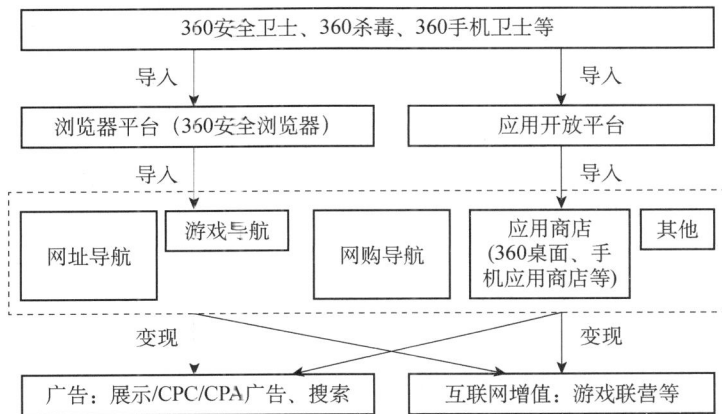

图 1-2-3　奇虎 360 商业模式

奇虎 360 的商业模式可分为 4 层。

核心免费产品服务层：主要为 360 安全卫士、360 杀毒、360 手机卫士等产品，这些产品为奇虎 360 带来了庞大的用户群。

基础平台层：包括浏览器平台与应用开放平台，奇虎 360 将核心免费产品服务层用户顺势导入这两大平台。

细分服务层：在两大平台基础上，奇虎 360 提供网址导航、游戏导航、网购导航、应用商店等服务。

最终盈利变现层：变现方式主要为广告与互联网增值。

奇虎 360 的主要盈利渠道来自浏览器平台与应用开放平台。除此之外，其还有多条产品线存在。奇虎 360 产品分为核心安全产品及分类安全产品。核心安全产品主要包括 360 安全卫士、360 杀毒、360 手机卫士、系统急救箱；分类安全产品主要包括浏览器产品、性能优化产品、手机类产品、特定用途产品、应用商店，如图 1-2-4 所示。

在分类安全产品中，担当营收重任的是浏览器产品（即浏览器平台）和应用商店（即应用开放平台）。手机类产品对营收贡献较少，但目前增长速度极快；特定用途产品用于聚拢更多用户。

例如，在过去，用户安装杀毒软件需要自己购买，是付费的；但现在奇虎 360 提供的杀毒软件是免费的，受到免费的吸引，全国有数亿互联网用户安装了 360 杀毒软件，从而汇聚了大量的流量。奇虎 360 可以通过这些流量的广告费用来获得利润。

图 1-2-4　奇虎 360 产品架构

也就是说，奇虎 360 的利润来自安装其软件的用户，但实际支付广告费用的是京东、淘宝等企业。这就是典型的"羊毛出在狗身上，猪来买单"的现象。

资料来源：雪球网，作者江涛，有删改。

◆ **实践任务**

以团队为单位，通过阅读以上案例材料，集体研讨以下问题：

（1）360 杀毒软件推出之前，市面上的杀毒软件品种较多且基本上都是收费的，奇虎 360 为什么要推出终身免费杀毒软件？

（2）概括互联网免费服务模式产品的赚钱思路。

◆ **实践指南**

（1）如果 360 杀毒软件采用收费模式，作为市场后来者，在激烈的竞争中将处于劣势，难以打开市场并通过销售产品获利。而采取终身免费模式则能迅速吸引大量新用户，并争取到其他杀毒软件公司的用户。在积累了大量用户资源后，可以通过为第三方互联网产品导流来实现盈利。

（2）首先针对网络用户的需求，推出免费产品以吸引大量用户，进而构建一个完整的生态圈。在这个生态圈中，可以通过销售其他相关产品获利，或者为第三方产品导流并收取费用实现盈利。

◀ **思政园地：从中国制造到中国智造再到中国创造** ▶

● 制造业是国民经济的主体，是科技创新的主战场，是立国之本、兴国之器、强国之基。

● 2010 年我国制造业增加值首次超过美国，成为全球制造业第一大国，自此以后连续多年稳居世界第一。

● 我国已是世界第一大工业国，并且是全球唯一一个拥有联合国产业分类中全部工业门类的国家。"中国制造"撑起了大国脊梁，昂首走向世界。

● 产业链强则产业强，产业强则实体经济强。制造业的竞争已由过去的"产品生产制造"升级为"产业生态构建"，涉及"人工智能+产业升级+文化品牌+产品创新"的综合竞争。

● 从"贴牌"到"品牌"，从"制造"到"智造"再到"创造"，从"跟跑"到部分领域实现"并跑""领跑"，这些成就都离不开"工匠精神"。

四、修炼巩固

案例题一

材料一：美国人吉姆·瑞德偶然发现高尔夫球会因球手的失误掉进湖里。他灵机一动，潜入湖中，意外地发现湖底有成千上万只高尔夫球。于是，他开始打捞这些球，最初只是自己一个人干，后来打捞的人多了，他就转行收购这些旧球，清洗干净后重新喷漆，再包装出售。如今，他已经拥有了自己的高尔夫球回收公司，年收入达到 800 多万美元。

材料二：某学生在上学时发现地球仪携带不方便。于是他想，可以用制作塑料球的方法来制作地球仪：用塑料薄膜制成地球仪，使用时充气放在支架上；不用时放气，体积迅速缩小，便于携带。

问题：以上两个材料分别运用了何种创新思维和产品设计创新方法？

案例题二

为了加强在贵州的营销管理工作，某保健品公司企划部开展工作的第一步是了解其电商市场，并进行初步的营销策划，为后续营销活动打好基础。企划部首先组织相关人员，根据现有数据和资料，分析该公司在贵州电商市场的现状。

针对现状问题，企划部进一步对贵州电商市场进行了调研与分析，结果如下。一是需求意识较弱。贵州电商市场对保健品的需求意识相对较弱，主要因为当地经济发展水平较低。然而，消费者的保健意识正在逐渐提升。二是产品功能性不足。贵州电商市场的多数保健品缺乏长久的生命力，因为这些产品忽视了消费者对实际功能（如美容功能）的需求，过于注重外部包装。因此，改进产品功能对于开发市场尤为重要。

通过调研与分析，企划部明确了对贵州市场的工作思路，确定了年度营销工作的重点：一是在强化品牌形象的基础上，利用内容和文案从功能上加强对消费者购买欲望的引导；二是结合不同线上媒体平台进行宣传，以线上推广活动带动市场销售氛围；三是针对贵州市场消费者的实际需要，向总部申请生产贵州特供版，增强产品的功能性。

在第二年，该公司在贵州省的两个办事处总回款达到了 2000 万元，圆满完成了总部的任务。贵州分公司因此获得了总公司颁发的奖状。

问题：分析该保健品公司贵州办事处取得成功的原因。

案例题三

有一个健身房老板为了提升业绩，推出了价值 3800 元的私教健身套餐免费送活动。对喜欢健身的用户来说，这个活动非常有吸引力。

在活动期间，健身房不仅吸引了大量用户，还实现了在免费送健身课程的同时仍然盈利。健身课程的成本主要为教练费。尽管承诺价值 3800 元的课程免费送，但用户需先交钱并下载指定的金融 App。用户将钱存入这款金融 App 中，到期后本金会返还，并产生理财收益。用户凭投资记录到健身房登记，即可享受免费的私教健身套餐。

在这个过程中，健身房主要承担了引流作用，其收益主要来自与金融 App 的合作与分成。通过这种方式，健身房不仅获得了大量目标客户，还实现了盈利。

问题：分析用户和金融公司的利益所在，分析健身房的盈利模式。

案例题四

近年来，永辉超市、沃尔玛、家乐福等多家商超频繁传出关店消息。关店的原因通常被归结为租约到期不再续约等，但深层原因无疑是盈利不佳。

我们不需要抱怨电商的冲击，因为很多同类企业在相同的环境下却表现出色，发展得风生水起。

Costco（开市客，连锁超市）的商业模式与竞争对手的差异不限于一处，而是由许多截然不同的制度和优势构成的。这些政策和优势共同形成了一个有凝聚力的公司战略，否则其任何竞争对手都可以轻易复制其商业模式并从中获利，从而使 Costco 在竞争中处于不利地位。以下是与 Costco 创新商业模式密切相关的几项制度。

一是通过会员制事先筛选客户。高级会员年费为 120 美元，并享受消费金额 2% 的返点，返点还可以"取现"。会员模式不鼓励低收入群体成为会员，以确保顾客每次购物的平均支出更高。

二是保持供应商独立性。Costco 拥有独特的客户群，不需要种类繁多的产品，因此在选择产品和供应商时更加挑剔，从而增加谈判筹码。

三是提高员工忠诚度。Costco 向员工支付高于平均水平的薪酬，提供高额福利。这使得 Costco 员工的留存率是行业平均水平的 3 倍，并且保持较高的生产力。客户通过愉快的购物体验可感受到员工的忠诚。

四是装修朴素简单。保持工业化的装修风格，有助于将运营成本保持在较低水平，并使顾客随时有捡到便宜货的感觉。相较于竞争对手，Costco 的价格更为便宜，产品质量也更优，这是 Costco 产品受欢迎的主要原因。

胖东来这家位于河南的超市，以极致服务享誉全国：只要在其能力范围内，都会尽力满足消费者的需求；如果不在其能力范围内，也会想办法尽量满足。超市里最基本的购物车，胖东来就提供了 7 种，除最基本的手提购物篮和手推车外，还有儿童购物车、手推婴儿车、老年购物车、双层购物车等，手推车还分大小号，可以满足不同消费者的需求。老年购物车下方配备了休息用的小板凳，购物车上挂着放大镜，方便查看商品标签。在冷冻食品区，放置了棉手套，并提醒顾客挑选商品时要戴上口罩。在销售的商品旁，贴心地给出了使用提示，如柿子不能空腹食用及不能与蟹、鱼、虾同食，食用油油炸次数不能超过3 次等。

在购物体验上，用户开开心心来，绝对不会失落而归。有用户分享，她和男朋友在胖东来购物时不小心打碎了一瓶红酒，找售货员赔偿时，却被售货员拒绝，并被告知不用放在心上。还有用户提到，她在胖东来购买榴莲时担心不好吃，售货员告诉她可以先称重，然后打开品尝，如果不好吃就算超市的。如果你在胖东来玩娃娃机，只要伸一下手，就会有工作人员帮你摆好，方便你抓取。如果想要购买的商品胖东来没有，留言后就会有人帮你采购。退换货也是胖东来的"特色服务"之一，只要你买到的商品不喜欢，就可以去退换货。

据富森美联合创始人刘云华介绍，富森美通过极致体验打造了一个独一无二的"目的地"。第一，将艺术家原作搬到家居卖场中，常年举办艺术展。第二，将商品以立体方式呈现，用视觉效果冲击感官。对于家居市场来说，体验是非常重要的，但很多建材市场和装修公司难以展现装修后的效果，效果图与最终成品往往不符。第三，让用户参与互动。富森美经常举办粉丝见面会、亲子活动、专家讲座等活动，增强用户的参与感和互动感。

富森美将自己打造成为一个艺术空间，成为用户的"目的地"。顾客来富森美主要是欣赏艺术，购买商品则成了顺带的行为，而富森美的利润也是"顺带"的结果。

问题：

（1）Costco+胖东来+富森美的盈利模式是什么，体现了哪种创富能力？

（2）有人说"Costco+胖东来+富森美，是商超的终极模式"，你认同吗？为什么？

实践题

以团队为单位，调研工作和消费中遇到的较普遍存在的痛点问题，策划成立一家创业公司，论证其可行性，并设计商业模式。

心态行为修炼

在快速发展的商业社会中，商务人士不仅需要具备深厚的专业知识与技能，更要在心态与行为层面上展现出卓越的素养。本模块着眼于这一核心诉求，旨在通过丰富多样的任务实训，帮助学员逐步养成商务人士必备的行为习惯，以适应日益复杂的商务环境和多元化的市场需求。

本模块分为两大项目：阳光心态修炼与主动行为习惯修炼。在"阳光心态修炼"项目中，我们将深度探索如何在商务活动中保持积极乐观、坚韧不拔的精神风貌，学习如何面对挑战、化解压力，以积极的心态应对瞬息万变的商务世界。在"主动行为习惯修炼"项目中，我们将着重培养学员主动出击、积极应对的职业态度。使他们在日常工作中能够主动承担责任、抓住机遇，并通过实际行动推动个人职业发展与团队绩效提升。

项目 1　阳光心态修炼

👥 一、修炼目标

知识目标

◆ 学习与阳光心态相关的心理学原理和理论，包括积极心理学、情绪智力、压力管理等基础知识。

◆ 了解国内外关于阳光心态在商务领域成功案例的研究成果，理解和掌握阳光心态对个人职业发展及组织效率的影响机理。

能力目标

◆ 能够在商务情境下有效识别和调节自身情绪，保持积极、乐观的心态，克服负面情绪的影响。

◆ 在面对商务压力时，能够运用科学的方法进行有效应对，化压力为动力，保持良好的心理状态。

◆ 拥有在困难面前保持阳光心态的能力，积极寻找解决方案，敢于创新和突破。

◆ 具备用阳光心态感染和激励团队成员的能力，提升团队士气，营造积极和谐的团队氛围。

素养目标

◆ 引导学生在商务实践中坚持正确的世界观、人生观、价值观，展现新时代中国特色社会主义下的商务人才风貌，传播积极向上的社会正能量。

◆ 教育学生树立诚信为本、乐观坚韧的职业道德观念，无论面对何种商务环境都能坚守道德底线，展现高尚的职业情操。

◆ 培养学生具备大局意识，懂得个人心态与企业发展、社会进步之间的紧密联系，勇于承担社会责任。

👥 二、修炼情境

小王是广东财贸职业学院电子商务专业的大二学生，她深刻认识到自己所学专业的重要使命——成为符合数字化时代要求的现代商务人才，以更好地服务正在蓬勃发展的粤港澳大湾区现代服务业。为了让同学们在实践中深入理解这一使命，学院精心策划了一场题为"阳光心态与卓越客户服务实践"的项目式学习活动。

在这次活动中，小王所在的团队接到了一项模拟真实商务环境的任务。团队化身为一家专注软件开发的企业，接到一个具体且具有挑战性的订单。一家快速增长的跨境电商企业委托他们设计并开发一款支持跨境电商全流程交易的独立网站。团队成员需要综合运用所学的市场营销策略、客户服务理念和技术知识，同时结合课堂上研讨过的商业谈判技巧与客户服务全过程模拟案例，来完成这项任务。

小王和她的团队不仅要钻研技术层面的网站架构与功能设计，还要充分考虑用户体验，打造出既实用又友好的网站界面。更重要的是，他们必须在整个项目执行过程中体现出阳光心态，始终坚持以客户为中心的服务理念，妥善处理客户需求变更、项目进度协商等一系列实际工作中可能出现的问题，通过卓越的客户服务来赢得客户的信任与满意。

三、修炼内容

（一）自我认知

1. 工作任务

作为商务人士，了解自身的优势、劣势、价值观和行为模式对于个人职业发展和团队协作至关重要。本任务旨在通过自我反思和评估，帮助大家深入了解自己在商务环境中的心态和表现。

阅读以下案例材料。

FLP 和 KLL 是长期的合作伙伴，KLL 是 FLP 的模具供应商（多种型号机动车零部件生产厂家，卖方），其模具供给量占 FLP 使用模具的 80%。然而，最近 KLL 的模具一直存在质量问题，给 FLP 造成了大量额外损失。当初两厂签订的协议中规定：KLL 提供的模具合格率需达到 95% 以上。实际上，正是 KLL 生产的那 5% 的不合格模具给 FLP 工厂造成了巨大损失。

FLP 明白自己无法一下子完全抛开这个供应商，KLL 也不想失去 FLP 这个大客户。FLP 提出，由 KLL 的次品导致的损失必须由 KLL 承担，并赔偿 500 万元人民币。而 KLL 坚持认为，FLP 的质检部门在接收 KLL 的模具时就应该检查清楚，如果是次品可以退货，而不是等到投入使用后才发现问题。因此，他们拒绝承担损失。双方交涉多次都没有达成协议。最后，这一问题甚至引起了双方高层领导的关注。

FLP 采购部和 KLL 销售部的经理迫于压力，约定周末碰面，准备通过谈判对此事做一个了断。双方谈判代表都非常清楚，如果这次谈不成，那么回去肯定会受到领导的责备。

首先，同学们自行分组，模拟商务谈判，谈判目标如下。

（1）商议与 95% 以上合格率规定相关的损失责任。

（2）商议 KLL 赔偿 FLP 工厂损失的事宜。

其次，请在一个安静的环境中坐下来，回顾自己在刚才的商务活动中的表现。思考以下几个问题：

（1）我在商务场合中通常表现出哪些优点和特长？

（2）我在哪些方面还有待提高或改进？

（3）我在面对挑战或压力时通常如何应对？

（4）我在与团队成员或客户的互动中，有哪些地方做得好，哪些地方需要改进？

最后，邀请你的同学、老师为你提供反馈。你也可以设计一个简单的问卷或访谈提纲，询问他们对你在商务素养、团队合作、沟通能力等方面的看法。

2. 解决方案

通过回答以上问题，各团队讨论总结启发和感悟，在学习通、雨课堂、钉钉、智慧职教等平台上上传团队讨论结果，要求总结简洁明了，时间为 8 分钟。

3. 教师点灯

◀ 评价要点参考 ▶

● 自我认知的深度：体现在同学们对自身商务素养的认识是否深入，能否准确识别自己的优点、劣势、价值观和行为模式上。

● 反思的真诚度：评估在自我反思中是否真诚地面对自己的不足，并勇于承认和接受需要改进之处。

● 改进计划的合理性：检查自己制订的改进计划是否合理、可行，是否基于自我反思和他人反馈；计划是否具体、明确，并包含短期和长期目标及其实现的具体行动步骤。

● 他人反馈的整合：评估是否积极寻求反馈，并有效地将其融入自我评估报告中；是否对反馈持开放态度，并愿意据此调整自己的计划。

● 报告的清晰度和逻辑性：评估自我评估报告是否清晰、条理分明且逻辑性强；结构是否合理，各部分内容是否相互关联，语言是否准确、流畅。

● 展示和讨论的表现：如果在团队会议上分享了自我评估报告并接受讨论和反馈，教师会评估学生在展示和讨论中的表现，包括是否能自信地表达观点，是否能有效地与团队成员互动等。

● 整体态度和专业性：评估在整个自我评估过程中的态度是否积极、认真，并体现出专业性；是否对自我评估任务给予足够重视，并展现出自我提升的意愿和努力。

● 自我评估的客观性：评估在自我评估过程中是否能客观看待自己的优点和不足，而不是过于主观或夸大其词；是否能基于事实和证据评价自己的表现，而不是仅仅依赖个人的感受或偏见。

● 自我提升的意愿：评估在自我评估报告中是否表现出强烈的自我提升意愿；是否愿意承认不足，并主动寻求改进和发展机会。

● 与职业目标的契合度：评估自我评估报告是否与职业目标相契合；是否明确职业目标，并在自我评估报告中围绕这些目标进行分析和反思。

● 解决问题的能力：在自我评估报告中，学生可能会提到在商务活动中遇到的问题和挑战。教师会评估学生是否能有效分析问题，并提出合理的解决方案。

● 学习的持续性和计划性：评估在自我评估报告中是否展示了持续学习和计划性发展的态度；是否有长期学习计划，并愿意不断学习和提升商务素养及心态修炼水平。

4. 理论指导

通过深入了解自我，个体可以更好地定位自己在市场中的位置，理解自己的需求和价值观，从而做出更明智的决策。同时，这也有助于个体提升自我效能感，增强内在动机，实现自我成长和发展。

1）自我认知理论

自我认知是指个体对自己的内心世界和外在表现的了解和认识，包括对自己能力、情感、动机、价值观等方面的认识。自我认知是一个复杂的过程，涉及自我反思、自我评价和自我调节等多个方面。通过深入了解自我，个体可以更好地理解自己的需求、优势和不足，从而做出更明智的决策。

自我认知理论帮助我们了解自己的优点和缺点，从而在商务活动中更好地发挥自己的优势，避免暴露不足。这种了解有助于个人在职业生涯中做出正确决策，如选择适合自己的岗位、设定合理的职业目标等。通过自我认知，我们不仅能够更好地理解自己和他人的情绪、需求和动机，提高在商务活动中的沟通和协作效率，还有助于建立良好的工作关系，促进团队合作，实现共同目标。

在商务活动中，个体经常面临各种挑战和压力。自我认知理论可以帮助我们更好地应对这些挑战和压力，通过调节自己的情绪和思维方式，保持冷静和理性，做出正确的决定。如果你是领导者，深入了解自己的优点和缺点，则可以更好地认识自己的领导风格，更有效地带领团队应对各种挑战。

因此，自我认知理论在商务活动中具有重要的作用，商务人士应重视自我认知能力的培养，不断提高自我认知水平。

2）自我效能感理论

自我效能感是指个体对自己完成特定任务能力的信心。自我效能感与个体的动机、努力程度和坚持性密切相关。当个体对自己完成某项任务有信心时，其更有可能付出努力并取得成功。自我效能感的形成受多种因素的影响，包括过去的成功经验、他人的评价、情绪状态等。

自我效能感理论在商务活动中扮演着关键角色。自我效能感不仅能激发员工的工作动力和抗压能力，提升他们在面对挑战时的自信和果断，还能促进团队协作和沟通，增强团队凝聚力和提升整体绩效。同时，自我效能感还能提高员工的决策效率，使他们在面对商机和市场变化时能够迅速做出决策并付诸实践。此外，它还能鼓励员工持续学习和成长，提升个人能力和技能，为职业发展奠定坚实的基础。因此，在商务活动中，培养和提升员工的自我效能感至关重要，这将有助于推动企业的持续发展和创新。

3）自我决定理论

自我决定理论是由心理学家德西和瑞恩提出的，它强调个体追求自我实现和成长的内在动机。该理论认为，个体的行为是由内在需求和目标驱动的，而不是仅仅由外部奖励或惩罚驱动的。自我决定理论提出了三个基本需求：自主需求、胜任需求和关联需求。自主需求是指个体希望自己的行为是出于自己的意愿和选择；胜任需求是指个体希望自己在完成任务时能够感受到成功的喜悦和成就感；关联需求是指个体希望与他人建立联系或关系。当这些需求得到满足时，个体的内在动机会得到增强，从而更加自主地追求自我实现和成长。

自我决定理论在商务活动中具有重要的作用，它主要关注个体的内在动机、自主性和目标设定，有助于激发员工的积极性和创造力，增强工作满意度，促进团队合作和协作，最终提升组织的整体绩效。

自我决定理论在多个商务领域都有广泛的应用。例如，在人力资源管理中，自我决定理论被用来激发员工的内在动机和提升工作满意度。通过提供自主支持的工作环境、满足员工的胜任需求及建立积极的团队关系，企业可以激发员工的积极性和创造力，提高员工的工作效率和绩效。在团队建设中，可以运用自我决定理论来培养团队成员的自主性、责任感和相互支持的精神。通过设定共同的目标、建立积极的团队氛围和促进有效的沟通，可以增强团队的凝聚力。在创新和创业管理中，自我决定理论被用来激发员工创新和创造。通过提供宽松的创新环境、鼓励员工参与决策和追求个人成长，企业可以激发员工的创造力和培育创新精神，推动组织的创新和发展。

5. 技能点拨

都说"人贵有自知之明"，如何才能做到自知呢？

1）自知修炼方法

（1）深入反思：反思是获得自知之明的关键步骤。我们需要定期回顾自己的行为、决策和情绪反应，分析其原因和动机。通过反思，我们可以深入了解自己的喜好、价值观、优点和缺点。

（2）接受自己的不完美：每个人都有自己的不足和缺陷。接受不完美，不苛求自己，是具有自知之明的重要一环。同时，我们也要努力改正自己的缺点，不断提升自己。

（3）倾听他人意见：他人的反馈是了解自己的一个重要途径。积极倾听他人的意见和建议，尤其是来自朋友、家人和同事的反馈，可以更全面地认识自己。同时，我们要学会区分有益的建议和无关紧要的批评。

（4）定期进行自我评估：明确自己的优点和缺点，以及自己在工作和生活中的表现。这有助于调整自己的发展方向，实现个人目标。

（5）保持谦逊：谦逊是自知之明的体现，不要过分夸大自己的能力和成就，而是保持谦虚和学习的态度。这样，我们才能不断进步，实现个人成长。

（6）学习是获得自知之明的重要手段：通过阅读、培训、实践等方式，可不断拓展知识和技能，提高认知水平和综合素质。这样，才能更好地认识自己，把握人生方向。

2）自知修炼技巧

为了更好地了解自己，以下是一些具体的技巧。

（1）记录自己的日常：通过写日记记录自己的日常活动，可以观察到自己的习惯、情绪反应和思维模式。这有助于我们更深入地了解自己的内心世界。

（2）参与心理测评：性格测试、职业倾向测试等心理测评工具，可以帮助我们更准确地了解自己的性格类型、优势和潜在弱点。

（3）尝试新事物：走出舒适区，尝试新的活动，开发新的兴趣或技能，不仅可以丰富我们的生活体验，还能帮助我们发现自己潜在的能力和兴趣。

（4）与各种人交往：与具有不同背景的人交往可以拓宽我们视野，增加我们对多样性和差异性的理解，从而更好地认识自己在社会中的位置。

（5）寻求专业指导：与心理咨询师或职业顾问等专业人士交流，可以获得更深入的自我认知和发展建议。他们可以帮助我们识别潜在的问题，并提供解决方案。

（6）保持开放心态：对于自己的不足和错误，保持开放和接纳的态度。不要害怕承认错误，因为这正是成长的机会。通过反思和改进，我们可以不断提升自我认知能力。

（7）设定清晰的个人目标：明确目标有助于我们更好地了解自己的需求和价值观。同时，通过努力实现这些目标，我们可以增强自我意识和自信心。

（8）保持好奇心：对生活中的事物保持好奇心和求知欲，这有助于我们保持开放的心态，不断学习和成长。通过探索新的领域和知识，我们可以更好地认识自己和世界。

6. 企业实践

◆ 实践背景

某知名互联网公司在面对快速变化的市场环境和技术挑战时，为保持竞争优势，公司管理层决定引入自我决定理论，以激发员工的内在动力和创新精神。

首先，公司通过创建支持自主工作的环境，赋予员工更多的自主权和决策参与权。在项目管理中，团队成员被赋予更多的决策参与权，可以根据项目需求自主调整工作方法和时间。这种灵活的管理方式让员工感受到自己的价值和重要性，从而工作更加投入。

其次，公司注重满足员工的胜任需求，为他们提供培训和成长机会。通过定期举办内部培训、技能提升课程和职业发展讲座，公司帮助员工提升认知能力和知识水平。当员工感受到自己在不断进步和成长时，他们的工作满意度和内在动力也得到了提升。

最后，公司强调团队之间的关联需求，通过组织各种团队建设活动和合作项目，促进员工之间的沟通和协作。这种紧密的团队合作氛围让员工感受到自己是共同目标的一部分，从而更愿意为组织的发展贡献自己的力量。

◆ 实践任务

以团队为单位，通过阅读以上案例材料，集体研讨以下问题：

（1）在赋予员工更多自主权和决策参与权的过程中，公司如何确保员工具备足够的自我认知能力，从而能够明智地参与决策？

（2）在提供培训和发展机会以满足员工的胜任需求时，公司如何帮助员工提高自我认知能力，使他们能够更准确地评估自己，从而更有效地规划个人职业发展路径？

◆ 实践指南

（1）为了确保员工在行使更多自主权和决策参与权时具备足够的自我认知能力，公司可以采取以下措施。首先，提供专门的自我认知培训。通过培训，帮助员工深入了解自己的性格、优点、缺点、价值观和工作风格。这样，当员工参与决策时，能够更准确地评估自己的能力和局限性，从而避免盲目决策。其次，鼓励员工定期进行自我反思。通过回顾自己的决策和行为，员工可以从经验中学习和总结教训，不断提升决策能力和认知水平。再次，建立有效的反馈机制。让员工从同事、上级、下级和客户那里获得关于工作表现和决策效果的反馈，使他们更好地认识自己，及时发现不足，并进行相应调整。最后，为员工提供必要的决策支持工具和资源，如数据分析、市场调研等。这些工具可以帮助员工在决策时更加理性和全面，减少盲目性和风险。通过这些综合措施，公司可以确保员工在行使自主权和决策参与权时具备足够的自我认知能力，做出明智和有效的决策。

（2）为了帮助员工提高自我认知能力并准确地评估自己，公司可以采取一系列措施。首先，提供职业规划指导。通过指导，员工可以了解自己的职业兴趣、优势和潜在的职业发展方向，制定出更符合实际情况的职业发展规划。其次，定期为员工提供绩效评估反馈。通过反馈，员工可以了解其工作表现和需要改进的地方，这有助于他们找到职业发展的瓶颈和突破口。再次，鼓励员工参加各种内部和外部的培训课程。这些培训课程不仅可以提高员工的技能和知识水平，还能帮助他们为职业发展打下更坚实的基础。最后，提供职业咨询服务。通过职业咨询服务，员工可以得到专业的指导和建议，解决职业发展中的问题，找到适合自己的职业发展方向和路径。通过对这些措施的综合应用，公司可以帮助员工提高自我认知，使他们更准确地评估自己的能力和潜力，为员工的职业发展提供有力的支持和指导。

（二）情绪智力

1. 测试任务

你是一个善于控制情绪的人吗？请完成表 2-1-1 中的测试。

表 2-1-1　情绪智力量表（EIS）

请你仔细阅读每一个句子，然后根据你的实际情况，在句子后面相应的数字上打√。数字表示这句话对你来说的符合程度，具体如下：

1=很不符合　　2=较不符合　　3=不清楚　　4=较符合　　5=很符合

提示：问题的回答没有对错、好坏之分，仅作为个人测试。

题目	很不符合	较不符合	不清楚	较符合	很符合
1. 我知道与别人谈论问题的恰当时机	1	2	3	4	5
2. 我遇到困难时会想起以前遇到并解决同样困难的时候	1	2	3	4	5
3. 我希望我能做好我想做的大多数事情	1	2	3	4	5
4. 别人觉得我很容易信赖	1	2	3	4	5
5. 我发觉我很难理解别人的身体语言	1	2	3	4	5
6. 人生中的一些变故改变了我的世界观	1	2	3	4	5

（续表）

题目	很不符合	较不符合	不清楚	较符合	很符合
7. 心境好的时候我就会看到新的希望	1	2	3	4	5
8. 情绪是决定我们生活有意义的重要因素	1	2	3	4	5
9. 我能清楚意识到自己每一刻的情绪	1	2	3	4	5
10. 我盼望能事事如意	1	2	3	4	5
11. 我喜欢与别人分享自己的情感	1	2	3	4	5
12. 情绪好的时候，我会想方设法使它延长一些	1	2	3	4	5
13. 安排有关事情，我尽量使别人感到满意	1	2	3	4	5
14. 我喜欢做能使自己感到高兴的事情	1	2	3	4	5
15. 我很清楚我传递给别人的非语言信息	1	2	3	4	5
16. 我尽量做得好一些，使别人对我的印象好一点	1	2	3	4	5
17. 我能察言观色辨别别人的情绪	1	2	3	4	5
18. 心境好的时候解决有关问题容易一些	1	2	3	4	5
19. 我知道我为什么情绪不好	1	2	3	4	5
20. 心境好的时候新异的想法就会多一些	1	2	3	4	5
21. 我能控制自己的情绪	1	2	3	4	5
22. 我很清楚自己某一刻的情绪	1	2	3	4	5
23. 工作时，我会想象自己即将取得好成绩，来激励自己	1	2	3	4	5
24. 发现别人在某一方面做得很好，我会称赞他				4	5
25. 我能理解别人传递给我的非语言信息	1	2	3	4	5
26. 当别人告诉我他人生中经历的某件重大事件时，我感觉好像发生在自己身上一样	1	2	3	4	5
27. 心境变好时，新颖的思想会大量涌现	1	2	3	4	5
28. 遇到困难时，一想到会失败，我就会退却	1	2	3	4	5
29. 只要瞟一眼，我就能知道别人的情绪好坏	1	2	3	4	5
30. 当别人消沉时，我能帮助他，使他感觉好一些	1	2	3	4	5
31. 良好的心境有助于面对困难的挑战	1	2	3	4	5
32. 我能通过别人讲话的语调判断他当时的情绪	1	2	3	4	5
33. 我很难理解别人的想法和感受	1	2	3	4	5

该量表是一份自陈问卷，包括 33 个项目，采用 5 点量表形式，被试根据自己的符合程度来选择数字。情绪智力是指精确地感知、评估和表达情绪的能力（情绪感知）；接近或产生促进思维的情感的能力（运用情绪促进思维）；理解情绪和情绪知识的能力（理解情绪）；调节情绪和智力发展的能力（调控情绪）。

5 级评分，得分越高，表明情绪智力越高。

情绪知觉：1、5、9、15、17、19、22、25、26、29、32、33。

自我情绪管理：2、6、7、10、12、14、21、28。

他人情绪管理：4、11、13、16、24、30。

情绪利用：3、8、18、20、23、27、31。

其中，第 5、28、33 三项采用逆向记分方法，其余项皆采用正向记分方法。

2. 思考与讨论

通过以上测试，请各团队分析并讨论情绪调控与商务人士良好行为习惯养成之间的关系。在学习通、雨课堂、钉钉、智慧职教等平台上上传团队讨论结果，要求总结简洁明了，时间为 8 分钟。

3. 教师点灯

◀ **评价要点参考** ▶

- 情绪调控是商务人士良好行为习惯养成的关键基石。
- 良好的行为习惯有助于提高情绪调控能力。
- 情绪调控和良好行为习惯的养成相互促进，共同推动商务人士的全面发展。

4. 理论指导

在快速发展的社会中，个体情绪的稳定与调控对于个人发展、人际关系及组织效能都起着至关重要的作用。因此，对情绪智力相关理论进行深入探讨，不仅有助于我们理解情绪的内在机制，更能为我们在实际商务活动中有效管理和应用情绪提供理论支持。

1）个人情绪相关理论

（1）基本情绪系统理论。

基本情绪理论主张人类存在几种与生俱来的基本情绪，这些情绪在不同文化和个体中都是普遍存在的。其中，最具代表性的观点是，潘克塞普将大脑的基本情绪系统划分为七个子系统：①追求、期望；②贪心、色欲；③爱抚、养育；④安逸、欢快；⑤愤怒、气愤；⑥恐惧、焦虑；⑦惊慌、孤独和抑郁。每种基本情绪都有独特的表达方式和功能。例如，恐惧能帮助我们躲避危险，愤怒能激发我们维护权益。理解这些基本情绪对情绪管理至关重要，因为它们构成了我们情绪生活的基石，是我们理解和适应环境的基础。

（2）情绪调节理论。

情绪调节理论主要关注个体如何管理和调整自己的情绪，以达到更理想的情绪状态。这一理论强调了情绪调节的重要性，因为它能够帮助我们更好地应对压力和挑战，保持内心的稳定和平衡。情绪调节理论比较具有代表性的有弗洛伊德人格理论、詹姆斯-兰格理论、坎农-巴德情绪理论。以上理论均从不同角度解释了情绪调节的过程和机制，为我们理解和调节情绪提供了理论依据。

情绪调节理论提出了多种策略，如认知重构、情绪表达和情绪调节策略等。认知重构通过改变对事物的解释和评价来调节情绪；情绪表达则通过表达情绪来减轻其负面影响；而情绪调节策略则包括深呼吸、放松训练、冥想等，旨在通过具体行为或思维方式来调整情绪状态。

（3）认知控制理论。

认知控制理论是指人们通过对自己思维过程的控制来调节情绪和行为。认知控制理论主要包括三个方面：注意力控制、工作记忆和抑制。注意力控制是指人们在面对外界刺激时，能够选择性地关注某些信息而忽略其他信息；工作记忆是指人们在处理信息时，能够短暂地保存并加工信息；抑制是指人们在面对冲突信息时，能够抑制不必要的反应。

认知控制理论强调人类思维过程中的选择性注意和工作记忆对于行为调节的重要作用。在情绪控制的背景下，认知控制理论指出，通过调节注意力和思考过程，我们可以更好地控制自己的情绪反应。例如，当我们面临压力或挑战时，可以选择将注意力集中在积极的事物上，以减轻负面情绪的影响。此外，通过训练和提高工作记忆能力，我们也可以更好地处理与情绪相关的信息，从而更有效地管理情绪。

2）职场情绪相关定律

（1）情绪传染定律。

情绪传染定律也称为情绪转移定律，是指情绪在社会交往中的传递过程，即当人们接触到某种情绪时，会被感染，从而出现与之相似的情绪反应。这种情绪传染可以在个人之间或群体之间发生，其影响可以是积极的也可以是消极的。

情绪传染定律揭示了情绪在人际互动中的传播特性。人们往往会通过面部表情、肢体动作、声音和姿势等非言语方式来传递情绪。例如，当我们看到某人笑容满面时，很容易感受到其快乐的情绪；相反，当我们看到某人双眉紧锁、嘴角下垂时，也能感受到其不愉快的情绪。这些非言语信号可以迅速传播情绪，使观察者在无意识地模仿这些行为的同时，也产生相应的情绪反应。

此外，镜像神经元系统在情绪传染过程中起着关键作用。镜像神经元是一种特殊类型的神经元，它们在我们观察和执行动作时被激活。当我们看到别人的情绪表现时，大脑中的镜像神经元会模拟这些情绪，从而使我们产生类似的情感体验。

在职场中，情绪很容易传播。一个人的积极情绪能够激发团队的活力，而消极情绪则可能引发负面的连锁反应，导致整个团队氛围紧张。因此，作为商务人士，我们应该学会控制自己的情绪，避免将负面情绪带给他人。

（2）情绪与绩效定律。

情绪与绩效定律指个体的情绪状态与其工作绩效之间存在密切的关系。具体而言，积极的情绪状态有助于提升工作效率和创造力，而消极的情绪状态则可能导致工作效率下降和错误率增加。

这个定律的背后有着深厚的心理学和管理学基础。情绪智力理论强调了个体对情绪的感知、理解和调控能力对绩效的影响，即那些能够有效管理自己情绪的员工往往能更好地应对工作压力和挑战，从而取得更好的绩效。同时，实证研究也支持了这一观点，发现情绪智力和工作绩效之间存在正向的相关关系。

在职场中，情绪与绩效定律的应用具有实际意义。例如，管理者可以通过关注员工的情绪状态，及时提供情绪支持和帮助，以提升员工的工作积极性和满意度，进而促进绩效的提升。此外，员工自身也可以通过学习情绪管理技巧，调整自己的情绪状态，以更好地应对工作挑战，提升个人绩效。

需要注意的是，情绪与绩效定律并非绝对。在某些情况下，如面对紧急任务或高压环境时，适度的紧张或焦虑情绪可能激发个体的应激反应，提升其工作效率。因此，在理解和应用这一定律时，需要综合考虑个体差异、任务特性及环境等多方面因素。

（3）情绪管理定律。

情绪管理定律指个体通过有效的策略和技巧，对自身情绪进行感知、理解、调控和运用，以达到适应环境、提升生活质量和工作效率的目的。情绪管理定律强调了情绪管理的重要性和实践价值，为我们在日常生活中有效管理和运用情绪提供了指导。有效的情绪管理能够增强职场竞争力。学会识别、表达和调节自己的情绪，有助于建立良好的人际关系，提升个人魅力，从而获得更多的职业发展机会。

（4）情绪共鸣定律。

情绪共鸣定律指在外界刺激的作用下，一个人的情绪和情感可以被影响和感染，从而产生相同或相似的情感反应。这种共鸣现象不限于音乐和艺术作品，也包括我们在日常生活中对他人的情绪状态的感知和体验。例如，当我们处在欢乐的环境中时，我们可能会因受到情绪的感染而感到兴奋；相反，当我们处在悲伤的环境中时，我们的情绪也会变得压抑和低沉。此外，观看电影时，我们的情绪会随着主人公的情感波动而波动，这就是情绪共鸣的心理现象。

在职场中，人们更容易与那些能够理解和分享自己情绪的人产生共鸣。因此，建立情感连接和信任关系对于团队协作和沟通至关重要。我们应该学会倾听他人的感受，表达理解和支持，以建立更加紧密的职场关系。

5. 技能点拨

作为商务人士，智慧地调控情绪是至关重要的，因为它直接影响到工作效率、人际关系及个人形象。以下是一些建议，帮助商务人士调控情绪。

（1）认识到情绪管理的重要性。情绪是人际交往中的关键因素，它可以影响沟通的效果和决策的质量。因此，商务人士需要时刻保持冷静、理智，以便更好地应对各种挑战和压力。

（2）学会识别自己的情绪。当情绪高涨时，要能够迅速意识到自己的情感状态，并找出导致这种情绪的原因。通过深入了解自己的情绪，可以更好地控制它们，避免在关键时刻做出冲动的决定。

（3）学会用积极的方式应对负面情绪。当感到沮丧、愤怒或焦虑时，可以尝试采用深呼吸、冥想或放松训练等方法来缓解情绪。此外，还可以与同事、朋友或家人分享自己的感受，寻求他们的支持和建议。

（4）注重培养自己的情绪管理能力。这包括提高自我认知、增强自我调节能力、培养积极心态等方面。通过不断学习和实践，可以逐渐提高自己的情绪管理水平，更好地应对各种挑战。

（5）在与他人交往时，学会理解对方的情绪。通过关注对方的情感需求，可以更好地建立信任、增进友谊，从而在工作和生活中取得更好的成果。

（6）时刻保持职业素养。在商务场合中，要控制自己的情绪表达，避免因为情绪失控而影响个人形象和公司业务。当遇到冲突或挑战时，要保持冷静、理智，用专业的方式解决问题。

6. 企业实践

◆ **实践背景**

在职场中，情绪管理能力是每位职场人士必备的核心能力之一。随着工作压力的增加和人际关系的复杂化，职场人士常常面临情绪波动的挑战。情绪失控不仅会影响个人的工作效率和职业发展，还可能对团队氛围和公司业绩产生负面影响。因此，提升职场人士调控情绪的能力，对企业的稳定发展具有重要的意义。

◆ **实践任务**

● 任务目标：

（1）学会识别并理解自己的情绪变化。

（2）掌握几种简单有效的情绪调节方法。

（3）在模拟场景中应用情绪管理技巧，提升应对能力。

● 任务内容：

（1）情绪觉察与分享。

① 请一位参与者回忆并分享一个近期在工作中遇到的情绪波动案例。

② 大家讨论案例中的情绪变化及其对个人工作的影响。

（2）情绪调节方法学习。

① 介绍几种常见的情绪调节方法，如深呼吸、积极心理暗示、短暂休息等。

② 分组练习，确保每位参与者都能熟练掌握这些方法。

（3）模拟场景实践。

① 设计几个常见的场景，如与同事产生冲突、面对工作压力等。

② 参与者分组扮演，应用所学情绪管理技巧应对场景中的挑战。

③ 每组表演后，其他组进行点评，分享学习心得。

◆ **实践指南**

（1）情绪觉察与分享指南。

① 分享案例时，尽量详细描述情绪变化的过程和原因。

② 倾听他人分享时，保持开放和尊重的态度，避免打断或评价。

③ 讨论时，关注情绪对个人工作和人际关系的影响，提出建设性的观点。

（2）情绪调节方法学习指南。

① 认真听讲，理解每种情绪调节方法的原理和应用场景。

② 分组练习时，积极参与，确保自己能够熟练掌握这些方法。在练习过程中，注意体会情绪变化的过程，及时调整自己的状态。

（3）模拟场景实践指南。

① 认真阅读场景描述，理解角色的情绪和动机。

② 在扮演角色时，尽量真实地表现自己的情绪和反应。应用所学情绪管理技巧应对

挑战时，注意观察自己的情绪变化并适时调整策略。

③ 表演结束后，认真听取他人的点评和建议，反思自己的表现并寻求改进。

◀ 古典名著中情绪管理金句 ▶

怒不过夺，喜不过予——《荀子·修身》

喜怒哀乐之未发，谓之中；发而皆中节，谓之和。中也者，天下之本也；和也者，天下之达道也。致中和，天地位焉，万物育焉。——《中庸章句》

（三）乐观铸魂

1. 工作任务

各团队通过寻找身边的故事，理解"乐观铸魂"的含义，认识到乐观态度对个人成长和心灵塑造的重要性。

（1）收集故事：请同学们在生活中寻找至少一个体现乐观态度的故事。这些故事可以是自己的，也可以是身边人的。故事内容可以涉及克服困难、面对挑战、积极应对变化等方面。

（2）故事分享：每个同学选择其中一个故事，在课堂上进行分享。分享时要说明故事中的人物是如何展现乐观态度的，以及这种态度给他人带来了怎样的积极影响。

（3）小组讨论：分享结束后，学生们分成小组，讨论乐观态度对个人成长的重要性。每个小组需要总结至少三个乐观态度的益处。例如，增强自信、激发创造力、提高解决问题的能力等。

2. 解决方案

各团队在充分讨论的基础上，给出解决方案，在学习通、雨课堂、钉钉、智慧职教等平台上上传团队讨论结果，时间为12分钟。

3. 教师点灯

◀ 评价要点参考 ▶

● 评价所选的故事是否紧扣"乐观态度"这一主题。

● 在分享故事时，评价语言表达是否流畅、清晰，能否让听众理解故事内容和乐观态度；情绪表达是否恰当，能否通过声音和表情传达出故事的乐观氛围。

● 评价所分享的故事是否能引起听众的情感共鸣，使听众感受到乐观态度的积极力量；是否能通过故事传递出积极向上的价值观，激励听众在日常生活中保持乐观态度。

● 评价对乐观态度的理解是否深入，能否从多个角度探讨其益处，并能结合个人生活经历提出具有实际意义的见解。

4. 理论指导

心理学研究中有两种乐观理论。

（1）一种理论认为，乐观是一种人格特质，以普遍的乐观期望为特征。该理论认为，乐观的人对未来的总体期望是积极的，他们倾向于认为好的事情比坏的事情更有可能发生。在面对困难时，他们会坚持追求其认为有价值的目标，采用有效的应对策略，不断调整自我状态，尽可能去实现目标。

（2）另一种理论认为，乐观是一种解释风格。乐观的人把消极事件或体验归因于外部的、暂时的和特殊的原因，如环境、运气等；而悲观的人则把消极事件或体验归因于内部的、稳定的和普遍的因素，如个人的能力等。

事实上，以上两种理论是从不同角度定义乐观的平行概念。前者代表乐观的直觉含义，即将乐观视为一种内在特质。而后者则取决于解释风格的结果，它与乐观的关系更为间接。二者并不矛盾。

乐观是人的一种主观心境。乐观总与一些积极的结果和良好的个人品德联系在一起，乐观主义有利于解决个体生活中的各种问题，有利于学术研究、职业生涯等的成功，甚至有利于延长寿命；而悲观属于人的消极情绪，它与消极结果，如压抑、被动、失败、孤僻、道德等问题相联系。

5. 技能点拨

如何培养乐观心态？

培养商务人士的乐观心态是一个多维度且持续的过程，涉及心理调整、行为习惯及职业态度等多个方面。以下是一些建议，有助于商务人士塑造和保持乐观的心态。

1）认识并接纳自我

认识并接纳自我是塑造乐观心态的基石。这意味着我们不仅要深入了解自己的优点、劣势及面临的潜在挑战，更要勇敢地接纳自己的不完美。通过客观看待自己的长处和短处，我们能够建立起坚实的自信心，从而在面对困难和挑战时保持冷静和乐观。同时，接纳自我也是一种自我关怀的体现，它让我们更加珍惜自己的独特性，并愿意在成长的道路上不断探索和进步。

2）保持积极思维

保持积极思维是塑造乐观心态的关键所在。它要求我们在面对问题和挑战时，始终从积极的角度去看待，专注寻找解决问题的方法和可能性，而非沉溺于困难和挫折之中。积极思维能够激发我们的创造力和潜能，让我们在困境中发现机遇，在挫折中找到成长的动力。同时，积极思维还能帮助我们保持心情愉悦，增强心理韧性，从而更好地应对职场中的各种挑战和压力。

3）建立支持网络

在商务领域，面对瞬息万变的市场环境和复杂的人际关系，拥有一个稳固的支持网络显得尤为重要。这个网络不仅包括同事、朋友和家人，更涵盖了行业内的专业人士、合作伙伴及各类社交群体。通过与他们建立紧密的联系和深入的交流，我们可以获得宝贵的建议、资源和支持，共同应对挑战。同时，支持网络也是我们情感寄托和情绪疏导的重要渠道，让我们在遇到困难时能够找到倾诉的对象，获得情感上的慰藉和鼓励。

4）设定可实现的目标

一个清晰、具体且可实现的目标，如同航海者手中的指南针，能够为我们指明方向，提供前进的动力。在设定目标时，我们要充分考虑自身的能力和资源，确保目标是切实可行的，而不是遥不可及的幻想。同时，我们还要将长期目标分解为若干短期目标，这样不仅能够让我们更好地跟踪进度，还能在达成每一个短期目标时获得成就感，从而增强自信心和具有乐观心态。通过设定并努力实现这些目标，我们能够不断积累经验和提升能力，逐步迈向成功的彼岸。

5）培养应对压力的能力

在竞争激烈的商业环境中，压力已成为常态，而如何有效应对这些压力，则直接关系到我们的心态、表现和职业发展。因此，我们需要积极学习并实践有效的压力管理技巧，如通过深呼吸、冥想或运动等方式来缓解紧张情绪，调整身心状态。同时，我们还应培养积极的心态，将压力视为成长和进步的动力，而非阻碍和负担。通过不断锻炼和提升自己的抗压能力，我们能够更好地应对职场中的各种挑战，保持乐观向上的心态，从而实现个人和职业的持续发展。

6）持续学习与成长

持续学习与成长对于商务人士而言，不仅是个人发展需求，更是应对挑战、保持竞争力的必由之路。在日新月异的商业环境中，技术和知识都在不断更新迭代，商务人士唯有不断吸收新知识、掌握新技能，才能跟上时代的步伐，确保自己在竞争中立于不败之地。首先，要实现持续学习与成长，商务人士需要树立终身学习的理念。其次，商务人士需要制订明确的学习计划。再次，商务人士应该注重学习的多样性和实践性。除了传统的课堂学习和阅读书籍，还可以尝试行业研讨会、在线课程、实践项目等多种学习方式。同时，也要注重将所学知识与实际工作相结合，通过实践来检验和巩固学习成果。最后，商务人士需要保持开放的心态和批判性思维。在学习的过程中，要敢于接受新的观点和想法，勇于挑战自己的固有认知。

6. 企业实践

◆ 实践背景

小王，一个来自普通家庭的年轻人，大学毕业后怀揣满腔热情和对未来的憧憬，踏上了求职之路。然而，现实却远比想象中要残酷得多。他投递了数十份简历，参加了多次面试，但每次都以失败告终。

面对一次次的失利，小王的心情逐渐从期待转为失落，甚至开始怀疑自己的能力和价值。他时常在夜深人静时，独自坐在窗前，望着星空发呆，思考自己的未来到底在哪里。

然而，小王并没有就此沉沦。他深知，挫折只是生活的一部分，关键是要学会面对和克服。于是，他开始调整自己的心态，告诉自己每一次的失败都是通往成功的必经之路。他不再过分关注结果，而是把每一次面试都当作一次学习和锻炼的机会。

在调整心态的同时，小王也开始积极寻求改变。他参加了各种职业培训活动，提升自己的专业技能和综合素质；加入了一些行业交流群，结识了志同道合的朋友，扩大了自己的人脉圈。这些努力让他逐渐走出了失败的阴影，也让他更加明确自己的职业方向。

终于，在一次偶然的机会中，小王得知心仪已久的公司正在招聘。他毫不犹豫地投递了简历，并精心准备了面试。在面试中，他凭借扎实的专业知识和乐观自信的态度，赢得了面试官的青睐。不久后，他收到了公司的录用通知，终于找到了理想的工作。

找到工作的小王并没有因此而沾沾自喜，他深知这只是新的起点。他带着乐观的心态，以更加饱满的热情投入到工作中，不断学习、进步，成为公司里一颗璀璨的新星。

小王的经历告诉我们，面对挫折和困难时，调整心态、积极寻求改变是走向成功的关键。只有保持乐观的心态，才能在困境中找到出路，最终实现自己的梦想。

◆ 实践任务

以团队为单位，通过阅读以上案例材料，集体研讨以下问题：

（1）在阅读了小王的求职经历后，我们可以从中吸取哪些经验教训？在面对职业挑战和失败时，我们如何像小王一样调整心态，保持积极，最终实现目标？

（2）小王在求职过程中除调整了心态外，还采取了哪些实际行动来提升自我，增加成功的机会？我们在面对类似的挑战时，如何制订和实施有效的行动计划？

◆ 实践指南

（1）调整心态，积极面对挫折。

在面对求职失败或其他职业挑战时，首先要学会调整心态。将每一次挫折视为学习和成长的机会，从中汲取经验教训，不断提升自己的能力和素质。保持积极的心态，相信自己的潜力和价值，不轻易放弃。

（2）制定明确的职业规划。

制定一份明确的职业规划，包括短期和长期目标，有助于更好地指导自己的职业发展方向。同时，定期回顾和更新职业规划，确保自己的目标与实际情况相符，避免盲目追求或偏离方向。

（3）提升自我，增强竞争力。

通过参加职业培训、拓展人脉资源、提升专业技能等方式，不断提升自己的竞争力和适应能力。积极参加行业内的活动和社交活动，与优秀的人共事和交流，激发自身的潜力和学习动力。

（4）制订有效的行动计划。

在明确职业规划的基础上，制订具体的行动计划，包括列出任务清单、设定优先级、确定完成时间等。合理安排时间，制订计划，并坚持执行，确保能够按时完成任务并达成目标。

（5）保持灵活性和适应性。

在职业发展过程中，可能会遇到各种不可预见的情况和挑战。因此，要保持灵活性和适应性，随时调整自己的策略和计划，以应对变化。同时，学会从失败中汲取教训，不断完善自己，为未来的挑战做好准备。

（6）寻求支持和帮助。

在职业道路上，不要害怕寻求他人的支持和帮助。与朋友、家人或导师分享自己的困惑和挑战，听取他们的建议和意见。同时，也可以寻求专业人士的帮助，如职业规划师或心理咨询师等，他们可以提供更具体的指导和建议。

遵循以上实践指南，我们可以更好地应对挑战和挫折，保持积极的心态和行动，不断提升自己的能力和竞争力，最终实现职业目标。

（四）逆境砺志

1. 工作任务

本任务旨在帮助学生更好地理解和体验"逆境砺志"的内涵，通过实际操作和反思，培养学生的心理韧性，并从困难中汲取成长的力量。任务要求如下。

（1）分享个人逆境经历：请大家回忆并准备一个自己曾经经历的逆境故事，可以是学习上的挫折、生活中的困难或人际关系上的挑战等。要求详细描述当时的情境、自己的感受及最终是如何克服困难的。

（2）小组讨论：将全班同学分成若干小组，每组5～6人。在小组内，每个成员轮流分享自己的逆境经历，并讨论从中学到了哪些宝贵的经验和教训。要求积极发言，相互倾听和支持。

（3）制订成长计划：在小组讨论的基础上，每个人制订一个成长计划，针对自己目前面临的挑战或未来可能遇到的逆境，提出具体的应对策略和行动方案。成长计划应包括目标设定、行动计划和时间安排等内容。

（4）实践与反思：在接下来的一个月里，按照自己制订的成长计划进行实践。要求每周记录一次实践进展和心得体会，以便后续进行反思和总结。

（5）课堂汇报与分享：一个月后，组织一次课堂汇报活动。每位同学依次上台分享自己的实践成果和心得体会，包括在逆境中取得的进步、遇到的困难和解决方法等。其他同学可以提问或发表自己的看法，共同交流和学习。

2. 解决方案

将总结好的实践成果和心得体会上传至学习通、雨课堂、钉钉、智慧职教等平台上，以便后续进行反思和总结。

3. 教师点灯

◀ **评价要点参考** ▶

◆ 关于成长计划：目标设定与时间安排是否合理，行动计划是否详细且可执行。

● 目标设定的合理性：

评估设定的目标是否具体、可衡量，并与个人逆境经历紧密相关。

检查目标是否既具有挑战性又符合实际，且能有效促进个人成长。

● 行动计划的详细性：

分析行动计划是否具体、明确，是否包含了实施步骤、所需资源及可能遇到的困难与应对策略。

评估行动计划是否体现了主动性和创造性，以及能否有效应对逆境。

● 时间安排的合理性：

审查设定的时间节点是否合理，是否考虑了任务的复杂性和个人能力的限制。

评估是否具备按计划执行的能力，以及对于可能出现的延误或变化是否有相应的调整方案。

◆ 关于汇报与分享：可从实践成果的展示、困难与解决方法的阐述、反思与总结的深度、交流与互动的表现等方面点评。

● 实践成果的展示：

评估是否通过具体实例和数据展示了在实践过程中取得的进步和成果。

考查是否能清晰传达在逆境中的体验和感悟，以及这些经历对个人成长的积极影响。

● 困难与解决方法的阐述：

考察分享的实践中遇到的困难和挑战是否如实描述，以及分析和解决问题的方法是否有效。

评估是否展现了解决问题的能力，以及是否从困难中汲取了宝贵的经验和教训。

● 反思与总结的深度：

考查是否对实践过程进行了深入的反思和总结，包括对行为的评价、对结果的思考及对未来改进方向的规划。

评估是否能够从实践中提炼出一般性的规律或原则，以便更好地指导未来的行动。

● 交流与互动的表现：

观察在汇报过程中是否展现出自信、流畅和有条理的表达能力。

评估回答其他同学提问或发表看法时是否积极、开放，是否能够与他人进行有效交流和互动。

4. 理论指导

首先，逆境效应是一种逆向思维表现。在面对压力和挑战时，人们往往会采取保守的应对策略，如回避、逃避等，但这种策略往往会让人们陷入更深的困境中。相反，逆境效应则是一种积极的应对方式，它要求我们充分发挥自身的潜能，从而应对挑战，走出困境，走向成功。因此，逆境效应可以帮助人们克服惰性和惯性思维，拓展思维的边界，培养敢于冒险和创新的精神。

其次，逆境效应是一种自我激励机制。在面对挑战和困境时，人们往往会感到无助和沮丧，这时需要一种强大的自我激励机制来支持自己。逆境效应正是这样一种机制，它可以激发人们内在的动力和激情，让人们更加坚定地追求自己的目标和梦想。通过逆境效应的激励，人们可以克服困难和挑战，实现自我价值和获得成就感。

再次，逆境效应是一种自我调节能力。在面对挑战和困境时，人们需要具备自我调节的能力，以保持心态的稳定和积极。逆境效应可以帮助人们保持内心的平静，从而更好地应对压力和挑战。通过逆境效应的自我调节，人们可以缓解情绪的波动和焦虑，提高自身抗压能力。

最后，逆境效应是一种社会心理现象。在社会环境中，人们常常会面对各种压力和挑战，需要借助逆境效应来应对。而逆境效应也常常受到社会环境的影响和塑造。在一些特殊的社会环境中，如战争、自然灾害等，人们更容易产生逆境效应，以应对极端的挑战和困境。因此，逆境效应也是一种社会学和文化学现象，具有复杂的社会心理和文化背景。

综上所述，逆境效应是一种积极的应对策略，具有逆向思维、自我激励、自我调节和社会心理等多重特点，是一种复杂的心理现象和社会现象。因此，我们需要认真研究和应用逆境效应，以提高适应能力和创新能力。

5. 技能点拨

如何运用逆境效应，使我们在逆境中具有更强的适应能力和成长动力？

1）认知调整

（1）积极心态培养。

引导同学们认识到，逆境是成长的机会，而非阻碍；鼓励同学们用积极的心态去面对挑战，将困难视为成长的垫脚石。

（2）正确自我认知。

帮助同学们了解自己的优点和不足，建立自信；引导同学们客观看待自己的能力和潜力，避免过度自卑或自大。

2）情绪管理

（1）情绪识别与表达。

教导同学们识别并理解自己的情绪，学会用适当的方式表达；鼓励同学们在逆境中保持冷静，避免情绪失控。

（2）情绪调节技巧。

介绍情绪调节的方法，如深呼吸、放松训练等；引导同学们通过积极的活动来转移注意力，缓解负面情绪。

3）行动策略

（1）制定明确目标。

指导同学们设定具体、可衡量的目标，确保目标具有挑战性和可实现性；鼓励同学们为目标编制详细的行动计划，明确每个阶段的任务和时间节点。

（2）培养问题解决能力。

教导同学们分析问题的方法和技巧，如因果分析、思维导图等；鼓励同学们尝试不同的解决方案，培养创新思维能力和解决问题能力。

4）社会支持

（1）建立良好人际关系。

引导同学们主动与他人交往，建立良好的人际关系；鼓励同学们寻求他人的帮助和支持，共同面对逆境。

（2）团队协作与分享。

组织小组活动，培养同学们的团队协作精神和分享意识；通过团队协作和经验分享，帮助同学们从他人身上学习应对逆境的方法。

5）持续学习与反思

（1）保持学习状态。

鼓励同学们持续学习新知识、新技能，不断提升自己；引导同学们将学习成果应用到实际生活中，增强应对逆境的能力。

（2）定期反思与总结。

引导同学们定期回顾自己的经历和成长过程，总结经验和教训；鼓励同学们通过反思找到自己的不足之处，制订改进计划，不断提升自己的逆境适应能力。

6. 企业实践

◆ 实践背景

瑞幸咖啡，一家在财务造假风波后历经磨难却最终逆袭的咖啡连锁品牌，凭借其极致聚焦的策略和精准的市场定位，成功实现了从低谷到巅峰的华丽转身。如今，瑞幸咖啡不仅在国内市场占据重要地位，更以其独特的价值主张赢得了众多消费者的青睐。

瑞幸咖啡在核心客户定位上展现出了与众不同的眼光。相较于星巴克主要定位于中产阶级、白领和商旅人士，瑞幸咖啡将目标锁定在咖啡消费较少的年轻用户身上，尤其是学生和初入职场人群。这一定位使得瑞幸咖啡能够灵活调整门店布局，将门店主要集中在写字楼和学校附近，从而形成了便捷的消费场景。

在产品方面，瑞幸咖啡深知其目标客户的需求。首先是"好喝"，瑞幸咖啡通过不断进行口味创新和迭代，成功向核心客户普及了其特色咖啡口味。其次是"高性价比"，瑞幸咖啡通过消除第三空间成本，将咖啡售价降到星巴克的一半，吸引了大量高频消费咖啡的年轻用户。最后是"方便"，瑞幸咖啡通过密集开店和自提模式的推广，降低了配送成本，提升了消费者的购买体验。

在产品线方面，瑞幸咖啡明确了大拿铁战略，通过推出各种爆款产品，如与椰树牌椰汁、贵州茅台等品牌的联名合作，成功吸引了大量消费者的关注。同时，瑞幸咖啡还注重打造"完整产品体验"，将高性价比、方便等要素融入其中，形成了独特的价值三张。

瑞幸咖啡的逆袭之路并非一帆风顺，但它凭借坚定的信念和不懈的努力，成功克服了逆境中的种种困难。为了提升品牌知名度和吸引消费者，瑞幸咖啡大胆尝试新的营销方式。通过线上线下相结合的营销策略，瑞幸咖啡在社交媒体上积极互动，打造品牌话题；同时，开展跨界合作，与热门 IP 联名推出特色产品，吸引年轻消费者的关注。为了降低成本、提高效率，瑞幸咖啡不断优化供应链管理，与优质供应商建立长期合作关系，确保原材料的品质和供应稳定性。同时，通过精细化管理，降低运营成本，提升盈利能力。

在逆境中，瑞幸咖啡的每一个员工都表现出了顽强的毅力和坚定的信念。公司领导层率先垂范，带领员工共同面对困难、迎接挑战。员工积极学习新知识、新技能，不断提升自己的综合素质。在困难面前，大家团结一心、共克时艰，形成了一股强大的凝聚力和向心力。

如今，瑞幸咖啡已经在国内市场取得了显著的成绩，其独特的价值主张和精准的市场定位为其赢得了广泛的认可和赞誉。未来，瑞幸咖啡将带着从逆境中磨砺出来的坚韧意志，不断迎难而上，为消费者带来更多优质的产品和服务。

◆ **实践任务**

以团队为单位，通过阅读以上案例材料，集体研讨以下问题：

（1）瑞幸咖啡在财务造假风波后是如何通过逆境磨砺意志，最终实现逆袭的？在这一过程中，瑞幸咖啡遇到了哪些挑战，又是如何克服这些挑战的？

（2）在瑞幸咖啡的逆袭过程中，其员工和管理层是如何体现逆境磨砺意志的？他们是如何调整策略、优化管理，并最终使瑞幸咖啡走向成功的？

◆ **实践指南**

在逆境中，具体的做法和策略对于个人和团队的成功至关重要。以下是一些基于瑞幸咖啡案例和其他情境的逆境应对方法。

第一，接受现实是第一步。当遭遇逆境时，如瑞幸咖啡在财务造假风波后的困境，首先要正视问题，不逃避、不否认。接受现实能帮助我们冷静地分析问题，为制定合适的应对策略打下基础。

第二，制定明确的目标和计划。瑞幸咖啡在逆境中明确了其市场定位和目标客户群，并据此制定了详细的经营策略。同样，在面临困境时，我们需要设定具体、可行的目标，并规划出实现这些目标的具体步骤和时间表。

第三，保持积极的心态和坚定的信念。逆境往往会带来压力和挑战，但积极的心态能够帮助我们更好地应对这些挑战。瑞幸咖啡的员工和管理层在逆境中展现了顽强的毅力和坚定的信念，这是他们成功逆袭的重要因素。

第四，寻求合作与支持也是走出困境的有效策略。瑞幸咖啡在逆境中积极寻求与供应商、合作伙伴的合作，共同应对挑战。在个人或团队面临困难时，我们也可以寻求他人的帮助和支持，共同解决问题。

第五，持续学习和改进是在逆境中不断成长的关键。瑞幸咖啡在逆境中不断优化供应链管理、提升产品品质和服务水平，这使得他们在竞争中逐渐脱颖而出。同样，在逆境中，我们需要不断总结经验教训，学习新的知识和技能，以便更好地应对未来的挑战。

四、修炼巩固

2020 年 4 月，瑞幸咖啡被证实财务造假，涉及资金达 22 亿元，舆论顿时一片哗然，其股价也在短时间内暴跌 80%，市值蒸发超过 50 亿美元，随后从纳斯达克狼狈退市，被扫入"粉单市场"（为不满足挂牌上市条件的公司提供服务的场外交易市场）。

案例题一

瑞幸咖啡在经历财务造假风波后，面临品牌信誉和市场份额的双重打击。在这一关键时刻，公司如何是通过对自身品牌、市场定位及核心竞争力的深入剖析，重新认识自我，从而实现自我调整和重新出发的？请结合这一情境，讨论自我认知在企业走出逆境中的重要性。

案例题二

在瑞幸咖啡的逆袭过程中，管理层和员工可能经历了从沮丧、焦虑到坚定、乐观的情绪转变。请分析在这一过程中，情绪管理是如何帮助团队保持稳定的工作状态，并推动他们共同克服困难的。同时，讨论在团队中营造积极情绪氛围的重要性。

案例题三

瑞幸咖啡在逆境中，是如何保持乐观主义精神，积极寻找解决问题的办法的？请结合具体案例，分析乐观主义精神在推动公司创新、优化经营策略及提升市场竞争力方面的作用。同时，讨论如何在日常工作中培养积极解决问题的态度。

案例题四

瑞幸咖啡在挑战、变化和逆境中，是如何展现出强大的心理韧性，并从困难中汲取成长的力量的？请结合公司的发展历程，分析心理韧性在应对危机、把握机遇及实现持续发展方面的作用。同时，讨论如何在个人职业生涯中培养心理韧性，以应对未来可能出现的挑战。

实践题

请结合个人经历，描述一个你在逆境中调整自我、管理情绪、保持乐观主义精神并积极解决问题的实例。在这个过程中，你得到了哪些宝贵的经验和教训？这些经历如何帮助你提升心理韧性，实现个人成长？请详细阐述你的思考过程和具体做法。

项目 2 主动行为习惯修炼

一、修炼目标

知识目标

◆ 通过理论学习，帮助参与者理解主动行为习惯的概念、特点及其对个人成长的重要性，为后续实践提供坚实的理论基础。

◆ 介绍多种有效的主动行为习惯培养方法，如目标设定、时间管理和自律训练等，协助参与者找到最适合自己的实践路径。

◆ 分析不同场景下主动行为习惯的具体表现和要求，使参与者能够在实际生活中灵活应用所学的知识。

能力目标

◆ 通过项目实践，培养参与者在时间管理、情绪管理和压力应对等方面的能力，使其能够高效完成各项任务。

◆ 鼓励参与者在实践中勇于尝试新事物，克服困难和挑战，持续提升个人的行动力和执行力。

◆ 通过团队合作和沟通训练，提升参与者的团队协作能力和沟通技巧，使其能够在团队中发挥更大的作用。

素养目标

◆ 通过项目实践，引导参与者深入理解和践行社会主义核心价值观，培养正确的世界观、人生观和价值观。

◆ 通过案例分析和讨论，帮助参与者理解个人行为与集体、社会的关系，增强责任担当意识，积极履行社会责任。

◆ 通过道德修养和礼仪规范学习，提升参与者的道德品质和个人形象，为社会发展贡献正能量。

二、修炼情境

小王是广东财贸职业学院电子商务专业的一名大二学生。她始终保持着对知识的渴望和对实践的热情。在校园生活中，小王不仅注重课堂知识的学习，还积极参与各类社团活动和志愿服务，努力锻炼自己的综合能力。

为了进一步提升实践能力和职业素养，小王在大二暑假期间选择了一家知名电商企业进行实习。她深知这是一个难得的机会，因此倍加珍惜。在实习期间，小王主动向导师和同事请教，积极学习企业的运营模式和业务流程。她不仅在工作中表现出色，还主动承担额外的工作任务，得到了领导和同事的一致好评。

在学校的学习和生活中，小三同样展现出了积极主动的行为习惯。她善于利用课余时间自主学习，不断提升专业技能和知识水平。同时，她还积极参与学院组织的各类实践活动，如市场调研和电商平台运营等，通过实践来检验和巩固所学的知识。

通过在校学习和企业实习的经历，小王逐渐养成了主动思考、积极行动的习惯。她学会了发现问题、分析问题，并积极寻求问题的解决方案，掌握了与团队成员有效沟通和协作的方法。她还不断学习新知识和新技能，以适应快速变化的市场环境。

小王的故事是许多年轻人在学习和成长过程中修炼主动行为习惯的一个缩影。他们通过不断学习和实践，逐渐具有积极向上的生活态度和职业精神，为未来的职业生涯奠定了坚实的基础。

三、修炼内容

（一）主动性认知

1. 工作任务

将全班同学每5～6人组成一组，为每组分配一名组长，负责协调和组织组内的讨论活动。准备好必要的讨论材料，如纸、笔等，以便记录讨论内容和设计思路。

问题引入与讨论：

（1）如何保证一个鸡蛋从三楼扔下时完好无损？对此进行组内讨论。

（2）引导学生思考并讨论可能的解决方案，鼓励他们发挥想象力，提出各种创新性的想法。

方案设计与展示：

（1）每个小组需要设计一种或多种方案，用于保护鸡蛋在从3楼扔下后不损坏。

（2）方案可以包括使用特定的材料、结构或装置来保护鸡蛋。

（3）每个小组需要准备简短的展示，向全班同学介绍设计方案，并解释其工作原理和预期效果。

2. 解决方案

通过回答以上问题，各团队讨论总结启发和感悟，在学习通、雨课堂、钉钉、智慧职教等平台上上传讨论结果，要求总结简洁明了，时间为8分钟。

3. 教师点灯

◀━━━━━━ ◀ **评价要点参考** ▶ ━━━━━━▶

● 主动性定义：主动性是指个体在面对任务或情境时，能够积极主动地采取行动，而不是被动地等待或依赖他人，在商务环境中的表现形式包括主动寻求机会、积极解决问题、自发地提升技能等。

● 评估学生是否独立思考，不依赖他人或既定答案，而是根据问题本身提出独特见解。

● 观察学生是否敢于打破常规，提出新颖、独特的解决方案，而不是简单地模仿或套用已知方法。

● 分析学生在面对问题时，是否能够灵活调整思考角度和策略，寻找多种可能的解决方案。

● 考查学生是否积极主动地面对问题，主动寻求解决方案，而不是等待他人指示或帮助。

● 评估学生是否乐于主动接受挑战，勇于尝试新方法和新思路，不怕失败和挫折。

● 分析学生的解决方案是否符合逻辑，各步骤之间是否衔接紧密，能否自圆其说。

● 评估学生的解决方案是否具备实际操作的可行性，是否考虑到现实条件和限制，如材料、时间、成本等。

● 评估学生在团队中是否积极参与讨论，是否与团队成员共同协作、共同解决问题。

4. 理论指导

自我决定理论是由美国心理学家德西和瑞安在 20 世纪 80 年代提出的动机理论，强调个体在动机过程中的能动作用，特别是内在动机和自主性的重要性。该理论建立在人是积极的有机体，具有与生俱来的心理成长和发展动力的基础上，指出个体在充分认识个人需要和环境信息的基础上，会对行动做出自由的选择。

自我决定理论认为，当个体能够自我决定并主动参与活动时，会表现出更高的积极性和成就感。这是因为自我决定行为源自自我高度整合的动机，包括内在动力和高度内化的外部动机。内在动机行为出于兴趣和持续的自发想法和感受，它没有明显的外在奖励，而是由个体自身兴趣引起的，满足个体内在心理需要，并具有一定挑战性。这种由内在动机驱动的行为，使个体能够体验到更多的满足感和成就感。

同时，自我决定理论也关注个体的自主性。自主性意味着个体希望对自己的生活和行动负责，而不是被外部力量所控制。当个体能够在决策过程中保持自主性，他们会更有可能感到满足和成功，因为这样的决策更符合他们的内在需求和价值观。

此外，自我决定理论还将动机划分为内在动机、内化动机和外在动机，这有助于更全面地理解人类行为的动机结构。内在动机和自主性在自我决定理论中占据核心地位，它们共同影响着个体的行为表现和心理健康。

在教育、管理和医疗保健等领域，自我决定理论都有着广泛的应用。在教育领域，教师可以通过创造有利于内在动机开发的环境，提供更多的选择和自主决策机会，以促进学生的自我决定教育。在管理和领导的过程中，自我决定理论揭示了给员工足够的自主决策权和提升员工自豪感的重要性，从而创造出一种鼓励员工的文化。在医疗保健实践中，自我决定理论强调通过与患者保持对话和理解患者需求，医师可以帮助患者参与治疗规划，并促进患者的自我控制决策。

自我决定理论为我们提供了一个深入理解人类动机和行为的新视角，尤其是在强调个体内在动机和自主性方面，具有重要的理论和实践价值。

5. 技能点拨

如何利用自我决定理论？

（1）认识自我，发掘内在动机。自我决定理论强调个体的内在动机和自主性。首先，我们需要深入了解自己的兴趣、价值观和目标，明确自己在工作中的内在动机。这样，当面对工作变化时，我们就能更好地调整心态，将变化视为成长的机会，而不是威胁。

（2）主动选择，提升自我决定能力。在工作中，我们应该尽可能地选择那些符合自己兴趣和价值观的任务和项目。通过主动选择，我们可以提升自我决定能力，增强对工作的掌控感，从而更加投入和专注。

（3）设定明确目标，激发内在动力。明确的目标可以激发我们的内在动力，使我们更加有动力去解决问题和应对挑战。因此，在工作中，我们应该设定清晰、具体、可衡量的目标，并时刻关注目标的进展，以便及时调整策略。

（4）寻求反馈，不断优化自我。自我决定理论认为，个体在追求自我决定行为时需要满足胜任需求。因此，我们应该积极寻求他人的反馈和建议，以便了解自己在工作中的优点和不足，从而不断优化自我，提升工作效率和解决问题的能力。

（5）建立支持系统，增强归属感。在工作场所中，一个积极、开放和支持性的团队环境对于个体的职业发展至关重要。通过与同事建立良好的关系，我们可以获得更多的支持和帮助，共同应对工作中的挑战和变化。

（6）持续学习，提升自我能力。自我决定理论还强调个体在追求自我决定行为时需要满足成长需求。因此，我们应该保持持续学习的态度，不断提升自己的专业技能和知识水平，以应对不断变化的工作环境。

通过实践以上策略，我们可以利用自我决定理论，更好地适应工作变化，更有效地解决问题，取得更好的工作成效，并促进职业发展。同时，这也有助于我们在工作中保持积极的心态和充足的动力，实现个人价值和获得职业成长。

6. 企业实践

◆ 实践背景

在繁华的商业都市中，有一位名叫李明的销售员，他凭借出色的销售业绩和积极主动的工作态度，赢得了企业的认可与尊重，最终登上了销售冠军的宝座。

李明刚刚踏入销售行业时，只是一个普通的新人，但他深知在这个竞争激烈的领域里，唯有主动出击，才能在市场中立足。他从不等待机会的到来，而是主动去寻找、去创造。每天，他都会早早来到公司，仔细研究市场趋势，分析客户需求，制订详细的销售计划。当同事们还在闲聊时，他已经开始忙碌地联系客户、安排拜访了。

在销售过程中，李明遇到了各种各样的困难和挑战。有时，客户会对产品提出疑问，有时，竞争对手会采取低价策略抢夺市场份额。但李明从不退缩，他积极寻求解决问题的办法，用专业的知识和真诚的态度去说服客户，赢得信任。他还主动与团队成员分享经验，共同应对市场变化，带领团队走出了困境。

除了积极解决问题，李明还自发地提升技能。他利用业余时间学习销售技巧、心理学知识，不断提升自己的专业素养。他还关注行业动态，了解新技术、新产品的发展趋势，以便更好地为客户提供服务。正是这种不断进取的精神，让李明在销售领域脱颖而出。

经过几年的努力，李明终于获得了企业"年度销售三连冠"的荣誉。站在颁奖台上，他感慨万分。他说："销售不仅仅是一份职业，更是一种挑战自我的过程。在这个过程中，我学会了主动寻求机会、积极解决问题、自发地提升技能。这些经历让我更加坚定地走上了销售这条道路，也让我收获了成长和成功。我相信，只要我们保持积极向上的心态，不断追求卓越，定能在事业发展的道路上攀登上更高的山峰。"

李明的成功故事激励了无数销售员。他用实际行动诠释了主观能动性的力量，展示了销售员如何通过不懈努力和积极进取，最终走向事业巅峰的壮丽历程。

◆ **实践任务**

以组为单位，通过阅读以上案例材料，集体研讨以下问题：

（1）为什么在销售行业中，主观能动性尤为重要？

（2）如何理解并培养个人的主观能动性？

（3）李明是如何识别和创造销售机会的？

（4）在现实生活中，我们应该如何发现并抓住职业发展的机会？

（5）对于那些看似不可能的机会，我们应该持怎样的态度？

（6）我们可以从李明身上学到哪些有效的问题解决策略？

◆ **实践指南**

在销售工作中，要积极发挥主观能动性，首先，要主动寻求机会，定期进行市场调研，主动与客户建立联系，扩大人脉网络，从而发现并利用潜在的销售机会。其次，在面对挑战和问题时，要保持积极的态度，及时沟通反馈，跨部门协作，灵活调整策略，确保销售工作的顺利进行。再次，自发地提升技能，通过持续学习、实践锻炼和自我反思，可不断提升自己的专业素养和销售能力。最后，要保持良好的心态，树立信心，调整情绪，激励自己，以积极向上的态度应对销售工作中的各种挑战，实现更好的业绩。

（二）目标导向行动

1. 工作任务

以下是 5 个案例，请同学们判断哪个是过程导向行动？哪个是目标导向行动？

案例一：小李是一名销售人员，他的日常工作是拜访客户、介绍产品、收集反馈。他相信只要不断努力,销售业绩自然会有所提升。

案例二:小王是一名项目经理,他负责一个软件开发项目。在项目开始前,他制订了详细的项目计划,包括各个阶段的目标、时间表和资源分配。他带领团队按照计划执行,并定期检查进度,确保项目能够按时交付。

案例三:小张是一名健身爱好者,他每天都去健身房锻炼,但从未设定过具体的健身目标。他享受锻炼的过程,认为只要坚持锻炼,身体自然会变得更好。

案例四:小赵是一名学生,他计划在一个月内背诵完一本英语单词书。他制定了每天背诵的单词量,并坚持每天复习和测试自己的记忆效果。

案例五:小陈是一名厨师,他在烹饪时非常注重烹饪的步骤。他相信只要按照正确的步骤做,就能做出美味的菜肴。

2. 解决方案

通过回答以上问题,各团队讨论总结启发和感悟,在学习通、雨课堂、钉钉、智慧职教等平台上上传团队讨论结果,要求总结简洁明了,时间为8分钟。

3. 教师点灯

◁ **评价要点参考** ▷

● 过程导向行动:

定义:对工作的实施过程高度关注,包括实施的方法正不正确、质量是否达标、流程是否规范、动作是否标准等。这种导向强调在行动过程中不断修正和优化,认为只要过程不出现明显问题,结果必然是良好的。

特点:重视行动的具体步骤、流程和方法,关注行动中的细节和规范,追求过程的稳定性和可控性。

关注点:关注行动的执行过程,包括步骤、流程、方法、质量控制等。

● 目标导向行动:

定义:个体由强烈的动机所驱使,希望达成某一目标的行为。目标导向行动把重点放在对结果的重视和追求上,要求一切战略、战术都要围绕结果制定,只要达到目的,不必在意过程。

特点:强调结果导向,关注最终目标的达成,对行动过程中的细节和步骤可能不那么重视。

关注点:关注行动的结果和最终目标的实现,以及为达成目标所需的整体策略和计划。

● 两者区别:

关注点不同:过程导向行动更关注行动的具体过程和细节,而目标导向行动更关注行动的结果和目标的达成。

对行动的要求不同:过程导向行动要求行动过程规范、稳定、可控,而目标导向行动要求行动能够有效地达成预定目标,对过程的要求可能相对较低。

决策依据不同：过程导向行动在决策时更注重步骤、流程、方法等因素，而目标导向行动在决策时更注重结果、效益、目标达成情况等因素。

4. 理论指导

目标导向理论是激励理论的一种，其核心思想是强调个体的目标对行为会产生指导作用。这一理论主张，个体的目标会影响其思维、情感和行为，并在人的行为中发挥着重要的作用。

目标导向理论的基本出发点是要求领导者排除走向目标的障碍，使个体或组织能够顺利达到目标。在这个过程中，关注并满足个体的多样化需求是至关重要的。该理论认为，人的行为不仅仅是对外部刺激的直接反应，而是通过一系列的动作来实现预定目标的过程。通常，任何行为都有其背后的动机和目标，而动机是激发和维持个体活动，并引导其朝向特定目标的心理动力。

目标导向理论应用广泛。在教育领域，基于该理论的研究成果，教育学家和心理学家提出了一系列教学策略，帮助学生明确学习目标，提升学习效果和成就感。在职场中，目标导向理论也被用于指导员工行为和设计激励机制，促使员工朝着组织目标努力。

此外，目标导向理论还强调目标的设定和明确性。一个清晰、具体、可衡量的目标能够帮助个体或组织更好地聚焦资源和精力，避免偏离方向。同时，目标的挑战性也是该理论关注的一个方面。适度的挑战性能够激发个体的积极性和创造力，推动其不断超越自我，实现更高的成就。

5. 技能点拨

目标导向理论在个人的主动行为习惯修炼中具有重要的应用价值。以下是一些建议，可帮助你将目标导向理论应用到实际生活中。

（1）设定明确的目标：首先，你需要为自己设定一个清晰、具体、可衡量的目标。这个目标应该是你真心希望实现的，并且与你的价值观和生活方向相一致。一个明确的目标可以帮助你保持专注，减少不必要的干扰。

（2）制订行动计划：在设定目标之后，你需要制订一个详细的行动计划。这个计划应该包括实现目标所需的步骤、时间表和资源。确保你的计划具有可操作性和现实性，以便你能够顺利地执行它。

（3）关注过程与结果：目标导向理论强调过程与结果的平衡。在追求目标的过程中，你需要时刻关注自己的进展，确保自己正在按照计划前进。同时，也要关注结果，确保自己的努力能够获得预期的回报。

（4）调整与改进：在实现目标的过程中，你可能会遇到一些挑战和困难。这时，你需要根据实际情况调整自己的计划，或者寻求新的方法和策略。此外，也要不断反思并总结经验，以便在未来的行为习惯修炼中更好地应用目标导向理论。

（5）保持积极的心态：积极的心态对于实现目标至关重要。你需要相信自己能够实现目标，并时刻保持对目标的热情和动力。当遇到困难时，要勇敢面对并寻求解决方案，而不是轻易放弃。

6. 企业实践

◆ **实践背景**

某电子产品公司近年来在市场上表现平平，面临着激烈的市场竞争和消费者需求的变化。为了突破困境，公司决定制订一个目标导向的市场拓展计划，以扩大市场份额并提高品牌知名度。

该公司首先设定了一个明确的市场拓展目标：在未来一年内，将市场份额提高至15%，并增加至少两个新的销售渠道。为了实现这一目标，公司开展了以下工作。

（1）市场调研与分析：公司对市场进行了深入的调研，了解了目标消费群体的需求、竞争对手的情况及市场趋势。通过数据分析，公司确定了潜在的市场机会和拓展方向。

（2）制订市场拓展计划：基于市场调研结果，公司制订了一个详细的市场拓展计划。该计划包括产品定位、营销策略、销售渠道选择、推广活动等多个方面。公司还明确了每个阶段的具体目标和时间表。

（3）执行与监控：在执行计划的过程中，公司成立了专门的市场拓展团队，负责具体工作的实施。同时，公司建立了监控机制，定期对计划的执行情况进行评估和调整，确保能够按照目标前进。

（4）结果反馈与总结：经过一年的努力，公司成功实现了市场拓展目标。市场份额达到了16%，并成功开拓了两个新的销售渠道。同时，公司的品牌知名度也得到了显著提升。

请同学们讨论以下几个问题：

（1）你认为该电子产品公司为什么能够实现市场拓展目标？

（2）在市场拓展过程中，目标导向起到了什么作用？

（3）如果你是该公司的市场部门负责人，你会如何制订并执行一个目标导向的市场拓展计划？

（4）在执行计划的过程中，如果遇到市场变化或竞争对手的强烈反击，你会如何应对？

（5）你认为目标导向行动对于企业的市场竞争力和长期发展有何重要意义？

◆ **实践任务**

设计并执行一个目标导向的市场拓展计划，旨在提升该电子产品公司的市场份额和品牌知名度。

◆ **实践指南**

通过学习可知，目标导向理论强调个体目标会对行为产生指导作用，并认为目标是行为的动力和方向。为了确保制定的目标相对合理，可以从以下几个方面考虑。

首先，要对现状进行深入分析。在制定目标之前，了解自身的环境、条件和能力。通过收集相关信息，评估自身的资源、能力和限制，可以确保目标与实际情况相符。

其次，明确目标的方向和结果。目标应该与个人的价值观和长远规划相一致，并且具有可行性和可衡量性。这意味着目标应该既具有挑战性又可实现，同时要有明确的衡量标准，以便能够评估进展和成果。

再次，将目标转化为具体可操作的形式。具体目标应该是明确、可衡量、可达成并与长期规划相符合的。通过将目标分解为更小、更具体的任务或步骤，可以更好地实施计划，并分配合理的时间和资源。

最后，目标的制定还需要考虑可实现性、相关性和时限。目标应该是可实现的，要考虑到自身的能力和资源的限制。同时，目标应该与个人的长期规划和价值观相符合，并与自身的职责和使命相关。给目标设定明确的时间节点，以便进行监督和评估。

在整个过程中，保持积极的心态和充足的动力也是非常重要的。面对挑战和困难时，要相信自己的能力，寻找解决问题的方法，并持续学习和改进。

◀ **思政园地：探寻古代以目标行动为指引的杰出伟人** ▶

● 秦始皇统一六国：秦始皇赢政立志要统一六国，结束战国纷争的局面。他通过一系列政治、军事和经济改革，如推行法家思想、加强中央集权、修建长城等，最终成功实现了统一六国的目标，建立了中国历史上第一个统一的中央集权国家——秦朝。

● 汉武帝开疆拓土：汉武帝刘彻为了扩大汉朝的疆域，增强国家的实力，设定了开疆拓土的目标。他积极发动战争，北击匈奴，南征百越，东并朝鲜，西通西域，大大扩展了汉朝的领土。同时，他还通过推行儒学教育、加强中央集权等措施，巩固了国家的统治。

● 郑和七下西洋：明朝初年，郑和奉明成祖朱棣之命，七次率领庞大的船队远航西洋。他的目标是展示明朝的国威，加强与海外国家的联系和贸易往来。通过这七次远航，郑和成功访问了多个国家和地区，促进了中外文化的交流和融合。

（三）问题解决与决策

1. 工作任务

问题解决与决策小游戏：请班里 2 支队伍（每支队伍由 5 人组成），完成一个数独游戏。第一轮由对方队伍轮流上前填写 5 个数字，第二轮由两队成员轮流上前填写 1 个数字，最后由队长完成数独的最终填写。用时最短的队伍获胜，用时较长的队伍需选出代表接受惩罚。

根据上述小游戏，请同学们讨论：

（1）通过这个游戏，你们学到了哪些关于团队合作、问题解决和决策制定的知识？

（2）你们认为这个游戏对于提升个人能力或团队能力有何帮助？

2. 解决方案

各队在充分讨论的基础上，设计出解决方案，在学习通、雨课堂、钉钉、智慧职教等平台上上传团队讨论结果，时间为 8 分钟。

3. 教师点灯

◀ **评价要点参考** ▶

● 在问题解决的过程中，决策制定是至关重要的一环。无论是数独游戏中的数字选择，还是实际生活中的复杂问题解决，正确的决策都能引导我们走向成功。

● 有效的决策往往建立在对问题的深入分析和全面了解之上。学会从多个角度审视问题，分析问题的根源和影响，可做出最合理的决策。

● 在团队合作中，不同的观点和意见可以为决策提供更多的参考和可能性。通过讨论和协商，团队成员可以共同优化决策，减少错误，提高成功率。

● 在决策过程中，需要学会权衡利弊，评估风险。我们需要考虑到各种可能的结果和影响，以便做出最有利于团队或个人的决策。

● 每次决策后，无论结果如何，都应该进行反思和总结。我们可以分析决策过程中的得失，找出问题所在，避免在未来的决策中出现同样的错误。

4. 理论指导

决策理论是一个涵盖多种概念和原理的完整体系，旨在帮助人们在面对多个选项时做出最佳决策。决策理论是一门综合性学科，它整合了系统理论、运筹学、计算机科学等多种理论和方法，应用于管理决策问题。其目标是形成一套经过验证的关于如何做出最佳决策的原理和方法。决策的定义和特征、决策的类型、影响决策质量的因素、决策的过程与方法，以及决策过程中存在的问题及其解决方法等，都是决策理论研究的重要内容。以下是决策理论中的一些主要理论。

（1）经典决策理论：它主要从经济学和博弈论的角度来建立精确的决策公式，寻求规范的决策分析方法。然而，由于突发事件后决策者很难在短时间内掌握足够的信息，经典决策理论并不适用于突发事件的应急决策。

（2）有限理性决策理论：该理论主张在备选的方案中选择最优的一个方案。但在信息有限的情况下，很难得出有效的方案，更不可能做出所谓的最优选择，因此该理论同样不适用于突发事件的应急决策。

（3）行为决策理论：这是一种基于启发式方法的决策理论。它通过分析备选方案的偏差来应对突发事件，并要求决策者选择一个各方面都较优的方案。

（4）期望效用理论：该理论基于个体偏好理性的严格公理化假设，是关于理性选择的最通用解释。期望效用函数通过加权评估各种可能的结果来最大化期望效用，帮助决策者追求加权评估后的效用最大化。

（5）风险规避理论：风险规避是一种事前控制行为，指在风险发生之前，经营管理者识别并采取措施以规避潜在风险。在商业银行风险管理中，风险规避主要依赖于经营者的经验和预见来识别并回避可能出现的风险。

（6）分散风险理论：风险分散是指通过组合不同资产来抵消潜在损失。通过巧妙地运用风险，实现风险和收益的最优组合。

5. 技能点拨

如何才能解决好问题及做好决策？

要解决问题并做出明智的决策，首先需要明确问题的本质和目标。这要求对问题进行深入理解和定义，确保我们关注真正需要解决的问题，并设定清晰、可衡量的目标。

接下来，我们需要系统地收集和分析与问题相关的信息。这包括历史数据、市场趋势、专家意见等，以便对问题有全面的了解。通过深入分析，我们可以识别出影响问题解决的关键因素，以及可能存在的风险和不确定性。

在掌握了足够的信息后，我们需要提出多个解决问题的方案和决策选项。这些选项应该基于我们的分析和理解，并考虑到各种可能的情境和因素。然后，我们需要对这些选项进行仔细评估，使用定性和定量的方法，权衡每个选项的潜在效果、风险和可行性。

在评估过程中，我们必须充分考虑风险和不确定性。这意味着我们需要识别并评估决策中可能涉及的风险因素，并制定相应的风险应对策略。通过分散风险、规避潜在问题等方式，我们可以提高决策的稳定性和成功率。

此外，寻求他人的意见和观点也是非常重要的。通过咨询专家、与团队成员讨论等方式，我们可以获得不同的视角和见解，有助于我们更全面地理解问题并优化决策。团队协作和集体智慧往往能够带来更好的解决方案。

在权衡利弊并做出决策后，我们需要制订详细的实施计划，并确保决策得到有效执行。同时，我们还需要对决策的执行过程进行监控，及时调整策略以应对可能出现的问题。

最后，反思和总结是提升问题解决和决策制定能力的关键步骤。我们需要对决策过程和结果进行深入的反思，总结经验教训，并将这些经验应用于未来的实践中。通过不断学习和改进，我们可以逐渐提高自己的问题解决和决策制定能力，更好地应对各种挑战。

6. 企业实践

◆ 实践背景

在一个大型电子配件公司，高级经理孙轩安面临艰难的决策。该公司主要生产和销售电子配件，但激烈的市场竞争带来了诸多挑战，如成本控制、产品质量和供应链管理等。孙经理在决策过程中遇到了一系列复杂的问题，需要在有限时间内做出明智的决策。

问题1：困扰孙经理的第一个难题是，公司的生产成本一直居高不下，导致产品竞争力下降。孙经理召集了相关部门负责人开会讨论如何降低成本。

孙经理首先收集了公司各个部门的数据，包括原材料采购成本、生产线设备维护费用、员工工资等。通过对数据进行细致分析后发现，原材料采购成本占比最大，并且存在供应商价格波动明显的问题。

问题2：近期，公司的产品质量问题频发，导致零售商频频退货，客户满意度下降。

孙经理召集了质量部门和生产部门的负责人开会讨论产品质量问题。经过分析发现，主要原因是生产线工人技术水平不够高，操作不规范，导致问题发生。

问题3：公司面临着供应链管理挑战，如及时供货、入库质检把关不严，库存管理等方面存在问题等。孙经理希望能够优化供应链管理，以提高运营效率。

孙经理召集了采购部门、物流部门和仓储部门的负责人开会讨论供应链管理问题。经过分析发现，供应链中存在系统信息不对称、交货时间不准确等问题。

◆ **实践任务**

以团队为单位，针对孙经理面临的 3 大问题，请给出相应的解决方案。

◆ **实践指南**

孙经理在面对各种问题时，一个优秀的决策者应当像孙经理一样，采取系统性和结构化的方法来解决问题和制定决策。

（1）问题识别与数据收集。

首先，要对问题有清晰的认识。这包括明确问题的性质、范围和可能的影响。然后，收集与问题相关的数据和信息，确保数据的准确性和完整性。这有助于形成对问题的全面理解，为后续的分析和决策提供依据。

（2）深入分析与诊断。

在收集到足够的数据后，要对数据进行深入的分析。通过对比、分类和归纳等方法，找出问题的根本原因和关键因素。在这个过程中，要关注数据的趋势和异常值，以揭示潜在的问题。

（3）制定解决方案。

基于对问题的分析和诊断，制定有针对性的解决方案。解决方案应当考虑问题的各个方面，包括成本、效益、风险和可行性等。同时，要确保解决方案与公司的战略目标和价值观保持一致。

（4）协调与沟通。

在制定解决方案的过程中，要与相关部门和人员保持密切的沟通和协调。通过召开会议、讨论和协商等方式，达成共识和合作。这有助于减少冲突和误解，提高解决方案的实施效果。

（5）实施与监控。

将解决方案付诸实施，并密切关注实施过程中的进展和效果。对于出现的问题和困难，要及时进行调整和改进。同时，要建立监控机制，对解决方案的效果进行定期评估和总结。

（6）持续改进与学习。

在解决问题的过程中，要保持持续改进的心态。不断总结经验教训，学习新的知识和技能，提高自己解决问题的能力。同时，要关注行业和市场的变化，及时调整和优化解决方案。

（四）沟通与反馈

1. 工作任务

请同学们按照以下要求完成信息接力游戏。

游戏准备：

（1）同学们自行分成若干小组，每组 5～6 人，确保每组人数相等。

（2）老师会准备一些简单的指令或句子，如"请把窗户关上""请把笔递给我"等。

（3）每组同学站成一列，设定一个起点和一个终点，从起点开始，队员间的交流仅限于肢体展示（不能说话、不能写字等），限时 30 秒，即向下一位成员传达。

游戏步骤：

（1）每组的第一位同学到老师处领取一个指令。

（2）这位同学需要转身，将指令通过耳语的方式传递给下一位同学。

（3）下一位同学听到指令后，重复该过程，直至指令传达到最后一位同学。

（4）最后一位同学需要跑到终点，根据所听到的指令执行相应的动作。

（5）老师根据最后一位同学执行动作的正确性给予评分，若动作正确，则得分；若动作错误，则不得分。

游戏结束后，请讨论以下几个问题：

（1）在信息传递过程中，哪些因素可能导致信息失真或误解？

（2）如何通过主动沟通和反馈来确保信息的准确传递？

（3）主动沟通与反馈的好处有哪些？

2. 解决方案

通过回答以上问题，分组讨论总结启发和感悟，在学习通、雨课堂、钉钉、智慧职教等平台上上传团队讨论结果，要求总结简洁明了，时间为 8 分钟。

3. 教师点灯

◀ **评价要点参考** ▶

● 清晰表达：在传递信息时，第一位同学需要确保信息清晰、准确，避免使用模糊或有歧义的语言。

● 耐心倾听：在接收信息时，每位同学都需要耐心倾听，确保理解对方的意图，而不是急于表达或行动。

● 及时反馈：如果在信息传递过程中出现问题或产生疑问，则应及时提出并寻求澄清，避免问题累积和扩大。

● 团队协作：每个团队成员都需要积极参与，共同努力确保信息的准确传递和任务的顺利完成。

● 反思与总结：游戏结束后，反思自己在沟通中的表现，总结成功的经验和需要改进的地方，以便在未来的沟通中做得更好。

4. 理论指导

沟通理论，又称通信理论，是西方政治学流派之一，由美国哈佛大学政治学教授卡尔·多伊奇在 20 世纪 50 年代创立。该理论的核心在于政治系统如何应对环境压力，并强调沟通在控制环境中的关键作用。沟通理论认为，政治系统始终处于信息的包围之中。沟通是指政治系统（主要是政府）接收信息并做出反应的能力，涵盖翻译、分析、运用和储存信息的能力。

在政治学中，一个政治系统能否进行有效决策，取决于其能否迅速、准确地接收、处理和运用相关信息，即信息沟通体系的有效性。信息沟通体系的有效性主要从两个方面考察：一是信息"负荷"（政治系统所处环境的变化）大小；二是"时滞"（从接收信息到做出反应所需的时间）长短。

此外，沟通理论在其他领域也有广泛的应用。在教育领域，沟通理论有助于教师和学生之间的理解和交流，提高教学质量；在医疗领域，沟通理论可以提高医疗服务质量，促进医生和患者之间的信息交流；在管理领域，沟通理论有助于提升制度执行的效果。

在日常生活中，沟通也是人们建立关系、解决问题、协调合作、表达情感和态度的重要手段。无论是工作中的交流合作、学习中的知识传播，还是亲人间的情感交流，有效的沟通都是不可或缺的。

5. 技能点拨

在工作中，做到主动沟通和反馈是确保工作高效推进、减少误解与冲突，并加强团队协作的关键。

为了实现这一目标，首先需要树立积极主动的沟通意识。我们应该深刻理解沟通在工作中的重要性，将其视为推动项目进展、解决问题及增进同事间感情的基石。其次，要明确沟通的目的和内容。在每次沟通前，我们应清晰地知道自己想要达到什么目的，是获取信息、解决问题，还是分享进展，并提前准备好沟通的内容，确保信息的准确性和完整性。

同时，选择合适的沟通方式和时机也是至关重要的。我们应根据沟通内容的重要性、紧急性及接收者的偏好，选择适合的沟通方式，如面对面会议、电话、电子邮件或即时通信工具。此外，还要确保在对方较为空闲、注意力集中的时候进行沟通，避免在对方忙碌或情绪不佳时打扰。

在沟通过程中，倾听与尊重同样重要。我们应全神贯注地倾听对方的观点和反馈，尊重不同观点和文化背景，以开放的心态接纳不同的意见。同时，及时给予反馈也是至关重要的。对于接收到的信息或请求，我们应尽快给予回应，让对方了解我们的态度和进度。对于沟通中达成的共识和行动计划，我们还要定期跟进执行情况，确保各项任务能够按时完成。

最后，为了不断提升沟通效果，我们还应持续改进沟通技巧。可以通过阅读相关书籍、参加培训课程或向同事请教等方式学习沟通技巧，并在每次沟通后进行反思和总结，以便在下次沟通时做得更好。

通过树立积极主动的沟通意识、明确沟通目的和内容、选择合适的沟通方式和时机、倾听与尊重、及时反馈与跟进及持续改进沟通技巧，我们可以在工作中实现主动沟通和反馈，推动工作顺利进行，增强团队协作，为公司的整体发展贡献自己的力量。

6. 企业实践

◆ 实践背景

张三刚刚从名校管理学硕士毕业，出任某大型企业的制造部门经理。上任后，他立即着手改造制造部门。张三发现生产现场的数据难以及时反馈，因此决定从生产报表开始改进。借鉴跨国公司的生产报表，张三设计了一份详细的生产报表，能够清晰反映生产中的每一个细节。

每天早上，所有生产数据都会及时地放在张三的桌子上，张三很高兴，认为他拿到了生产的第一手数据。没过几天，企业出现了一次大的品质事故，但报表上根本没有反映出来，张三这才知道，报表的数据都是随意填写上去的。

为了这件事，张三多次开会强调认真填写报表的重要性，但每次开会后的前几天能看到一些改进，几天后大家又恢复了原来的状态。张三对此感到不解。

◆ 实践任务

以团队为单位，集体研讨以下问题：

（1）请分析张三遇到的问题，包括报表数据失真的原因、员工对报表填写不重视的原因等。

（2）请为张三设计一套有效的沟通策略，包括沟通的目的、对象、方式、内容等，以改善员工对报表填写的态度，确保数据的准确性。

（3）假如你是张三，请制定一套反馈机制，包括反馈的方式、频率、责任人等，以便及时了解生产现场的情况，并对报表数据进行验证和纠正。

◆ 实践指南

在职场中，主动沟通和反馈的重要性不言而喻，它们不仅是提升工作效率的关键，更是建立良好人际关系、推动个人和团队成长不可或缺的技能。

掌握主动沟通的技巧至关重要。首先，明确沟通目标是我们进行沟通的前提，只有清楚自己的目的，才能有针对性地展开对话。选择合适的沟通方式同样重要，无论是面对面交流、打电话，还是发邮件，都应根据沟通的内容和对象进行灵活选择。在沟通过程中，清晰表达观点是关键，简洁明了的语言能够更好地传达我们的意图和需求。同时，倾听与尊重也是沟通的重要一环，只有真正倾听他人的观点和意见，尊重他人的感受和想法，我们才能建立起有效的沟通桥梁。

此外，提升反馈能力同样不可或缺。及时反馈是建立信任、确保工作顺利进行的基础，当发现问题或收到信息时，我们应迅速给予反馈，让对方了解我们的态度和看法。在反馈时，具体明确的语言能够更准确地描述问题和建议，避免产生歧义。同时，积极正面的反馈方式能够激励他人，肯定其努力和成绩，同时指出需要改进的地方，共同推动工作的进步。在反馈过程中，寻求共识是实现双方共赢的关键，我们应努力与对方达成共识，共同寻找解决问题的办法，以推动工作的顺利进行。

（五）服务意识与客户导向

1. 工作任务

为了培养学生的主动服务意识与以客户为导向的个人商业素养，本次任务设计了一个模拟服务客户的情景。学生将扮演服务人员，面对客户的各种需求和问题，通过积极的沟通、有效的解决方案及良好的服务态度，提升客户的满意度。模拟演练步骤如下。

（1）学生分组，每组4~5人，分别扮演服务人员、客户等角色。

（2）分配不同的服务场景，如餐厅、商场、银行等。

（3）情景模拟：

① 客户提出各种需求和问题，如询问产品信息、要求解决售后问题、提出投诉等。

② 服务人员需要主动询问客户需求，提供详细的产品或服务信息，解答客户疑问。

③ 对于客户的投诉或不满，服务人员需要耐心倾听，积极寻求解决方案，并及时跟进处理。

（4）同学们按照分组情况进行情景模拟演练，教师或其他同学担任观察员，记录同学的表现。

（5）演练结束后，观察员给出反馈和建议，帮助同学们改进不足之处。

2. 解决方案

同学们根据演练中的体验和反馈，总结自己在主动服务意识、以客户为导向的商业素养、沟通能力和问题解决能力方面的提升与收获，在学习通、雨课堂、钉钉、智慧职教等平台上上传个人心得体会，时间为5分钟。

3. 教师点灯

◁ **评价要点参考** ▷

● 同学们在任务中需要主动询问客户需求、提供解决方案，并跟进处理结果。这种实践有助于加深对服务意识的理解和认同。

● 模拟任务要求同学们站在客户的角度思考问题，提供个性化的服务。这种以客户为中心的思维模式不仅有助于提升服务质量，还能够培养商业敏感度和市场洞察力，为未来的职业生涯打下坚实的基础。

● 在模拟任务中，同学们需要与客户进行有效的沟通，解决客户问题和处理投诉。这一过程能够锻炼沟通技巧和应变能力，提升在实际工作中的沟通和解决问题的能力。

● 模拟任务将理论知识与实践操作相结合，使同学们在实践中深化对服务意识和客户导向的理解，同时也能够将所学理论知识应用于实际工作中，提高同学们的针对性和实效性。

4. 理论指导

服务导向理论是一种以满足客户需求和提供优质服务为核心的工作理念和文化。它强调将客户的满意度和体验放在首位，从而达到提升客户忠诚度、增加市场竞争力和实现持续发展的目标。

组织层面，服务导向被视为一种特定的组织氛围，通过长期的政策、惯例和程序来支持、培育和奖励员工卓越的服务行为。员工对服务导向的感知显著影响顾客对服务质量的感知。员工的服务导向与其个性特征密切相关，内在的个性特征会影响他们在服务中的态度和行为，从而影响服务质量。

此外，服务导向也被视为一种架构模型，由网站服务技术等标准化组件构成，旨在为企业、学校或网络服务单位构建一个具有弹性、可重复使用的整合性接口，促进内外部单位，如内部应用程序、用户与部门等的完美沟通，以尽快达到网络服务提升的目标。

服务导向理论在服务质量提升方面具有诸多优势，这些优势主要体现为以下几个方面。

客户需求深度满足：服务导向理论的核心在于将客户需求置于首位，这确保企业能够深入理解和把握客户的真实需求。通过细致入微的服务，企业能够满足客户的期望，甚至超出其预期，从而显著提升客户满意度。

员工服务意识增强：服务导向理论强调员工在服务过程中的关键作用。通过培训和激励机制，员工能够增强服务意识，提升专业技能，为客户提供更优质的服务。这种员工层面的改进直接反映在服务质量的提升上。

持续创新与改进：服务导向理论鼓励企业不断追求创新，以满足市场和客户的变化需求。这种创新不仅包括服务内容的创新，还包括服务流程、服务方式等方面的创新。通过持续创新和改进，企业能够不断提升服务质量，保持竞争优势。

品牌形象与口碑提升：优质的服务能够提升企业的品牌形象和口碑。当客户对企业的服务感到满意时，他们更可能向他人推荐该企业，从而为企业带来更多的潜在客户。这种口碑效应有助于企业扩大市场份额，提升市场地位。

提升客户忠诚度：通过提供个性化的服务体验，企业能够与客户建立长期、稳定的关系。这种关系的建立有助于提升客户忠诚度，使客户更愿意选择并持续使用企业的服务。忠诚客户的存在不仅为企业带来稳定的收入，还能为企业的发展提供有力支持。

综上所述，服务导向理论在服务质量提升方面具有显著优势。通过深度满足客户需求、增强员工服务意识、持续创新与改进、提升品牌形象与口碑、提升客户忠诚度等方式，企业能够不断提升服务质量，实现可持续发展。

5. 技能点拨

如何培养客户导向的服务意识？

培养客户导向的服务意识是一个系统而持续的过程，涉及组织文化、员工培训、激励机制等方面。以下是一些具体的策略和方法，可以帮助企业培养客户导向的服务意识。

（1）明确客户导向的服务理念。

首先，企业需要明确客户导向的服务理念，并将其作为企业文化的重要组成部分。这包括强调客户需求的重要性，将客户满意度作为衡量服务质量的关键指标，以及倡导员工积极、主动地为客户提供优质服务。

（2）加强员工培训和教育。

① 服务技能培训：为员工提供关于服务技巧、沟通技巧、解决问题能力等方面的培训，使他们能够更好地满足客户需求。

② 客户心理培训：了解客户的心理需求和行为特点，有助于员工更好地把握客户需求，提供更贴心的服务。

③ 案例分析和经验分享：通过分享成功和失败的服务案例，让员工从中学习并吸取教训，提升服务质量。

（3）建立有效的激励机制。

通过设立奖励制度，对表现优秀的员工进行表彰和奖励，激发员工提供优质服务的积极性。同时，对于未能满足客户需求或服务质量不佳的员工，进行适当的提醒和辅导，帮助他们改进服务态度。

（4）建立客户反馈机制。

① 收集客户反馈：通过问卷调查、客户访谈等方式，收集客户对服务的意见和建议，以便企业了解客户的需求和期望。

② 分析反馈数据：对收集到的反馈数据进行深入分析，找出服务中存在的问题和不足，为改进服务提供依据。

③ 及时反馈给员工：将客户反馈及时传达给员工，让他们了解自己在服务中的表现，以及需要改进的地方。

（5）优化服务流程。

对现有的服务流程进行梳理和优化，简化复杂的步骤，提高服务效率。同时，建立标准化的服务流程，确保每位员工都能按照统一的标准为客户提供服务。

（6）营造积极的服务氛围。

通过组织团队建设活动、分享会等方式，营造积极、向上的服务氛围，让员工感受到企业对优质服务的重视和支持。同时，鼓励员工之间互相学习、互相帮助，形成良好的团队协作氛围。

6. 企业实践

◆ 实践背景

王锡芳是胖东来百货三楼的一名普通保洁员，每天都可以看到她微笑着忙碌在自己的岗位上。这让我不禁想起前几天我去洗手间时，看到一位大爷扶着一位大娘走过来，锡芳姐看到后赶快上前搀扶住，笑着说："来了。"然后很自然地扶着大娘进了洗手间，帮她把裤子脱掉，等方便后，锡芳姐又像女儿一样帮她擦了屁股，穿好裤子，然后将大娘扶出来交给那位在外面等候的大爷。

"锡芳姐，她是你母亲吗？"她笑着说："不是。""那一定是你家亲戚了？""也不是"锡芳姐笑了笑。"那你为什么对她那么好？"锡芳姐这才不好意思地告诉我：他们是一对老顾客，时常到我们商场来逛逛。儿女们都在外地工作，不在身边，大娘得了偏瘫，行动很不方便。他们每次来的时候，锡芳姐都会毫不犹豫地帮助他们。每次大娘都很不好意思，但每次锡芳姐都会笑着说安慰大娘说："没事，你就把我当成自己的女儿一样。"

王锡芳的话很普通，也很真实，引得周围的人都向她投来敬佩的眼光，这眼光中不仅有敬佩，还让我们看到了一个充满爱心的天使，她用爱心温暖着这对老人，同时也温暖着身边的每一个人。

◆ **实践任务**

（1）分组与角色扮演。学生分成若干小组，每组选择一位成员扮演"王锡芳"，其他成员分别扮演顾客、同事等角色。

（2）情境模拟。设计不同的服务场景，如商场、医院、车站等公共场所，模拟遇到需要帮助的顾客（如老年人、残疾人、孕妇等）时的情景。

（3）实践服务行为。扮演"王锡芳"的学生需主动上前询问顾客需求，提供必要的帮助和服务，如搀扶、指引、解答疑问等。其他成员则负责观察并记录服务过程中的表现。

（4）反思与分享。任务完成后，每个小组进行反思和分享。讨论在服务过程中遇到的困难、收获的经验及如何更好地实践客户导向的服务意识。

◆ **实践指南**

胖东来作为一家知名零售企业，一直以来都注重培养客户导向的服务意识。以下是一些案例，可供参考。

（1）个性化服务体验：胖东来的每位员工都接受了深入的客户服务培训，他们能够根据客户的购物习惯、喜好和需求，提供个性化的推荐和服务。例如，当客户在商场内徘徊时，员工会主动上前询问是否需要帮助，并根据客户的回答提供相应的商品推荐或购物指导。这种个性化的服务让客户感受到被重视和关心，从而提升了客户满意度。

（2）快速响应客户需求：胖东来建立了高效的客户服务体系，确保员工能够迅速响应客户的需求和问题。无论是商品咨询、退换货还是售后服务，员工都能够及时、准确地为客户提供解决方案。这种快速响应的服务态度让客户感受到企业的专业和诚信，增强了客户对企业的信任感。

（3）持续收集客户反馈：胖东来非常重视客户的反馈意见，通过设立客户意见箱、开展客户满意度调查等方式，积极收集客户对服务的评价和建议。同时，企业还会定期对收集到的反馈进行分析和总结，找出服务中存在的问题和不足，并制定改进措施。这种持续改进的服务态度让客户感受到企业的用心和负责，进一步提升了客户满意度。

（4）员工激励与认可：胖东来建立了完善的员工激励和认可机制，对于在服务中表现优秀的员工进行表彰和奖励。这不仅激发了员工提供优质服务的积极性，也让他们更加认同和践行客户导向的服务理念。同时，企业还鼓励员工之间互相学习、分享服务经验，形成了良好的服务氛围。

◀ **思政园地：疫情时期各行各业的服务担当与客户关怀** ▶

● 医疗行业：医护人员不顾自身安危，奋战在抗疫一线，全力救治患者，体现了极高的专业服务意识和对生命的尊重。医院开通线上问诊等服务，方便患者就医，减少交叉感染风险。

● 公共服务行业：政府部门及时发布疫情信息和防控政策，为公众答疑解惑。社区工作者积极为居民提供生活帮助和服务。

● 物流行业：确保物资运输畅通，及时将防疫物资和生活必需品配送到各地，以满足客户需求，为客户提供无接触配送等安全服务方式。

● 教育行业：迅速开展线上教学，保障学生"停课不停学"，为学生和家长提供持续的教育服务。教师们积极适应新教学模式，关注学生心理健康和学习效果。

● 互联网行业：各类线上平台提供丰富的内容和服务，如视频会议软件助力远程办公，在线娱乐丰富居家生活。

四、修炼巩固

案例题一

武志红老师在他的视频中分享了这样一个故事：

多年前，他去广州的电脑城买笔记本电脑时，接待他的一个女孩非常热情。闲聊中，武志红老师问她有什么梦想。女孩认真地说，她希望三年后能在电脑城里拥有一家自己的店铺。

听完女孩的梦想后，武志红老师告诉她，她的愿望一定会实现。女孩感到诧异，认为自己连高中都没读完，也没什么钱，怎么可能在三年后拥有自己的店铺呢？

武志红老师的分析是：看看你周围的同事，他们与你有着明显的不同。你做事积极主动，充满热情，而很多人觉得这样的工作无聊、没有价值、低级，因此不愿意投入热情和心血。这种心态在很多人身上都能看到——好高骛远，眼高手低，这正是让一个人停止成长甚至安于现状的原因。

事实上，人生就是一个不断重复的过程。有些人明白了这个道理，放下自恋和高傲，学会蛰伏并持续深耕。因为他们知道，总有一天这些积累会迸发出惊人的能量。

问题：结合本项目的知识，你认为女孩的愿望能成功吗？为什么？你从本案例中得到了哪些启发？

案例题二

美国心理学家塞利格曼曾做过一个实验，他把狗关在笼子里，每当蜂音器响起，狗就会遭受电击，而笼子锁着，狗无法逃脱。经过多次实验后，即使在蜂音器响前打开笼门，狗也不会尝试逃跑，而是直接倒地呻吟和颤抖。

同样地，一个被客户连续拒绝 10 次的销售人员，很可能不会对第 11 个拒绝他的客户进行第二次挽留，因为他的心态已经崩塌，这就是"塞利格曼效应"。实际上，第 11 个客户可能只是习惯性拒绝，销售人员只需稍加努力就可能重新获得沟通机会。

面对相同的处境，不同心态的销售人员看法和处理方式截然不同，产生的结果也天壤之别。

问题：你从本案例中得到了哪些启发？

案例题三

在中国乳业竞争激烈的背景下，蒙牛创始人牛根生凭借独到的商业洞察力和卓越的战略规划，巧妙应用目标导向理论，实现了蒙牛的快速崛起。他深知，在资金有限的情况下，传统的建厂、进设备、生产产品、再做广告促销的经营模式难以奏效。因此，他提出了"先建市场再建工厂"的逆向经营思路，将有限的资金用于市场推广，然后通过合作方式将全国的工厂变成自己的加工车间。

牛根生的目标导向思维体现在他对品牌建设的深刻理解上。他认识到，品牌的建立是企业成功的关键。因此，他借助伊利这一大品牌的知名度，打出了"蒙牛乳业向伊利学习，创内蒙古乳业第二品牌"的广告语。这一策略不仅巧妙利用了伊利的品牌效应，提升了蒙牛的品牌形象，还通过与伊利形成利益共同体，规避了潜在的市场风险。

在品牌建设的基础上，牛根生进一步运用目标导向理论，以市场需求为导向，与中国营养学会联合开发新产品。他明白，只有满足消费者需求的产品才能赢得市场。因此，他通过与乳品厂合作，采用托管、承包、租赁、委托生产等形式，迅速将新产品推向市场。这种合作模式不仅降低了蒙牛的生产成本，还通过资源共享和互惠互利，实现了共赢。

在合作过程中，牛根生始终坚持目标导向，对合作伙伴的选择和管理有着明确的底线。他只对设备及人员进行使用和支配，不做资产转移，确保合作关系的稳定性和可持续性。这种"虚拟联合"的合作模式，使蒙牛能够灵活利用外部资源，快速响应市场变化，实现企业的快速发展。

牛根生巧妙应用目标导向理论，通过逆向经营、品牌建设、新产品开发和合作共赢等策略，成功地将蒙牛乳业打造成为中国乳业的领军企业。他的成功经验对于其他企业在市场竞争中寻求突破和发展具有重要的启示和借鉴意义。

问题：牛根生是如何确保企业目标与市场需求保持高度一致，并通过合作与资源整合来实现这些目标的？本案例为你带来了哪些启示？

案例题四

客服经理：您好，我是××公司的客服经理，很高兴能为您服务。听说您对我们的一款产品有些疑问，可以告诉我具体是哪方面的问题吗？

客户：是的，我对你们的新款智能手机很感兴趣，但是有一些功能我不太明白，比如那个 AI 语音助手，它能做些什么呢？

客服经理：非常感谢您的提问。我们的 AI 语音助手功能十分强大，它不仅可以实现语音拨号、发送短信，还可以查询天气、设置提醒等，而且它还在不断学习优化，能够更准确地理解您的需求。

客户：听起来很不错，但是我担心它的识别率不高，导致使用起来不方便。

客服经理：您的担心很正常，我们也很重视这个问题。我们的 AI 语音助手采用了先进的语音识别技术，并且在各种场景下都进行了大量测试和优化，以确保它的识别率尽可能高。当然，不同的口音和语速可能会对识别率产生一定影响，但总体来说，它的表现是非常出色的。

客户：那它的电池续航怎么样？我不想频繁充电。

客服经理：您放心，我们的新款智能手机在电池续航方面也有很好的表现。它采用了大容量电池，并且配合智能节电技术，能够确保您在日常使用中拥有更长的续航时间。当然，如果您需要长时间使用某些高耗电功能，如玩游戏或者拍视频，还是建议您及时充电，以免影响使用体验。

客户：好的，听起来这款手机还不错。我还想了解一下，你们有没有什么优惠活动或者赠品？

客服经理：非常感谢您的关注。目前我们正在开展一些促销活动，比如购买新款智能手机可以享受一定的折扣，并且还会赠送一些实用的配件。如果您感兴趣的话，我可以为您详细介绍一下。

客户：好的，那你给我介绍一下具体的优惠内容吧。

客服经理：当然，我们的优惠活动包括直降××元，并且还会赠送价值××元的原装手机壳和耳机。此外，如果您是我们的会员，还可以享受更多的优惠和专属服务。这些优惠活动都非常实惠，如果您对这款手机感兴趣的话，不妨考虑一下。

客户：听起来真的很不错，我决定购买了。

客服经理：非常高兴能够帮助您完成选购，如果您在使用过程中遇到任何问题，欢迎随时联系我们的客服团队，我们将竭诚为您服务。祝您使用愉快！

问题：根据上述案例，总结客服经理与客户沟通的原则和技巧。

实践题

老师准备几个典型的客户需求场景，包括产品咨询、问题解决、售后服务等。同学分组，每组3~4人，并分配不同的角色（如销售代表、客户服务专员等）。

（1）每组选择一个场景，模拟客户与销售代表/客户服务专员的沟通过程。

（2）同学们需要主动询问客户需求，倾听客户的问题和疑虑，并尝试理解客户的真实意图。

（3）同学们需要根据客户的需求和问题，给出相应的解决方案或建议，并准确传达给客户。

（4）在沟通过程中，同学们需要学会适时地给予反馈，确认客户是否理解并满意自己的回答。

（5）沟通结束后，同学们需要总结沟通中的亮点和不足，并提出改进措施。

在任务执行过程中，要求同学们学会倾听客户的需求，理解客户的真实意图，并给出准确的解决方案或建议。

形象礼仪修炼

心理学中有一个概念叫作"首因效应"。首因效应也叫首次效应、优先效应或第一印象效应，指交往双方形成的第一次印象对今后交往关系的影响。首因效应主要是根据年龄、性别、体态动作、神态表情、衣着打扮、言谈举止等判断一个人的内在素养和审美情趣。个人形象就是人的内在素养和审美情趣的完美结合，包含仪容、着装和仪态。在交往过程中，尤其是在初次交往时，一定要展现良好的个人形象，其会成为双方后续商务交流合作的助推器。

交往礼仪的培养对于构建个人形象至关重要，它要求我们在工作和社交场合中表现出适宜的行为和尊重他人的姿态，以及具备高效的交流能力。无论是在商务讨论中的适时发言，还是在社交聚会中的适宜表现，都能展示个人的礼仪素养。通过持续学习和实际操作，我们可以在职场上塑造出一个专业、友好、值得信赖的形象，使自己在众多竞争者中突出。

项目 1　个人形象修炼

👥 一、修炼目标

知识目标

◆ 熟悉个人商务形象的概念和内涵。
◆ 掌握首因效应在商务场景下的应用意义。
◆ 理解 73855 定律。
◆ 掌握着装礼仪的 TPO 原则。

能力目标

◆ 能够关注并设计良好的个人商务形象。
◆ 增强自我管理和自我提升能力，以持续改进个人形象和提升职业素养。
◆ 能够在商务活动中灵活运用 TPO 原则践行着装礼仪。

素养目标

◆ 提升审美修养和塑造自我的能力。
◆ 内外兼修，培养良好的职业素养，弘扬社会主义核心价值观。
◆ 强化服务社会、奉献社会的意识，塑造积极向上的社会形象。

👥 二、修炼情境

　　小王就读广东财贸职业学院商务英语专业，寒窗苦读数十载终于迎来毕业季，不再需要家里资助，为家里减轻了经济压力，她的心情无比喜悦。同时，她清楚地知道该专业面向的是服务双区建设的外语类职群，具体就业方向包括外贸业务员、单证员、跟单员、跨境电子商务平台客服和运营人员、商务助理、行政助理、企业商务翻译等。

　　一直在象牙塔中刻苦学习的小王，由于学业繁忙，不太在意自己的日常装扮，常常素面朝天，喜欢穿卡通 T 恤、休闲裤、运动鞋，用她自己的话来说"怎么舒服就怎么来"。现在，有一家进出口贸易公司看了小王的求职简历后很满意她的专业能力，想邀请小王下周三到公司进行面试。

　　鲜有职场经验的小王急需了解：怎样的面试妆容是自然得体的？怎样的仪态才既能体现个人的专业度又不做作？怎样的服装搭配是端庄大方的？如何塑造合适的个人商务形

象，在众多求职者中脱颖而出？

三、修炼内容

（一）仪容礼仪

1. 工作任务

将全班同学按性别、性格、能力互补情况，每 5～6 人组成一个团队（小组），分别回答以下问题，时间为 6 分钟。

（1）你平常注重自己的仪容吗？在什么场合下会特别注重自己的仪容？

（2）你了解你的发质吗？是否有脱发的烦恼？

（3）你喜欢你现在的发型吗？为什么？

（4）你平常化妆吗？为什么？

（5）你喜欢哪种妆容？有什么特点？

2. 解决方案

通过回答以上问题，各团队讨论总结启发和感悟，在学习通、雨课堂、钉钉、智慧职教等平台上上传团队讨论结果，要求总结简洁明了，时间为 8 分钟。

3. 教师点灯

◀ **评价要点参考** ▶

- 仪容是商务交往中最先被人观察的一点，所以必须展现积极健康的仪容。
- 头发可分为干性、混油和油性 3 类。不管一个人是何种发质，头发必须整洁干净。
- 发型要与脸型、服装造型、身材、身份、年龄等匹配才能产生良好的效果。
- 化妆是仪容修饰的重要手段，能够突出自身优势和长处，创造美感，增强自信心。

4. 理论指导

仪容是指人体不需要着装部位的外貌，主要是指人的容貌。广义的仪容还包括头发、手部及着装后暴露在外的腿部和脚部。

1）仪容细节

（1）头发指生长在头部的毛发。由于种族和地区的不同，头发有乌黑、红棕、金黄、红褐、淡黄、灰白，并且随着年龄的增长，发色也会随之改变。不管一个人拥有何种发色及发质，整洁干净是商务情境下对一个人头发状况最基本的要求。

> **小提示**：拥有一头健康的、顺滑的头发是护发的根本，自信也由此产生。

日常生活中我们怎样护发呢？首先，在每次洗发前梳头，将打结的部分解开，这有利于初步清理头发。洗发的时候采用指腹而非指甲轻轻按摩头皮，不可用指甲用力抓挠头皮，以免伤害头皮和发根。洗发完毕后，采用毛巾挤压而非摩擦方式吸干头发上的水分。

使用吹风机的时候，尽量缩短用时，吹到八九成干即可，并且吹风机要与头皮保持一定距离，以免温度过高损伤头发。

（2）容貌是指一个人的外貌或相貌，包括面部特征、体型、肤色等方面。一个人的容貌可以反映出他的气质和个性特点。虽然每个人的体型和肤色都不相同，但是五官、牙齿必须保持清洁。早晚清洗面部，特别要注意清耳后、脖颈等较为隐蔽处。尤其要注意眼部、鼻腔和耳部分泌物，应定期检查和清理。同时也要注意口腔卫生，养成勤刷牙、勤漱口的习惯，避免存在食物残渣和口腔异味，定期检查口腔健康。工作前不吃带有异味的食物，如大蒜、韭菜、大葱、洋葱。另外，还要保持手部干净，指甲修剪得当，不蓄长指甲，不使用过于夸张的美甲或颜色醒目的指甲油。

2）仪容修饰

（1）发型是头发的整体造型。女性发型选择建议及理由如表 3-1-1 所示。

表 3-1-1　女性发型选择建议及理由

主要脸型	女性发型选择建议及理由
圆脸型	适合中分长发、层次感短发和蓬松卷发。这些发型可以拉长脸部线条，增加立体感。避免选择过于贴合脸部的直发和齐刘海
方脸型	适合波浪卷发、空气感短发和斜刘海。这些发型可以柔化脸部线条，使脸部看起来更加柔和
长脸型	适合齐刘海、蓬松卷发和层次感中长发。这些发型可从视觉上缩短脸部长度，平衡脸部比例。避免选择过高的发髻和紧贴头皮的直发
菱形脸型	适合轻盈短发、蓬松卷发、齐刘海（或斜刘海）。这些发型可以平衡额头和下巴的宽度，增加整体协调性。避免选择过于贴合头皮的直发和过于厚重的发型
心形脸型	适合齐刘海或斜刘海。刘海可以遮盖较宽的额头，突出下巴
椭圆脸型	几乎所有发型都适合，可着重增强端庄的美感

（2）化妆是指运用化妆品和工具，采取合乎规则的步骤和技巧，对人体的面部及其他部位进行渲染、描画、整理，增强立体感，调整形色，掩饰缺陷，表现神采，从而达到美化视觉感受的目的。俗话说"三分长相，七分打扮"，化妆不是简单地涂抹胭脂水粉，更不是不分场合的浓妆艳抹。化妆能够突出自身优势和长处，创造美感，增强自信心。化妆对于商务人士来说不仅是对仪容的修饰和美化，体现出个人的审美情趣，更是一种工作态度和生活态度，是对交往的人表达礼貌和尊重的方式之一。天生丽质固然美好，但化妆更体现人的智慧。如表 3-1-2 所示为面部化妆的一般步骤及技巧。

表 3-1-2　面部化妆的一般步骤及技巧

步骤	面部化妆技巧
基础护肤	每天早晚温水洁面，不使用有刺激性的洗面产品，特别是皮肤敏感的人；每日补充足够的水分，清淡饮食，充足睡眠，规律运动。定期清洗化妆工具，如化妆棉、化妆刷
妆前准备	为了避免起皮或浮粉，确保底妆与皮肤紧密结合，可以在妆前使用保湿面霜，特别是在容易干燥的部位，如对眼下和嘴角进行特别保湿，或者根据实际情况通过补水面膜给皮肤补水。然后使用妆前乳，以隔离空气中的粉尘和紫外线，保护皮肤，减少紫外线对皮肤的伤害。记得在涂抹防晒产品时，要顺着一个方向均匀抹开，并且不要忽略脖子部位
底妆	使用粉底产品（如粉底液、粉饼、气垫等）均匀涂抹面部。根据自己肤质选择粉底产品，如干性皮肤比较适合含水量较大的粉底液。如果面部有黑眼圈、雀斑等瑕疵，可以使用遮瑕产品进行局部遮盖。最后，用定妆粉或定妆喷雾进行定妆，让妆容更持久

（续表）

步骤	面部化妆技巧
眉妆	先找出眉头、眉峰、眉尾三个位置，然后根据个人脸型和眼距进行调整。使用眉笔或眉粉填充眉毛空隙，顺着眉毛生长方向轻描即可
眼妆	使用棕色眼线笔，内眼线用黑色，外眼线用棕色，可以打造出更有神的眼妆；避免使用过亮的眼影，可以选择大地色系眼影，避免红色系和珠光眼影
唇妆	选择与肤色相近的唇色，可以先用遮瑕产品提亮唇部，特别是唇两侧，打造出更干净的唇妆。商务场合的口红颜色应以婉约大气、端庄典雅为宜

5. 技能点拨

如何具备自然得体的仪容？

1）好形象应从头开始

（1）保持头发干净整洁，勤洗、勤梳、定期修剪。

（2）男性发型要求：前发不覆额、侧发不遮耳、后发不触领。通常不建议剃光头（因生理原因光头的情况除外）。

（3）女性可根据实际情况选择适合的发型。短发应注意固定碎发，中长发可自由披散或扎起，超过肩部的长发则建议束起或盘发。

（4）若考虑染发，则推荐选用自然色调，如棕色、深咖色或栗色等。

2）化妆的原则

（1）扬长避短。化妆的目的是突出自己的优点，并遮盖不足之处。

（2）自然真实。化妆时应追求自然的效果，避免过度修饰，使妆容看起来自然生动，不失真实感。

（3）认真负责。化妆应根据个人的面部特征、肤色、气质、时间、场合、年龄进行。

（4）整体协调。妆容应与个人的发型、服装、配饰协调一致，以达到整体协调。

3）商务场合化妆的禁忌

（1）化妆的浓淡要视时间、场合而定。

（2）不要在公共场所化妆，这可能会妨碍他人，可就近在卫生间、化妆间等具有一定私密性的空间进行。

（3）不要非议他人的妆容，显得个人没有涵养。若对方妆容有残缺或花了，则可私下提醒对方，以免造成尴尬的局面。

（4）不要借用他人的化妆品，既不卫生也不礼貌，尤其应避免借用口红。

（5）男士不要过分修眉或化妆，做到恰到好处、简单自然即可。

6. 企业实践

◆ 实践背景

小王毕业后就职于一家公司做外贸业务员。为适应工作需要，上班时，她放弃了"学生妆"，选择了干净、端庄、大气的"白领妆"：自然清透的粉底，精心修饰、恰到好处的眉形，以大地色打底的偏浅色的眼影，睫毛根部用灰棕色眼线笔描画，自然的睫毛上轻轻刷了一层睫毛膏，摩卡奶茶色的口红不会过于低调，但又不夸张，既大气又显得皮肤白暂。虽经精心修饰，但并无刻意化妆的痕迹，整个妆容看起来自然和协调，具有干练、端庄的气质。

假期和朋友聚会的时候，她给自己来了一个大变脸，化起了"小烟熏妆"：干净的底妆呈现完美、精致的肤感；卷翘的睫毛，灰色和黑色强化眼妆的色彩，为眼睛蒙上了迷离、朦胧、深邃、神秘的面纱。

看着美美的自己，小王每天心情都很好，因此工作效率高，一年来取得了很好的工作业绩，赢得了好评。

◆ 实践任务

以团队为单位，通过阅读以上案例材料，集体研讨以下问题：

（1）分析小王为什么能够取得好的工作业绩。

（2）"小烟熏妆"适合什么人？为什么？为什么日常生活适合化"小烟熏妆"？

◆ 实践指南

（1）良好的妆容可以展现一个人的精神面貌，凸显一个人的专业形象。职场上，精心打扮不仅是个人修养和内涵的外在表现，还可以给人一种自信优雅、稳重干练的印象，容易让自己在人群中脱颖而出。小王以自己得体的外在形象给身边的人留下了良好的印象，再通过她勤奋的工作态度，自然容易取得良好的业绩，受到欢迎。

（2）烟熏妆非常适合东方女性，根据"亮进暗退"的视觉现象，能够产生增加面部立体感的效果。烟熏妆对于眼形不好的人有很强的修正作用。小烟熏妆大多使用浅一些的眼影，看起来比传统烟熏妆要清新一些，营造出不过分夸张的眼妆效果。所以小烟熏妆更日常、更适合大众。现在很多人都喜欢化小烟熏妆出门、聚会。

（二）着装礼仪

1. 工作任务

将全班同学按性别、性格、能力互补情况，每5～6人组成一个团队，分别回答以下问题，时间为10分钟：

（1）在正式商务场合中，男士与女士的着装要求分别是什么？

（2）商务着装应注意哪些搭配问题？

2. 解决方案

通过回答以上问题，各团队讨论总结启发和感悟，在学习通、雨课堂、钉钉、智慧职教等平台上上传团队讨论结果，要求总结简洁明了，时间为8分钟。

3. 教师点灯

◀ 评价要点参考 ▶

- 女性商务着装要得体，避免个性化和生活化着装。
- 西装是男士商务着装最常见的选择，在一定的前提下可选择中山装或商务休闲装。

- 服装的色系款式不宜复杂，应注意与发型、妆饰、手袋、鞋匹配。
- 服装的搭配以达到整体形象的统一与和谐为最终目标。

4. 理论指导

TPO 原则是有关着装礼仪的基本原则之一。T、P、O 三个字母分别是时间、地点、场合这三个英文单词的首字母。T 表示时间，P 表示地点，O 表示场合。TPO 原则要求商务人士在选择服装、考虑具体款式时，兼顾时间、地点、场合，并应力求使自己的着装及其具体款式与着装的时间、地点、场合和谐、一致。

1）时间（Time）

从时间维度看，一年春、夏、秋、冬四季交替，一天 24 小时变化。不同的时间，着装的类别、式样、造型不同。白天工作时，要穿着正式，体现专业性；晚上睡觉时，衣服可以宽大、随意，体现舒适性。一年四季的着装也要根据季节变化，冬暖夏凉、春秋适宜。冬天要穿以保暖御寒、简单轻快为主的冬装，切忌着装过厚，显得臃肿不堪、形体欠佳。夏天要穿以简便凉爽、透气坚柔为主的夏装。此外，着装还应顺应时代的潮流和节奏，过分落伍或过分新奇都会令人侧目。

2）地点（Place）

从地点角度看，不同的地点着装的款式理当有所不同，切不可以不变而应万变。例如，穿泳装出现在海滨、浴场，人们司空见惯，但若穿它去上班、逛街，则非引起哗然不可。有些国家有特定的着装要求。若在这些国家着装不恰当，则会显得不尊重当地文化。因此，根据这一原则，着装有时候要"入乡随俗"，这样能避免给人不好的印象。

3）场合（Occasion）

从场合维度看，工作者应该根据自身工作特点穿着与场合氛围相协调的服装，有些公司严格要求工作期间穿着公司制服。在出席宴会、签字仪式或其他重要的商务活动时，穿着要讲究庄重、大方，表现出诚意或教养。参加晚宴的女士，可选择中国传统旗袍或西方长裙晚礼服，男士则以合体、质地好的西装为主。在一些国家，人们去歌剧院观看歌剧类的演出时，男士需着深色晚礼服，女士着装虽没有严格规定，但是也要端庄雅致，并以裙装为宜。

◀ 敲黑板：TPO 原则的实质 ▶

商务场合中，服装搭配的 TPO 实质上是让服饰与时间、地点及商务活动内容相符。若能按照此原则进行商务活动，便可给人一种端庄、大气、高雅的好印象。穿着职业服装不仅体现了对交往对象的尊重，也使着装者有一种职业的自豪感、责任感，是敬业乐业的表现。穿着职业服装的规范要求：整齐、清洁、挺括、大方。具体来说，服装必须合身，无污垢、油渍、异味，不起皱，款式简单，线条自然流畅，以展现一个人的专业形象。

5. 技能点拨

如何为男士和女士搭配商务着装？

1）男士商务着装

职场中，男士的着装体现了个人魅力、修养和职业素质。根据各行业着装要求的不同，大致可分为四类：商界、政界、娱乐界和体育界。娱乐界的服装选择区别于日常着装，追求时尚、个性且和谐的装扮；体育界的着装则体现各种体育项目的特点，通常包括专用运动服。商界与政界已形成相对成熟的着装礼仪标准。此外，随着互联网科技及人工智能产业的发展，这些领域也形成了独特的着装风格。无论何种职业，男士着装的选择都应遵循展现实力与专业性的原则。

展现实力的原则往往体现在男士所选服装的品牌上。根据自身的经济状况，男士可以选择能够反映自身实力的品牌服装。例如，在商界，高附加值的品牌服装可以体现出穿着者雄厚的经济实力。专业性的体现则在于对服装细节的关注。注重

小资料：男装最隆重的色彩为深蓝色，而非黑色。

服装细节，按照行业的规范进行搭配，确保着装与工作性质相匹配，是展示一个人专业水平的重要方面。下面列举几类男士常见的商务着装，以供参考。

（1）西装。

西装是世界多数国家商务和正式场合的首选男士着装。

根据版型的不同，西装可以分为多种类型，具体分类如表 3-1-3 所示。按照套装件数分类，西装也有不同的种类，如表 3-1-4 所示。

表 3-1-3　按照版型分类

分类	说明
欧版西装	欧版西装的基本轮廓呈倒梯形，特点是肩宽、收腰，并且通常采用双排扣设计。这种风格与欧洲男性普遍较高大魁梧的身材相吻合，尤其在意大利和法国非常流行。然而，选择欧版西装时需谨慎，因为其设计对于肩部较窄的人来说可能不太合适
英版西装	英版西装的基本轮廓同样是倒梯形，可以视为欧版西装的一个变种。其特点是领子较为狭长，这与盎格鲁-撒克逊人较长的脸型相适应。英版西装通常采用单排三颗扣子的设计
美版西装	美版西装的基本轮廓特点是 O 型，宽松肥大，适合休闲场合穿着。因此，美版西装多为单件设计，通常强调舒适和随意的风格，这反映了美国人的特点。在商务场合中，选择此类西装时应慎重
日版西装	日版西装的基本轮廓呈 H 型，适合亚洲男性的身材特点，没有宽肩和细腰的设计。通常采用单排扣式设计，且衣后不开衩

表 3-1-4　按照套装件数分类

分类	说明
单件西装	单件西装也叫便装，即一件与裤子不配套的西装上衣，仅适用于非正式场合
二件套西装	二件套西装包含上衣与裤子。二者面料、色彩、款式一致，风格相互呼应
三件套西装	三件套西装包括上衣、裤子和背心。 传统观点认为，三件套西装比两件套西装更为正式。通常在参加高层次的对外活动时，可以选择穿着三件套西装

西装通常需要搭配领带、皮鞋、皮带、袜子及装饰等配件。在不同场合和季节，西装及其配饰有不同的搭配规则。在现代社会，掌握正统西装的穿着知识和色彩搭配技巧，已成为衡量一个人是否具备成功人士素质的标准之一。能够出色地驾

小资料：女性西装三件套为上衣、裙子或裤子、背心。

驭西装的搭配技巧，不仅有助于提升个人的文化品位，还有助于迈向成功。

◀ **敲黑板：西装搭配要点** ▶

- 穿双排扣西装时，一般应将所有纽扣都扣上。
- 穿单排扣西装时，如果是两粒扣的，只扣上面的一粒；三粒扣的，则扣中间的一粒或上面的两粒。
- 在非正式场合，可以不扣纽扣。
- 正式交际场合中，衬衫的颜色以白色为佳。
- 衬衫袖应比西装袖长出 1～2 厘米，并确保袖口扣上。
- 衬衫领应高出西装领约 1 厘米。
- 领带长度宜达到皮带扣处。
- 穿马甲或毛衣时，领带应放在它们后面。
- 若使用领带夹，一般夹在衬衫的第四和第五个纽扣之间。
- 庄重的西装应搭配深褐色或黑色的皮鞋。
- 袜子颜色最好为黑色或其他深色，且袜子要足够长，避免坐下时露出腿部皮肤。

（2）中山装。

中山装是以孙中山先生命名的一种服装。孙中山认为："西服虽好，但不适合我国人民的生活，正式场合会见外宾有损国体。传统服饰形式陈旧，又与封建体制不易区分。"因此，他产生了设计新制服的动力。相传，孙中山在日本居住期间，观察到日本学生的服装方便、大方、简朴，便在此基础上结合中国国情进行改良，设计出了一种立翻领、有袋盖的四贴袋服装。

1929 年 4 月，中山装被公布为法定制服。这种服装不仅穿着舒适、挺括，而且便于活动。因此，20 世纪 50 年代以后，中山装成为正式服装。20 世纪 80 年代以后，尽管中山装在民间逐渐被人们遗忘，但仍出现在各种重大活动中。中山装的流行代表服装平等化观念的出现，是中国服装发展史上的一场革命。其设计均衡对称，外形美观大方，穿着高雅稳重，给人增添一份儒雅之气。它不仅承载着中华文化，还象征着华夏礼仪积淀出的庄重和竹子般挺拔的精神风貌。虽然中山装曾一度被认为是"国服"，但这一称号并未被正式采用。尽管如此，中山装仍然是中国文化的重要组成部分，代表一种文化、一种礼仪、一份民族自尊和自豪感。

与西装相比，中山装更加符合亚洲男士气质。穿着中山装参加外事活动、隆重典礼、商务活动是非常合适的选择。例如，张艺谋导演穿中山装尽显大气儒雅、沉稳庄重；易烊千玺穿中山装英俊挺拔、温润如玉。国际影星成龙总是以一身中山装出现在媒体和观众面前，无形中在国际舞台上推广了中山装文化；歌星刘德华经常穿着黑、白、灰三种颜色的中山装登台亮相，穿出了中山装的时尚感和时代感；体育明星姚明结婚时也选择了中山装，他的那套中山装可能是世界上尺码最大的一套……越来越多的社会名流、知名人士，以定制一套合身的中山装为时尚；2012 年，诺贝尔文学奖获得者、中国作家莫言身着中山装，在瑞典学院发表主题为"井故事的人"的文学演讲。不知不觉间，中山装早已与

"中国品位"联系在一起。

中山装最适合在正式场合穿着，如接待晚宴、颁奖典礼、新闻发布会、庆功酒会等。服装颜色可以选择灰色调，如黑色、烟灰色、深蓝色、灰绿色等。这些颜色会使穿着者显得格外庄重、沉稳。改良后的中山装色彩丰富，浅灰、浅蓝、驼色、白色、米黄色都可供选择，适合出席大型商务活动，既稳重大气又不失时尚。正式场合中，穿中山装站立时要扣上全部衣扣，包括领扣。切忌为一时舒适而敞开领口，以免显得不伦不类，失去风雅和严肃。如果脖子较粗或不喜欢被领扣约束，则可以选择领口较宽松的改良版中山装。就座之后，最好解开下面的一粒或两粒扣子，以防衣服扭曲走样。

在中山装的搭配方面，比起西装，中山装适宜搭配的饰品较为简单。不需要打领带或系领结，只需要穿一件白色立领衬衫即可。衬衫领子可以稍微外露，但不宜露出太多。下装应选择修身版型的裤子，面料和颜色宜与上装保持一致。中山装上衣的外侧胸袋仅供装饰，不要插入钢笔或挂眼镜。若需要存放钢笔、钱夹或名片夹等物品，则可以放在内侧的胸袋中。外侧下方的两个口袋原则上也不适合放东西，保持衣袋平整是中山装穿着的一大讲究。

（3）商务休闲装。

随着互联网计算机和人工智能产业的发展，生活节奏加快，工作压力增大，在商务场合中形成了一种新的着装风格——商务休闲装。与传统的西装相比，商务休闲装更加随意大方、有亲和力，适合上下班时穿着。

史蒂夫·乔布斯的标志性服装是黑色高领毛衣、牛仔裤和经典款运动鞋。ChatGPT创始人 Sam Altman 在出席一场峰会时，穿着一件简约的灰色圆领 T 恤，简洁的设计展现了他随性和真实的一面。这种低调的穿搭方式让人感到更加亲近和舒适。在同一场峰会上，比尔·盖茨穿着一件灰色的 Polo 衫，外罩一件薄款羊绒衫。这种叠穿方式让他的装扮更有层次感。灰色 Polo 衫与雾霾蓝羊绒衫的颜色搭配不仅舒适养眼，还给人一种时尚与精致的感觉。

商务休闲装的穿搭风格以舒适、简约为主，但这并不意味着忽视细节。相反，想要驾驭好商务休闲装，更应注重细节，并选择适合自己的款式和颜色，展现个性和品位。无论是纯棉 T 恤、Polo 衫，还是硬挺的衬衫，只要款式、质地、大小和裁剪合适，都能展现出个人的品味和风格。最重要的是，穿着此类服装时要展现个人的自信心和气质，因为服装只是个人形象的一部分，人们更关注的是你本人交流的内容和质量。

2）女士商务着装

在职场中，女性的着装选择比男性更加多样化。女士职业类服装主要是为了展示工作上的才华和责任感，在选择时应注意以下几点。

（1）以端庄、大方为原则。

女士职业类服装的风格既不应过于时髦，也不应过于保守。色彩过于鲜艳会产生刺目的感觉；款式过于暴露则会显得不端庄，容易陷入尴尬境地；而过于新潮的服装则可能与职场的严肃氛围不符。

（2）注重服装品质。

优良的服装品质有助于营造高雅的着装品位。女士职业类服装讲究做工精细、版型完美、剪裁合体、工艺精湛及面料优质，这些都将展现女性干练的职业形象。商务女士无论是穿套装还是其他服装，最重要的是得体。一方面，着装应与其年龄、体态、肤色、性格、职业和身份相协调；另一方面，要遵循 TPO（时间、地点、场合）着装原则，选择合适的服装。服装的色系和款式不宜复杂，应注意与发型、妆饰、手袋和鞋子相搭配，以达到整体形象的统一与和谐。

◀ **敲黑板：女性商务着装搭配要点** ▶

● **西装套裙**：选择与西装上衣成套的套裙，保持上下装的材质、纹路和款式相同。

● **套装颜色**：应选择柔和低饱和度的颜色，除经典的黑、白、灰外，还可以根据场合选择雾霾蓝、驼色、藏青色、灰褐色等，并注重整体穿搭的和谐性，避免颜色过于艳丽。

● **套裙长度**：年轻女性的套裙长度可在膝盖以上 1～3 厘米，避免过长或过短；中年女性的裙长可在膝盖以下约 3 厘米。

● **丝袜选择**：穿着西装套裙时，建议搭配肉色丝袜，其次是黑色透明丝袜。避免选择脚踝高度的丝袜，且所选丝袜不应带有网眼或图案，以免不符合职业女性身份。

● **鞋子选择**：在正式场合下，高跟鞋是不错的选择。建议选择鞋跟高度为三四厘米的高跟鞋，既能展现端庄气质，又比过高鞋跟更舒适耐穿。

● **鞋子颜色**：鞋子的颜色应与衣服下摆一致或略深一些，以避免头重脚轻的感觉，给人稳重的印象。

● **衬衫颜色**：衬衫颜色应与套装颜色相匹配，白色和米色是常见的选择。内衣需合身，且颜色不宜外露。

● **配饰选择**：围巾或丝巾的颜色应与套装一致，优先选择丝绸质地。手提包建议选择皮革材质，颜色优先考虑黑色、棕色或暗红色，避免带有明显的 Logo。丝巾颜色应包含套裙颜色，形成颜色呼应。

● **礼仪服装**：出席庆典、仪式时穿着的礼仪用服装应含蓄庄重，首选珍珠饰品。

6. 企业实践

◆ 实践背景

小王毕业后成为了一名专业翻译，就职于一家大型跨国公司。该公司员工遍布全球，包括美国洛杉矶硅谷、德国慕尼黑、荷兰阿姆斯特丹和挪威奥斯陆等地。下周，公司将举办一年一度的全年会议，公司的董事长和 CEO 将在会议上发表重要讲话。会议将面向全球分公司和各地办公室进行直播，并提供同声传译。

同声传译是指译员在不打断讲话者的情况下，不间断地将内容口译给听众的一种翻译方式。同声传译员通过专用设备提供即时翻译，通常由 2～3 名译员轮换进行。小王和她的译员搭档正在积极与会议组织部门配合，准备此次会议。届时，他们将坐在隔音的同传箱内，向全球各地传递公司领导人的发言。

◆ 实践任务

以团队为单位，通过阅读以上案例材料，集体研讨以下问题：

（1）对于小王和她的搭档来说，既然同传的工作是坐在同传箱内进行的，没有领导和其他同事在场，他们的着装是否还需要遵循 TPO 原则？可否随意搭配？为什么？

（2）通过分析，你得到哪些启发？

◆ 实践指南

（1）公司全员会议属于正式场合，具有严肃性和严谨性，气氛较为庄严。作为同传翻译人员，应当穿着正式、得体的服装。尽管听众看不见翻译人员的着装和表情，但整洁的外表和整齐的服饰不仅能增强翻译人员的自信心，还能体现对听众的尊重。这种尊重可以通过声音传递，使听众从声音中感受到真诚。因此，即使对方看不见译员，也应着装正式得体，以体现自身的专业性。

（2）在商务场合下，无论着装是否能被看到，得体的商务着装不仅体现了对他人的尊重，也是提升自我信心的一种手段。

（三）仪态礼仪

1. 工作任务

小王从小听长辈说"站有站相，坐有坐相""相由心生"等谚语或俗语。

（1）请解释"站有站相，坐有坐相"和"相由心生"。

（2）以上谚语或俗语和人的健康是否相关？具体有哪些相关点？

（3）以上谚语或俗语在商务场合下，对男士和女士的仪态要求是什么？

2. 解决方案

通过回答以上问题，各团队讨论总结启发和感悟，在学习通、雨课堂、钉钉、智慧职教等平台上上传团队讨论结果，要求总结简洁明了，时间为 12 分钟。

3. 教师点灯

◀ 评价要点参考 ▶

- "站有站相，坐有坐相"的意思是人站立和坐着时都要保持正确的姿势，也指人应检点自己的仪态。
- "相由心生"指的是人的外在相貌受内在心境的影响。
- "站有站相，坐有坐相"和"相由心生"都与个人健康息息相关。不正确的姿势不仅影响外表，还会给健康带来重大隐患。
- 当一个人无法保持正确站姿和坐姿时，习惯以放松随意的状态站立或坐卧，会逐渐改变脊椎的正常弯曲度，可能导致颈椎病、腰椎间盘突出等病变，对全身骨骼、肌肉和关节产生不利影响。
- 商务场合中，男士和女士无论是站姿、坐姿还是走姿，都应保持仪态端庄沉稳。

4. 理论指导

1）仪态

仪态是指人们身体所呈现出的各种姿态，包括举止动作、神态表情及静止状态下的体态。换句话说，仪态就是人们的举手投足，具体表现为站姿、坐姿、走姿等。不同国家、不同民族及不同的社会历史背景，对不同阶层和特殊群体的仪态都有不同的标准和要求。

2）73855 定律

73855 定律是由心理学教授艾伯特·麦拉宾（Albert Mehrabian）在 20 世纪 70 年代通过一系列研究得出的结论。该研究分析了口头和非口头信息的相对重要性，结果显示：在人们进行语言交流时，55%的信息通过视觉传达，如手势、表情、外表、装扮、肢体语言和仪态等；38%的信息通过听觉传达，如语调、声音的抑扬顿挫等；仅有 7%的信息来自纯粹的语言内容。由此可见，沟通时信息的全部表达可以表示为 7%的内容+38%的声音+55%的肢体语言。由此可见，仪态在信息传递过程中比听觉和语言内容本身更为重要。73855 定律如图 3-1-1 所示。

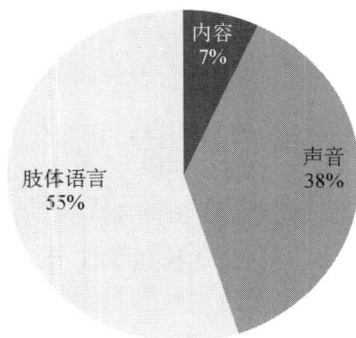

图 3-1-1　73855 定律

因此，仪态是商务人士的一张无形名片，体现在手势、表情、装扮和肢体语言中，折射出一个人的内在品质、文化修养和素质能力。良好的仪态有助于赢得他人的信任与喜爱。在商务交往过程中，我们应注重培养良好的肢体语言。

5. 技能点拨

如何培养适用于现代商务场合的仪态？

1）站姿

日常生活中，站姿是人们最常见的仪态。无论在何种社交场合，我们都需要站立。"站如松"意味着站立时要像青松一样挺拔、端庄，显示出一种自然美。《礼记·由礼》中提到："游毋倨，立毋跂，坐毋箕，寝毋伏。"意思是行走时不傲慢，站立时不歪斜，坐下时不叉腿，睡觉时不趴着。

在现代商务场合中，男士应站得稳健，女士应站得优美。标准站立姿势为，两脚脚跟靠拢，脚尖稍稍分开，两脚之间的夹角约为 45°～60°，身体重心放在双脚上；挺胸收腹，抬头挺胸，脖颈挺直，不要缩脖子。双眼平视前方，嘴唇轻轻闭合，面带微笑，下巴微微内收。正式场合中，手不应插在口袋里，也不要因疲惫而随意靠在桌椅上，更不要抖腿或抖手臂。

站立姿势应根据场合调整。例如，在与他人交流时，若双手无处安放，则可以将手放在背后交叉；向长辈鞠躬或同长辈握手时，双脚应并拢以示尊重。站立时四肢应尽量协调，并随时进行调整，确保姿态自然、轻松、优美。

◀ **敲黑板：站姿注意事项** ▶

- 站立时应保持端正直立，不要无精打采、耸肩勾背或东倒西歪。
- 不要倚靠在墙上或椅子上，在正式场合，不要将手插在裤带里或交叉在胸前。
- 不要抖腿、摇晃身体或东歪西靠，也不要挺肚子。
- 如果站立时间过久，则可以将双脚交替后撤一小步，将身体重心放在另一只脚上，但脚不可伸得太远，双腿不可叉开过大。变换姿势也不可过于频繁。
- 女士需要下蹲时，应挺直上身，双腿并拢屈膝下蹲。若穿着裙装，则可用一只手轻轻按压裙子；起身时应保持双腿并拢轻轻站起。
- 男士下蹲时应注意动作的优雅和干脆利落。

2）坐姿

"坐如钟"表示坐下时要像钟一样端正稳重。古人称之为"坐容"，西汉贾谊在《新书》中写道："坐以经立之容，肶不差而足不跌，视平衡曰经坐，微俯视尊者之膝曰共坐，仰首视不出寻常之内曰肃坐，废首低肘曰卑坐。"即身体挺直坐下，小腿不要一长一短，脚掌不要着地。两眼平视称为"经坐"，头微低注视对方膝盖为"恭坐"，低头视觉应在自身周边称为"肃坐"，垂头眼睛看地为"卑坐"。

在现代商务场合，端庄优美的坐姿给人以文雅稳重、自然大方的感觉。入座前应先轻轻将椅子往后撤出一点空间，以便能先站在座位前方，然后稳稳坐下。目光柔和平视前方，表情自然亲切，手可以轻轻搭在椅子扶手或桌子上。

一般来说，在正式社交场合落座后，男士要求双腿之间有一拳的距离，女士则应双腿并拢无空隙。两腿自然弯曲，两脚平落地面，不宜前伸。

◀ **敲黑板：坐姿注意事项** ▶

- 入座时应柔和轻缓，挪动椅子或起身时应注意不发出过大的响声。
- 坐姿的深浅应根据椅子高度和个人舒适度决定，通常不应坐满椅面的2/3以上。
- 在正式场合中，落座后不可跷二郎腿，更不可不停抖动。
- 女士穿着裙装入座时，应用一只手轻抚裙身，以防裙边翘起；入座后，应适当整理裙装。
- 落座交谈时，身体应适当前倾，以表达对交谈内容的兴趣。

3）走姿

"行如风"指的是走路时要像风一样轻盈。《释名》记载："缓行曰步，疾行曰趋，疾趋曰走。"可以看出，"趋"的步伐频率介于走和跑之间，是对对方尊敬的表现。如果自己在帐幕外，对方在帐幕内，彼此见不着，则不必趋。手里捧着贵重物品（如玉）时也不需要趋，以免不慎摔坏贵重物品。

在现代商务场合，走路时应保持端庄的姿态，双目向前平视，面带微笑，下巴微微内收。上身挺直，头正、挺胸收腹，重心稍前倾。手臂自然垂在身体两侧，肘关节略屈，以肩关节为轴前后摆动，前摆约 35°，后摆约 15°，前后摆动幅度为 30～40 厘米。

步度和步位决定走路姿势的美感。步度是指行走时两腿之间的距离。一般标准是，一脚踩出落地后，脚跟离未踩出一脚脚尖的距离恰好等于自己的脚长。身高超过 1.75 米的人步度约为一脚半长。步位是指脚落到地上时的位置，最好的步位是两只脚所踩的是一条直线而不是两条平行线。走路时腰要用力，保持韵律感，做到出步和落地时脚尖都正对前方，抬头挺胸，迈步向前。

◀ **敲黑板：走姿注意事项** ▶

● 走路时既不要低头也不能仰头。低头会给人不自信的感觉，而仰头则可能显得目中无人。
● 走路时应避免内八或外八的步态。
● 走路时不要东张西望或大幅度甩动手臂，这样会给人不稳重的感觉。
● 走路落脚时不要发出太大的声响。
● 多人同行时，不要排成横队走，以免影响他人通行。
● 不可双手插兜走路，这既不优雅也不安全。

6. 企业实践

◆ **实践背景**

有一天，Steven 代表公司与 B 公司的人签合同。不料到了 B 公司，那位签合同的负责人正在给组里的人开会，Steven 只好站在走廊里等对方散会。半个钟头后，Steven 发现会议还没结束，有些不耐烦了，他发现走廊里竟然连一把座椅都没有。于是，Steven 完全不顾及自己的形象，双手交叉抱于胸前，上半身倚靠在墙上。

然而，这一切被 B 公司负责人的助理看在眼里，其把这一幕告诉了自己的上司。负责人果断地回答："和我签合同的人是不会站没站相的，请他离开吧！"回去后，Steven 开始抱怨 B 公司。这时，老板走了进来，对 Steven 教训了一番，并告知刚才 B 公司打来电话说，以后不会再与一家不注重形象的公司合作了。

◆ **实践任务**

以团队为单位，通过阅读以上案例材料，集体研讨以下问题：

（1）请分析 Steven 的仪态问题。
（2）为什么 B 公司不愿意与 Steven 的公司合作了？

◆ **实践指南**

（1）Steven 双手抱拳，身体依靠在墙上，这种姿态正是"站没站相"的体现。

（2）仪态是商务人士的一张无形名片，代表一个人的品质修养、文化素养和专业能力。良好的仪态有助于赢得他人的信任和喜爱，助推事业更上一层楼。企业工作人员的仪态就是企业的品牌形象。虽然靠在墙边站着看似小事，但在任何公共场合，包括B公司的走廊，都应注意最基本的站姿细节。无论在什么场合，站立是最基本的商务礼仪之一。B公司从对方公司派出的人员连基本商务礼仪都不具备的细节，对其专业度产生怀疑，进而导致不信任。

◀ 思政园地：中华传统文化对仪态的理解 ▶

- 君子不失足于人，不失色于人，不失口于人。是故君子貌足畏也，色足惮也，言足信也。（摘自《礼记·表记》）
- 步从容，立端正，揖深圆，拜恭敬。勿践阈，勿跛倚，勿箕踞，勿摇髀。（摘自《弟子规》）
- 足容重，手容恭，目容端，口容止，声容静，头容直，气容肃，立容德，色容庄。（摘自《礼记·玉藻》）
- 离坐离立，毋往参焉；离立者，不出中间。（摘自《礼记·曲礼上》）
- 登席不由前，为躐席。（摘自《礼记·玉藻》）
- 虚坐尽后，食坐尽前。（摘自《礼记·曲礼上》）
- 固颐正视，平肩正背，臂如抱鼓。足闲二寸，端面摄缨。端股整足，体不摇肘，曰经立。因以微磬曰共立。因以磬折曰肃立。（摘自《容经》）
- 并坐不横肱。（摘自《礼记·曲礼上》）

👥 四、修炼巩固

理论分析题

请简述首因效应对个人塑造商务形象时的现实指导意义，并说明理由。

实践题一

根据TPO原则，以小组为单位进行男女社交服装及配饰混合搭配练习。

（1）进行自我诊断，每名组员都要对自己的服装及配饰进行分析，并且作为案例分享和讨论。

（2）进行互相诊断，同组成员以其他组成员的服装及配饰为案例进行分析。

（3）通过以上自我诊断和互相诊断的案例，各组总结共同的优点和存在的问题，并针对这些问题提出具体的改进意见和建议。

实践题二

请以小组为单位，利用课余时间拍摄商务男士与商务女士各类仪态的照片或视频，并根据所学的知识对所拍摄的内容进行分析，形成一份完整的团队商务形象仪态报告。

实践题三

毕业季，为了帮助同学们更快融入职场，广东财贸职业学院即将举办一场"最美职场人"的比赛活动。请以小组为单位，撰写一份调查分析报告，内容应包括对仪容、着装、仪态等与个人商务形象关系的系统性理解和分析。

项目 2　交往能力修炼

👥 一、修炼目标

知识目标

- ◆ 理解社交礼仪的概念、意义和原则。
- ◆ 熟悉常见的社交礼仪惯例和技巧。
- ◆ 理解商务礼仪的概念、意义和原则。
- ◆ 掌握常见的商务礼仪惯例和技巧。

能力目标

- ◆ 能够熟练运用各种社交礼仪技能应对日常社交场合。
- ◆ 增强情境分析和应变能力，灵活运用商务礼仪技能应对各类商务社交场合。
- ◆ 培养自我管理和自我提升能力，在交往中展现出良好的个人形象和职业素养。

素养目标

- ◆ 培养社会主义核心价值观，体现尊重、诚信和责任。
- ◆ 强化文化自信，提升民族自豪感。
- ◆ 增强国际视野和跨文化交流能力，促进对全球多元文化的理解和尊重。

👥 二、修炼情境

小王是广东财贸职业学院的学生会主席，专业是商务英语。由于出色的工作能力，她受到老师和同学的喜爱。例如，小王具备一定的领导力，能够有效地领导和激励团队，推动学生会成员朝着共同的目标前进，确保每个成员都能发挥自己的潜能。同时，因为工作需要，她经常与各种人群进行沟通，包括学生、教师、学校管理层及校外组织，能够清晰、准确地传达信息，并倾听他人的意见和需求。小王还擅长与团队成员合作，提高团队凝聚力。在面对分歧和冲突时，她能够采取公正和客观的态度，通过调解和协商找到解决问题的方法。在各种正式和非正式的社交场合中，她都能够展现出得体的礼仪和专业的形象，成为学生群体的典范。

还有半年时间小王即将从学校毕业，以下几个问题一直困扰着她。

（1）在学校所遵循的社交礼仪是否适用于商务场合？

（2）社交礼仪具体包含哪些方面的内容？

（3）商务礼仪通常有哪些特别需要注意的地方？例如，在商务场合中自我介绍、与人交流和问题处理时的注意事项。

（4）作为商务英语专业的学生，未来免不了要与外国客户接触，不了解国际商务礼仪可能会导致在跨文化交流中无意中冒犯他人，小王不知道自己的行为是否符合国际商务礼仪标准。

三、修炼内容

（一）社交礼仪

1. 工作任务

将全班同学按性别、性格、能力互补情况，每 5～6 人组成一个团队（小组），分别回答以下问题，时间为 6 分钟。

（1）在社交场合中，如何开始寒暄？

（2）如何正确地使用称呼？

（3）自我介绍时应该包含哪些信息？

（4）介绍他人时应注意哪些礼节？

（5）名片递送的正确方式是什么？

（6）在社交活动中，如何礼貌地结束对话？

（7）在社交场合中，如何避免过度占用他人时间？

（8）如何在社交活动中恰当地加入一个正在进行的对话？

（9）在社交场合中，如何处理不认识的人接近你？

2. 解决方案

通过回答以上问题，各团队讨论总结启发和感悟，在学习通、雨课堂、钉钉、智慧职教等平台上上传团队讨论结果，要求总结简洁明了，时间为 8 分钟。

3. 教师点灯

◁ 评价要点参考 ▷

● 寒暄可以从简单的问候开始，如"你好！"或"很高兴见到你！"。然后可以谈论天气、近期的事件或共同的兴趣，以建立友好的氛围。

● 称呼方式应根据对方的年龄、性别、职位或你们之间的关系选择合适的称呼。在不确定的情况下，"先生"或"女士"通常是安全的选择。

● 自我介绍应简洁明了，包括你的姓名、职业和与场合相关的背景信息。如果有共同的朋友或兴趣，则也可以提及。

● 介绍他人时，应先介绍较不熟悉的人给较熟悉的人。确保发音清晰，提供必要的背景信息，并在介绍完毕后微微点头示意。

● 用双手递送名片，确保名片上的姓名和重要信息面向接收者。在接收他人的名片时，也应使用双手，并给予适当的关注。

● 可以在对话自然停顿后礼貌地说："很高兴与你交谈，希望以后还能有机会聊天。"然后可以寻找其他宾客或参与其他活动。

● 若注意到对方不感兴趣或在寻找退出谈话的机会，则应礼貌地结束对话。

● 当想加入一个正在进行的对话时，等待对话中出现自然的停顿，礼貌地插入简短的自我介绍，然后提出与当前话题相关的问题或评论。

● 持开放和友好的态度，微笑地进行自我介绍。如果对方提出问题，给予礼貌的回答，并尝试找到共同话题。

4. 理论指导

1）社交

关于人性的问题，古希腊哲学家亚里士多德提出了三个重要论断：求知是所有人的本性；人是理性动物；人是政治动物。其中，"人是政治动物"指的是人类有与他人交往的需求，从而形成了家庭、社会和国家。这一认识从社会生活的角度朴素地阐释了人的社会属性，暗示了人类在社会中的互动和参与是人的基本特征。一个人从呱呱坠地到耄耋暮年，都离不开社会交往。

社会交往（简称社交）是指在社会上人与人之间的各种交际活动和往来。从交往的对象来看，社交可以分为个体交往和群体交往；从交往的方式来看，社交可以分为竞争、合作、协调、互利和聊天等行为。社交不仅有利于个体的成长，也是文化传播的重要手段。

2）社交礼仪

（1）社交礼仪的概念和意义。

社交礼仪是指在各种非商业性的社交场合中，为了维护个人和集体的形象，促进社交活动的顺利进行而遵循的行为规范。例如，礼貌地与他人打招呼、得体地自我介绍、真诚地赞美他人等。

社交礼仪有助于提升个人形象，增进社交效率，促进社会和谐。从个人角度看，社交礼仪能够帮助人们提高自身的修养，帮助个人顺利融入社会，更好地树立自身形象；从社会的角度看，社交礼仪可以帮助人们克服交往中的障碍，如腼腆、孤独、嫉妒、自卑、恐惧、狭隘、偏见等，给人增添信心和勇气，有助于现代信息社会的交流，促进社会和谐，进而增进不同文化之间的交流，最终推动人类文明的进步。

（2）社交礼仪的原则。

一是尊重原则。尊重是社交礼仪的本质。根据马斯洛需求层次理论，尊重属于高级的精神需求。在社会交往过程中，人人都有尊重他人和获得他人尊重的需求。力的作用是相互的，要想获得别人的尊重，首先就要尊重别人。当今社会，生活和工作节奏加快，无论是个人还是群体更追求效率，使得人们的言行更加简洁和直接。在这个分秒必争的年代，人们更加渴望得到他人的尊重和重视。因此，学习并按照社交礼仪的要求行动，容易使人获得被尊重的满足感，从而建立愉快、和谐的人际关系。马斯洛需求层次理论如图 3-2-1 所示。

图 3-2-1　马斯洛需求层次理论

二是平等原则。平等是使用社交礼仪的前提。人生而平等，没有高低贵贱之分，不受性别、身份、职业、职位、财富、种族、宗教信仰等因素的影响。每个人都有权表达自己的观点，不应受到任何形式的歧视或排斥。在社会交往过程中，每个人都应学会欣赏和尊重他人，做到平等对待。骄傲自大的态度容易让人显得庸俗肤浅、思想狭隘。这种人在其他人眼中是自负的井底之蛙，不知人外有人、山外有山。人们通常会敬而远之。在国际交往场合中，无论国家大小、贫富、强弱，各国代表人员应既不恃强凌弱，也不卑躬屈膝，平等对待发达国家和发展中国家，平等交流，互不干涉。

三是互惠原则。互惠是社交礼仪的结果。人与人之间的交往是一种信息的传递和交流，信息在需要的人之间流动起来，通过恰当的社交行为，人们可以获得自己想要的信息。"赠人玫瑰，手留余香。"深谙社交礼仪的人常常主动帮助别人，表面上看似没有收获，但实际上，通过帮助他人积累的"好印象"可能在关键时刻帮到自己。因为接受帮助的那一方通常会有亏欠感，始终想着有机会回馈。

5. 技能点拨

有哪些常见的社交礼仪场景？初次与他人交往时，如何展现个人的社交礼仪涵养？

1）寒暄

寒暄是向他人问好，是对对方表示热情和友好的方式，是人际交往中不可或缺的环节。为了使寒暄得体有效，需注意以下几点。

（1）称呼。

首先，选择恰当的称呼方式至关重要。问候时要遵循礼貌原则，避免使用"喂""哎""那个谁"等不礼貌的方式。称呼方式分类如表 3-2-1 所示。

表 3-2-1　称呼方式分类

分类	称呼	应用场合
泛称	先生、女士、阁下、你、您等	不清楚对方身份时可用
职称称呼	教授、将军、伯爵、神父等	适用于十分正式的场合

（续表）

分类	称呼	应用场合
职务称呼	校长、院长、书记、经理、主任、董事长等	最常见的称呼
职业称呼	教师、记者、医生、律师、教练等	对从事特定行业人员的称呼
姓名称呼	小张，老李、大周、婷婷、楚楚等	熟人之间的称呼
亲戚关系称呼	父亲、母亲、哥哥、姐姐、伯父、婶婶、姨等	含直系血亲和旁系血亲

初次见面时，应根据场合选择合适的称呼。

① 在工作场合中，下属对上级汇报时应使用职务称呼或职称称呼，如"王经理""高主任"。

② 不确定对方姓名时，可以称对方为"老师"，尤其适用于文学界、艺术界、演艺界或媒体人士。

③ 熟悉的同事或朋友之间，可以在姓氏前加"老""小"，如"老张""小李"，这种称呼带有亲昵感。

（2）常见问候语。

恰当的问候语能够展现出一个人的礼貌和尊重，同时也能够促进人与人之间的良好交流。以下是一些常用的中文问候语，适用于不同的社交场合与时机。

第一，"你好""您好""你们好""大家好"等是在任何时间、任何场合都适用的问候语，"您"字更正式和礼貌，通常用在长辈、上级或者非熟人之间；"早上好""中午好""下午好""晚上好"是对应一天中不同时间段的问候语，也是最基本的问候语之一。

第二，初次与他人见面，礼貌询问他人姓氏时，可以使用"请问您贵姓"，也可以使用"请问您怎么称呼""您的名字是""请问您的尊姓大名"等表达方式。如果对方是女性，则可以用"请问您的芳名"这样的表达。如果对方没有主动提供姓名，或在询问时显得犹豫，则应尊重对方的隐私，不要强迫对方回答。

第三，在双方互换姓名后，为表示对对方的尊重和友好，可以用"很高兴认识您"这样的问候语。类似的表达还有"幸会"，这是一个非常正式且礼貌的表达方式，意味着很荣幸能够遇见对方。其他表达如"久仰大名""认识您真是我的荣幸""我一直很期待与您见面"等，可以根据实际交流中对方的反应和场合的氛围灵活运用。

第四，在日常生活和工作中，为了表示对交往对象的关心，可以使用"最近怎么样""最近还好吗""工作忙不忙""家人都还好吗""生活/工作还顺利吗""你的气色看起来很不错，有什么好事发生吗"等问候语。"最近怎么样"的用法最为常见，适用于各种社交场合；"最近还好吗"适用于与熟人或朋友之间的交流，关注对方的个人感受；如果知道对方最近在生活、工作方面发生了变动或即将迎来新的挑战，可以使用"生活/工作还顺利吗"这个问候语，以表达对对方生活工作情况的关注。以上问候语可以根据不同的场合和关系亲密度来选择使用。

第五，与他人告别时，恰当的告别用语能够给双方的交流画上一个完美的句号。常见的告别用语有"再见""再会"，适用于大部分情况，"再会"更正式，可用于正式场合。"一路顺风"用于对方旅行或远行时，"保持联系""有空常联系""后会有期"等表示希望继续保持联系，"保重""多多保重"适用于特别关心对方安全或健康的告别场合。因此，应根据不同的场合、不同的告别对象选择合适的告别语，这样才能正确传递真诚的情感。

另外，在一些特别的节日中，也应根据不同国家和地区的文化习俗，选择得体的问候语。若不确定问候语是否符合当地文化和规范，则应事先做好功课，避免因为问候内容、问候时机等不当原因而造成误解，贻笑大方。

在中华传统里，礼节与敬意占据着核心地位。因此，与他人沟通时，挑选恰当的问候语显得尤为重要。相信借助这些得体的问候语，不仅能够展现出你对交往对象的尊重、敬意与牵挂，还能展现个人礼仪素养，有助于形成融洽的人际关系，为后续双方的顺利交流奠定坚实的基础。

2）介绍

（1）自我介绍与介绍他人。

介绍是一种将人或物呈现给他人，使他人了解这个人或物的社交行为。这里我们介绍两种常见场合中的自我介绍和介绍他人的技巧。

自我介绍就是介绍自己，帮助他人快速了解自己的基本信息、背景和意图等。一个有效的自我介绍应该是简洁明了、内容适当且具有吸引力的。社交场合的自我介绍通常比较轻松，可以包含个人兴趣、生活态度等内容，可以先介绍自己的姓名、家乡、学习背景等基本信息，然后分享自己的爱好和兴趣点，帮助对话双方找到共同话题。在恰当的时候展现自己的个性特点可以帮助加深印象。

商务场合的自我介绍应注重专业性和职业背景，以便后续建立商业联系和合作机会。同样，可以先介绍自己的姓名、职位、工作经历等基本信息；然后简要介绍自己在岗位或专业领域取得的成就或专长，帮助他人更好地了解自己的背景和能力；接着说明参与活动、集会的目的和期望，如希望结识新朋友、学习新知识、寻求合作机会等；最后，以"很高兴认识大家""期待与大家的交流合作"结束对话。

> **敲黑板：自我介绍注意事项**
>
> ● 自我介绍应避免长篇大论，通常应控制在 1 分钟内。
> ● 微笑可以给人留下良好的第一印象，适当的眼神交流能够展现诚意和自信。
> ● 除非听众是某一领域的专业人员，否则应避免使用晦涩难懂的专业术语。确保语速适中，发音清晰，让听众容易理解。
> ● 不要因为紧张不自觉地做多余的手势或摆弄衣服或物品。保持自然、放松的姿态。
> ● 根据不同场合和听众的特点，自我介绍的内容和风格应适当调整，以达到最佳的社交效果。
> ● 准备好自我介绍后，可以通过对着镜子练习，帮助自己在实际场合中表现得更加流畅自然。

除自我介绍外，在很多场合下还需要作为中间人向第三方介绍他人的情况。这时也应讲究一些基本规范，以建立新的联系、促进沟通。首先，要注意使用恰当的称呼，以显示对被介绍人的尊重（关于称呼的礼仪已在前面说明，此处不再赘述）。其次，遵循"尊者优先"原则，即级别、职位较高的人优先了解情况。换句话说，要先把级别、职位较低的人的基本情况介绍给级别、职位较高的人。最后，介绍应保证简单明了，突出被介绍人的成就或特点。作为中间人，介绍他人的时候应保持良好的肢体语言和眼神交流，不可让其中一方感到不舒适。

（2）打招呼的方式。

在社交场合中，与人打招呼是建立良好第一印象和展开交流的重要步骤，体现一个人的社交礼仪素养。受不同的文化背景、时代背景、场合性质及个人关系等因素的影响，人们有不同的打招呼方式。现介绍几种常见的招呼方式及其要点。

一是握手。握手是当今社会最普遍的社交礼仪，是在交往双方之间建立联系的一种方式。恰当的握手能向对方传递出尊重、信任和友好的信息，而不恰当的握手可能有损个人形象，给他人留下不好的印象。在握手之前，一定要确保手部清洁，避免病菌传播。如果手心容易出汗，则可以在握手前用纸巾擦拭，避免汗渍给人不舒适的感觉。为了在各种社交场合中表现得更加得体，以下是握手的几个要点。

第一，握手时机很重要。通常来说，在初次见面、商务会面、商业活动或正式会议中，握手是一种非常常见的礼仪。在自我介绍后或与人离别时进行握手是普遍的做法。

小资料： 握手时，可遵守"尊者优先""女士优先"的习惯，位尊者、女士先行伸手，位卑者、男士不可贸然抢先伸手。

第二，眼睛是心灵的窗户，是传递真诚、尊重等情感的重要出口。在伸手与他人握手前，请保持适当的眼神交流，告知对方你的关注点和注意力集中在对方身上，并随时准备开启双方的交流。

第三，握手时应保持身体直立，双肩自然下垂放松，切不可佝偻着背或倾斜身体，这样会显得不雅观。然后缓缓伸出一只手，使手掌和地面保持垂直，张开虎口，手指放松伸直。另一只手可以自然下垂放在身体一侧，或者轻轻搭在对方的手背上以示特别友好。由于世界上大多数人的主导手是右手，因此即使左手为主导手的人也应自信从容地伸出右手与他人握手，这是一种普遍接受的习惯。

小资料： 与印度人握手时，请注意用右手不能用左手。因为在印度宗教文化中，右手被认为是纯洁和吉祥的象征，而左手代表不圣洁。若使用左手握手，会被认为不尊重对方。

第四，握手时力度要适中，不能太轻，也不可太重。力度适中、稳定的握手通常被认为是一个人自信和可靠的表现。握手时长通常为2～3秒，过长或过短的握手都可能给人留下不好的印象。握手结束后，切不可将手突然抽回，双方的手应轻轻地放开，然后继续下一步的交流。

第五，握手时应避免接打电话、回复手机信息、东张西望等，这会让对方感觉不被尊重。确保在握手时全神贯注，展现出你对这次交流的重视。

记住以上握手的要点，并在实践中不断练习和改进，定能在各种社交场合中展现出自信和专业的形象。

二是鞠躬。鞠躬作为一种传统礼仪，有悠久的历史，至今在各种社交场合中仍然扮演着重要的角色，尤其是在东亚文化圈中尤为重要。

在中国，鞠躬不仅是礼节的体现，更是文化传承的一部分，反映了尊老爱幼的传统美德。它作为一种非语言沟通的方式，在不同场合下使用，如学生对老师、晚辈对长辈等。中国有两种主要的鞠躬形式：一鞠躬和三鞠躬。一鞠躬是简单的弯腰一次，身体上部下倾约 15 度，适用于日常社交；三鞠躬则需要弯腰三次，多用于庄重的仪式或场合，如婚礼或追悼会。

在深受中华文化影响的日本、韩国和朝鲜等国家，鞠躬同样被广泛接受，并根据鞠躬的角度和持续时间传递不同的信息。在日本，浅度鞠躬（约 30 度）用于熟人间的日常问候；中度鞠躬（约 45 度）用于初次见面或正式道歉；深度鞠躬（60～90 度）则表达深切的感谢或最高的敬意。

在西方国家，尽管鞠躬不是主要的礼节，但在如颁奖典礼、演讲、演职人员谢幕等某些特定场合，鞠躬也被用作表达尊敬和感谢的方式。

尽管在西方国家鞠躬不是常见的礼节，但在特定场合，如颁奖典礼或谢幕时，鞠躬也被用来表达尊敬和感谢。行鞠躬礼时，应面向对方站立端正，保持眼神接触，男士双手自然垂放两侧，女士可将双手轻叠于腹前。正规场合下，鞠躬角度约为 60 度，最大不超过 90 度。

由此可见，鞠躬作为一种传统礼节，不仅在中国乃至全球各地都留下了深远的影响。它跨越了语言和文化的界限，无声地传达出尊重与敬意，体现了多元文化间的互动与和谐共存的力量。

三是吻礼。吻礼作为一种社交礼仪，起源于西方国家，尤其在欧洲地区较为常见。在法国，亲吻不仅表达了交往双方的亲密关系，也是一种社交礼仪。见面和告别时，法国人会轻轻地依次亲吻对方的面颊，先右边后左边。在意大利，亲友间见面时常通过互相贴面并发出吻声来表达亲密关系。

吻礼在西班牙、葡萄牙、希腊、俄罗斯及一些拉丁美洲国家也非常普遍。通常来说，亲吻的轻重能够反映出双方关系的亲密程度，同时也受到个人习惯和地区差异的影响。因此，在实际交往中，应注意观察当地的习俗，并了解与自己交往的人的习惯，以避免不必要的误解。

四是合十礼。合十礼起源于古代印度，并随着佛教的传播流传到其他地区。因此，在深受佛教影响的国家和地区，如泰国、缅甸、老挝、不丹等东南亚国家，合十礼成为一种重要的社交礼仪。尽管不同国家在合十礼的具体细节上可能存在差异，但其基本形式和意义是相似的，主要用于表达问候、敬重和感激。

在全球化的背景下，合十礼逐渐被更多人认识、了解和接受，成为跨文化交流中的一个重要组成部分。

除了以上常见的打招呼方式，在一些国家和地区还有吻足礼、脱帽礼等。

（3）名片的递送与接收。

名片递送在商务交往和社交活动中是一项重要的礼仪，它不仅是展现个人专业性和礼貌的渠道，也是给对方留下深刻印象的关键步骤。以下是关于名片递送的技巧要点和注意事项。

递送前，确保随身携带的名片完整、干净、无褶皱，并且在出席重要场合时，应多准备一些，以备不时之需。

递送时，保持上身直立，面向对方，将有自己名字的那一面朝上，文字方向朝向对方并稍微倾斜，方便对方直接阅读名片上的信息。通常情况下，名片应在介绍完自己的基本信息后或会面结束时递送最为合适。一般优先递给职位较高或年龄较大的人。当有人主动索要名片时，应立即递上。

递送后，短暂停留，等待对方阅读名片上的信息，也可以简要介绍名片上的关键信息，如公司业务、主要工作职责等。

> 小资料：微笑是最好的名片。

同样，接收名片也是展示个人专业性和礼貌的重要环节。在看到有人递送名片时，应做好准备接收。若手上有其他物品，请立即放下，并用双手接过对方递来的名片。

双手接过名片后，快速读取上面的关键信息，特别要注意看着名片念出对方的名字，以确保正确称呼对方，避免日后因称呼错名字而尴尬。可以就对方的公司业务、工作职责等方面进行简单交流。如果对方的名片设计独特，则可以给予适当的赞美："您的名片很有设计感""贵司的名片设计很有特色"。在商务会议场合，名片应妥善放置在桌面上；如果同时接收到多张名片，则可按照对方的位置依次摆放，以便在会谈期间加深认识，避免忘记对方的称呼。会议结束后，应将名片放在专用名片夹中以防遗失。

随着科技的发展和互联网的普及，线上交换名片成为一种新型的高效便捷方式。虽然线上交换名片无法提供面对面交流的直接感受，但仍有一些事项需要注意，以确保双方能有效建立联系并留下良好印象。发送名片前，可以通过简短的文字介绍自己，包括姓名、职位、公司名称及希望与对方建立联系的原因。收到对方名片后，不要未经允许将对方的名片信息分享给第三方，这是一种不尊重对方隐私的做法。

综上，无论是传统的线下方式还是越来越普遍的线上方式，名片交换都应遵循一定的礼仪和规范，以展现个人的专业形象，建立有价值的商务连接，并维护良好的商业关系。

6. 企业实践

◆ 实践背景

小王毕业后在一家互联网公司工作，该公司管理者和员工90后、00后居多，倡导扁平化管理。小王和他的部门领导Paul走得比较近，私下里小王称呼其为Paul哥。但是突然有一天，部门领导把小王拉到身边，说以后叫我Paul。

这天，公司迎来了一年一度的盛会，邀请了来自世界各地的客户参观公司，并为他们介绍公司最新的产品和技术。Paul安排小王负责此次的接待工作。经过前期全面的筹备，小王信心满满地开启接待工作。此时，迎面走来几位日本客户，他们采用鞠躬礼问好；紧接着是几位印度客户，他们双手合十放于胸前朝小王走来；最后是法国客户，他们十分热情地上前与小王进行贴面礼。

◆ **实践任务**

以团队为单位，通过阅读以上案例材料，集体研讨以下问题：

（1）请从社交礼仪的角度分析，部门领导为什么要求小王改称呼。

（2）面对来自不同国家、具有不同文化背景的客户，小王应该如何正确地与他们打招呼？采用与目标国相同的打招呼方式吗？为什么？请谈谈你的看法。

◆ **实践指南**

（1）首先，这可能与职业环境的正式性有关。在非正式场合，如在聚会或休闲活动中，Paul 或许不介意小王称呼他为"Paul 哥"。然而，在正式的工作场合中，他可能更倾向于小王使用正式的称呼。尽管公司实行扁平化管理且团队成员普遍年轻，但作为部门领导，Paul 可能希望通过保持一定的职业正式性来强调他对工作的严肃态度。称呼"Paul 哥"显得较为随意或亲密，这在某些情况下可能不合适。

其次，Paul 可能想通过调整称呼的方式来维护其作为领导的权威性。在职场中，领导需要维护自己的权威性，并与下属保持适当的距离，以确保团队管理和指令的有效执行。如果小王在公开场合称呼 Paul 为"Paul 哥"，则可能会影响其他团队成员对 Paul 的看法，认为他与小王过于亲近，从而削弱 Paul 的权威性。此外，若小王在公司内部公开这样称呼 Paul，则可能会让其他同事觉得两人之间存在特殊关系，进而引发对小王的不必要猜疑。

最后，随着公司的发展和团队结构的变化，Paul 可能意识到有必要调整自己的管理风格及与下属的互动模式，以适应新的工作环境和要求。

（2）小王在与不同国家的客户打招呼时，应先了解对方的文化习惯，并尽可能采用其习惯的打招呼方式。这样做不仅展示了对对方的尊重和理解，也有助于拉近与客户的关系。

然而，如果不熟悉或误用了对方的打招呼方式，则可能会引起误解。在这种情况下，应该根据客户的反应灵活调整自己的行为。如果不确定合适的打招呼方式，则可以选择较为中性的问候方式，如微笑、点头或握手。无论采用哪种方式，最重要的是确保表达出自己的诚意，传递真诚和热情，让客户感受到欢迎和尊重。

（二）商务礼仪

1. 工作任务

将全班同学按性别、性格、能力互补情况，每 5～6 人组成一个团队（小组），分别回答以下问题，时间为 10 分钟。

（1）在商务接待前，应如何准备？

（2）在商务接待结束后，应如何跟进？

（3）在商务拜访前，应如何准备？

（4）在商务拜访中，应注意哪些礼仪？若参加参观活动，应注意哪些事项？

（5）在商务拜访后，应如何复盘？

（6）在商务宴请前，应如何准备？要注意什么？

2. 解决方案

通过回答以上问题，各团队讨论总结启发和感悟，在学习通、雨课堂、钉钉、智慧职教等平台上上传团队讨论结果，要求总结简洁明了，时间为 8 分钟。

3. 教师点灯

◀ **评价要点参考** ▶

● 在商务接待前，应确认来宾名单、了解来宾背景、准备接待场地、安排座次、准备接待材料和礼品，并确保所有细节符合来宾的习惯和偏好。

● 接待结束后，应及时发送邮件或信件，表达对来宾的感谢，并提及会面中讨论的要点及后续可能的行动计划。

● 拜访前，应确定拜访目的、准备相关材料、了解对方公司和人员信息，并提前预约时间，确保双方都有充足的准备。

● 拜访中，应准时到达、尊重主人、积极参与讨论、适时交换名片，并注意非语言沟通，如保持良好的眼神交流和坐姿。参观时，应遵守公司规定，不随意触摸展品或设备，保持安静，专心听讲解，并在适当时候提问或表达感谢。

● 拜访后，应整理会议记录，总结讨论要点，并根据讨论结果制订后续行动计划，必要时发送会议总结给所有参与者。

● 宴请前，应选择合适的餐厅，考虑来宾的饮食偏好和文化背景，提前预定座位，并准备适当的开场白和话题。

4. 理论指导

1）商务礼仪的概念

商务礼仪是指在商务环境中，个人或组织在交往、沟通和合作过程中应遵循的一系列行为规范和礼节。它涵盖了商务场合中的着装、交流、会议、餐饮、礼仪等方面的规定，旨在展示专业形象，促进商务关系的建立与维护，并提高商务活动的效率和效果。

2）商务礼仪的原则

商务礼仪是社交礼仪的重要组成部分，专门针对商务环境中的交往和沟通。它不仅包括社交礼仪中的一些通用原则，如尊重、平等、互惠等，还特别强调以下适用于商务礼仪的具体原则。

（1）专业原则。

在商务场合，应保持专业的态度和行为。这包括穿着得体、语言规范、行为得当，并且在处理商务事务时表现出专业知识和能力。例如，根据公司的着装要求和行业特性选择合适的服装；使用准确、清晰的语言，特别是在书面沟通中，保持正式和专业的语气；参加商务活动时，严格按照时间安排，守时到达；在谈判或交流中，保持冷静和理性，避免情绪化反应，在压力下也应保持专业。

（2）诚信原则。

诚信在人际交往和商务交往中扮演着至关重要的角色，是建立信任的基石，也是维护长期稳定商务关系的保障。诚信原则要求：遵守承诺，无论是口头承诺还是书面承诺，都应尽力履行，若因某些原因无法履行承诺，则应及时沟通并提供合理的解释及补救办法；诚实交流，保持信息的真实性，即便面对不利情况也要坦诚相告，因为隐瞒或歪曲事实比解决问题更让对方难以接受；谨言慎行，三思而后行，确保每一句话和每一个行动都符合诚信原则。

（3）效率原则。

在商务活动中，应注重时间管理和资源利用效率，以确保商务过程高效、顺利，具体措施包括：合理安排时间，设定优先级，确保重要事项得到及时处理；有效沟通，直接表达要

> 小资料："效率是生命线"强调了效率对于一个企业的重要性。

点，避免冗长和离题的讨论；合理利用资源，包括人力、物力和财力，确保各项活动有序进行；利用现代化技术和自动化工具（如项目管理软件、协作工具和数据分析）明确责任和期限，并进行过程监控，及时解决突发情况；定期复盘商务活动的工作流程和方法，去除不必要的步骤和瓶颈，优化工作流程，提高整体效率。

5. 技能点拨

有哪些常见的商务交往场景？在这些场景下如何展现商务礼仪？

1）商务接待

商务接待是指在商业活动中，为了促进商务关系、推动合作、维护客户满意度、交流信息或提供服务等，而对客户、合作伙伴、供应商或其他商业相关人士进行的一系列接待工作。这包括但不限于安排会议、组织活动、提供餐饮服务、安排住宿和交通等。商务接待可展现企业的专业性和对来访者的尊重，同时提供一个友好的环境，以便双方或多方之间的沟通和谈判顺利进行。商务接待通常需要精心策划和周密安排，以确保所有细节都能满足来访者的需求和期望。

（1）接待前。

在商务接待前，应根据访客的身份、背景、职位、行业等确定接待的级别，并按照对应的标准进行接待。制定详细的接待日程安排表，明确各部门职责，安排接待人员并估算接待经费。

表3-2-2为某上市汽车制造公司的接待级别及标准示例，可根据实际情况进行调整。

表 3-2-2 某上市汽车制造公司的接待级别及标准示例

接待级别	访客	接待内容和参观线路	我方陪同人员
一级接待	政府部门工作人员	接机、欢迎、试乘试驾、车间/试验室/办公区参观、会议室交流、合影留念、用餐安排、住宿安排	总裁
二级接待	各界媒体、记者等	试乘试驾、办公区参观、会议室交流、合影留念、赠送符合规定的纪念品	副总裁/需求部门
三级接待	投资机构、行业协会、供应商、合作伙伴、粉丝等	办公室参观、会议室交流	需求部门

◀ **敲黑板：接待前的准备** ▶

● 接待前 1 天确认所有准备工作到位情况；根据接待需求，提前落实接待场地布局、接待用品，并检查投影仪、音响等设备及各项要求的落实情况。

● 接待当天，接待人员应着商务正装，妆容得体，举止端庄大方，面带微笑，保持心态开朗。

● 接待当天应再次提前对接待场地的环境和卫生情况进行整理整顿，确保现场整洁干净。提前调整好室内温度，使桌椅摆放整齐、设备调试正常。

● 所有接待工作人员应提前 1～2 小时准备就绪，茶水、纸笔、糕点、水果等相关物料按照标准准备并摆放妥当，确保接待顺利进行。

（2）接待中。

在商务接待中，乘车接送访客时需特别注意座位安排。乘坐不同的商务车时，座次安排需深思熟虑。由专职司机驾驶时，轿车前排的副驾驶座一般称为"随员座"，供助理、秘书、翻译或安保人员使用。轿车后排三个位置中，副驾驶后的位置为尊位，通常由最重要的客人乘坐。司机后的位置为第二尊位。后排中间为第三尊位。客人下车时，应主动为其打开车门，并用手臂挡住门框以免对方撞到头部，等对方完全下车后再轻轻关上车门。客人下车后，应主动上前握手问候，并做相应介绍或自我介绍，表示欢迎。随后带领客人前往目的地。乘车示意图如图 3-2-2 所示。

```
┌─────────────────┐
│  副驾    ①      │
│          ③      │
│  司机    ②      │
└─────────────────┘
```

图 3-2-2　乘车示意图

在乘坐电梯时，接待人员先进入并按下目标楼层按钮，待客人进入后再关闭电梯门。到达时，让客人先走出电梯，接待人员应按住开门键，防止电梯门突然关闭夹伤他人。步行上下楼梯时，接待人员应引导客人先上楼，下楼时则走在前面引导客人。经过走廊时，接待人员应在前引导客人走内侧。

国人喜爱饮茶，茶也常用于接待。为客人沏茶前，应清洗茶杯或茶碗，并检查茶具有无破损。了解客人是否有偏好的茶类，并为外宾准备其他饮品，如咖啡、瓶装水或饮料。外国人生活中喝冷水或冰水较多，但也有一些人喜欢中国茶文化，如英国人爱喝红茶，日本人爱喝乌龙茶。一杯茶不宜斟满，八分为宜。招待人员上茶时，应先给客人上茶，再给己方人员上茶。若客人较多，则应先给主宾上茶。上茶时，将茶盘放在茶几或推车上，从客人右侧递上，右手托着茶托，左手轻附其旁，把杯耳朝向客人，方便其拿取。注意不要让手指搭在茶杯边缘，也不要将茶水洒在客人身上。上茶时礼貌地说一句"请您用茶"，以防客人突然起身导致茶具打翻。

（3）接待后。

接待后，应详细记录重要信息，并归档保存。收集和整理接待执行情况及客户满意度等信息，以便改进未来的接待工作。最后，对整个接待活动进行评估，分析效果和影响，识别成功之处和需要改进的地方，为未来的接待活动提供经验教训。这样不仅有助于提升企业形象，还能加强与客户的联系。

2）商务拜访

商务拜访也叫商业访问，指的是在商业交往中为了实现既定的商业目标（如构建新的商务联系、讨论协作可能性、推广商品或服务、掌握市场动态、处理商业难题等）而执行的正式或非正式的会晤行为。这类访问通常包括与潜在或现有客户、同行业企业代表、业务伙伴、供应商或其他商业组织的面对面交流。商务拜访的形式多种多样，包括面对面会谈、电话或视频会议、网络会议、展览会、研讨会等其他商务活动。其中，面对面会谈效果最好，需要引起重视。

面对面会谈主要在合作方的公司、工作场所或约定地点进行，是一种直接的会面形式。由于是面对面的交流，它为双方创造了更加个性化和直接互动的机会。在对方公司或商定的地点举行会谈，不仅让访问者有机会直观体验合作方的经营环境和组织文化，也体现了对合作伙伴的尊重。这种面对面的互动有助于建立稳固的信任关系，促进双方的合作。非言语的交流元素，如身体语言、面部表情和声音的抑扬顿挫，能够传递出更加深刻和全面的信息。此外，面对面会谈能够迅速澄清疑惑或误会，提升沟通的直接性和效率，有利于商务事项进展顺利。

（1）拜访前。

在正式拜访前，应制订有效而周密的拜访计划。拜访前关键步骤如表 3-2-3 所示。

表 3-2-3　拜访前关键步骤

步骤		具体内容
第一步	明确目标	确定此次拜访的核心意图和预期成果，如开辟新的联络渠道、探寻合作机会、推销产品、了解客户需求或收集反馈信息
第二步	搜集信息	尽可能全面地了解对方企业的背景、业务范围、市场影响力、竞争对手，以及即将见面的人，深入了解会面者的资历、偏好和需求
第三步	拟定日程	依据拜访目标，拟定周密的日程安排，涵盖会议的主要议题、预期讨论的焦点、时间分配及可能的展示或汇报内容
第四步	整理资料	按照日程安排，准备相应的商务资料，包括公司及重点业务介绍、产品实例、宣传资料、成功案例分析、数据解读报告等
第五步	组织行程	明确访问的具体时间、地点、交通路线和出行方式。确保所有安排都适应对方的时间表，并预留充足的时间以应对突发状况
第六步	模拟对话	模拟可能的交流情境，包括开场致辞、问题应对、协商策略等。思考可能的反对意见及有效的解决途径
第七步	制定应急方案	预备应对突发状况的备选方案，如对方突然改变计划、技术故障或其他未能预见的情况

依照这些程序，能够保障商业拜访计划的成效，进而提升实现目标的概率。在实际拜访的准备中，需根据具体情况做出适应性调整和适当补充。切记，充分的准备是顺利访问的前提。

制订好拜访计划并准备好相关物料后，向被拜访方预约时可以使用以下表达。"您好，我希望能与您预约一个会面时间，讨论［具体议题］，请问您近期的日程如何？""请问您有空在［具体日期］进行一次会面吗？我想向您介绍我们最新的［产品/服务］。""如果您在［原定时间］不方便，我可以提供几个备选时间，如［备选日期和时间］，请告诉我哪个时间对您更合适。""我理解您的日程可能很紧张，这里有几个备选时间，如［备选日期和时间］，希望其中之一能够适合您。"同时，可以用以下表达来确认预约时间。"我想确认一下我们预定在［日期和时间］的会面，请问这个时间对您仍然合适吗？"如果需要调整预约时间，可以说："很抱歉，由于［原因］，我需要重新安排我们原定于［日期和时间］的会面。请问［新的日期和时间］是否可行？""我注意到原定的会面时间可能对您不太方便，我们可以调整到［新的日期和时间］吗？"

拜访人员应根据实际情况灵活应对，展现出真诚的态度及身为商务人士的专业性。通过这些细致的沟通方式，不仅可以确保双方的时间安排更加合理，还能体现出对对方的尊重和重视，从而为成功的商务访问奠定良好的基础。

（2）拜访中。

拜访当日，拜访人员应着商务正装，准时按照约定时间到达约定地点。到达时间不可过早以免打扰受访人的工作，更不可因个人原因而迟到。双方会面时，应主动自我介绍、交换名片，时刻保持专业形象，因为此时拜访人员代表的是公司形象。

在商务拜访的过程中，受访公司通常会在双方正式交流前安排商务参观活动。参观是一种学习和交流的过程，是了解对方公司背景、文化、业务、产品等的宝贵契机。首先，遵守该公司设定的安全准则和参观流程。例如，如果企业要求佩戴安全帽或特定的防护装备，则务必满足这些要求。同样，对于"禁止拍照或摄像""禁止触摸""限制区域"指示，应严格遵守，以免发生意外、对企业运营造成干扰或泄露未经授权的信息。其次，认真聆听，当解说员提供关于企业运营、产品或技术的解说时，应全神贯注地聆听。例如，在解说员介绍生产线的流程时，避免插话或提出与当前介绍无关的问题，以确保信息的有效传递。切不可心不在焉，更不可大声喧哗。参观活动结束时，应向解说员、接待人员表达感激之情，无论是通过直接的口头感谢还是随后发送的感谢信。例如，可以说："非常感谢您今天的精彩介绍，我对贵公司的创新产品印象特别深刻，期望这样的好产品能早日面世。"

一般情况下，参观活动结束后双方将进行正式的交流与沟通。在正式交流的过程中，首先确保每一方都有机会阐述自己的立场和期望，防止单向的信息传递或强行销售。接下来，对于合作方的疑虑与关切，要认真对待并提供详尽的解释，体现出专业精神和诚实守信。同时，适时的认同和正面的回应有助于提升合作的兴趣和动力。

当对方反驳或提出异议时，不应着急澄清或解释，应保持冷静，认真倾听，确保正确理解对方的观点。若对方提出的问题源自信息的不完整或误解，则礼貌相问，获取更多相关细节，以便深入理解并有效解决问题。接着提供相关信息、数据或案例来支持自己的观点，提出可能的解决方案与对方一起探讨。若遇到一些暂时无法得到化解的分歧，则应策略性地引导讨论至双方均有共识的议题上，求同存异。

（3）拜访后。

商务拜访后，及时发送感谢邮件或电话跟进，总结会议要点，并根据讨论内容制订后续行动计划。下面介绍几种创新的跟进方法，以提高沟通效率，加深与客户的关系，并推动合作的开展。

第一，创作有针对性的短视频，向客户表达感激之情，并回顾讨论的核心议题。通过这种亲切而直接的形式，能够增强记忆点。

第二，运用客户关系管理系统或其他数据分析工具，依据客户的偏好和反馈实施个性化的后续沟通。例如，针对客户表现出浓厚兴趣的产品，可以提供行业研究报告或成功案例分析。

第三，利用网络问卷调查工具，征求客户对访问的反馈意见。确保问卷内容简明扼要且具有针对性，以便提升客户的参与度。

第四，通过职业社交网络平台与客户建立联系，分享行业动态或相关主题内容，并提醒客户关注，以此作为非正式的跟进手段。

第五，定期更新行业新闻、趋势分析或研究报告，向客户提供最新的行业资讯，展现行业洞察力，并维持与客户的联系。

第六，利用手机应用或电子邮件的自动提醒功能，在关键时刻发送跟进提示，也可以通过电子邮件营销平台，发送定制化的邮件，涵盖客户可能关注的资讯或根据客户需求提供的个性化建议。

如今是"互联网+"和"人工智能+"的时代，充分利用新工具可以实现及时、创新和有效的跟进。通过这些创新的跟进方式，可更有效地与客户保持联系，有助于提高客户满意度，并最终促进销售和合作的成功。

3）商务宴请

商务宴请是指因公事和工作需要，商务人员与合作伙伴之间以共同进餐为契机，进一步沟通和交往的正式宴会。这种宴请不仅是"一起吃饭"，更是双方加深了解、加强商业联系的重要形式。因此，商务宴请通常需要遵循特定的商务礼仪，只有这样才能达到既定的目的。

（1）宴请前。

在宴会正式开始前，应明确宴会的内容，如庆祝纪念日、展览会开幕或闭幕、工程动工或竣工、商务合作等。这将帮助我们确定宴会的形式和规模，方便制定宴请的流程，包括时间安排、话题讨论等。然后，确定邀请人员并确认其出席情况，如邀请人员所在行业、公司、级别和人数等，以便后续更好地安排宴会细节。接着，确定宴会地点、时间、场地、菜品等宴会细节。宴会地点应选择环境优雅、交通便利、卫生干净的场所。

商务宴请一般提前一至两周发出请柬，可以采用电子邮件、电话或书面邀请函等方式发出正式邀约，以便受邀者合理安排时间。以下为商务宴会请柬的范例，可根据实际情况进行调整和完善，也可在适当的地方加入个人或公司的标志，以提升正式性和识别度。

◁ **商务宴请请柬范例一** ▷

尊敬的［受邀者姓名］：

为了庆祝［具体事件，如新产品发布、公司周年庆等］，我们诚挚地邀请您参加［公司名称］的商务宴会。

宴会详情如下：

- 日期：［具体日期］

- 时间：［开始时间］至［结束时间］

- 地点：［宴会地点］

- 特别安排：［若有特别安排的活动或表演，在此说明］

我们希望这次宴会不仅能让您感到放松和享受，同时也能成为我们进一步交流与合作的契机。

请您在［回复截止日期］前通过［联系方式］确认您的出席。我们将根据您的回复为您准备座位和进行相关安排。

期待您的光临，并与您共同分享这一激动人心的时刻。

此致

敬礼！

◀ **商务宴请请柬范例二** ▶

尊敬的［受邀者姓名］：

随着［具体事件或庆祝事项］的到来，我们诚挚地邀请您参加［公司名称］举办的商务宴会，以共同庆祝这一重要时刻。

宴会详情如下：

- 日期：［具体日期］

- 时间：［开始时间］至［结束时间］

- 地点：［宴会地点］

- 着装要求：［着装标准，如商务正装］

我们希望这次宴会不仅能让您感到放松和享受，同时也能成为我们进一步交流和合作的契机。

我们相信您的参与将使活动更加完美。请您在［回复截止日期］前通过［联系方式］确认您的出席，以便我们为您做好相应的安排。

期待您的光临，并为我们的合作举杯。

此致

敬礼！

宴请前，确定受邀请人员的出席情况后，应根据参与宴请人员的重要程度、职位等做好桌次和座次的安排，并绘制座次图发给参会人员。

在桌次安排方面，应遵循"以右为上、居中为上、以远为上"的原则。桌次安排示意图如图 3-2-3 所示。

在座次安排方面，一般情况下，面对入口或主桌的中心位置为主位，安排给主客就座；主客的右手边安排第二重要人员，左手边安排第三重要人员，以此类推。当有 2 个主位时，第二主位安排在第一主位正对面，以方便所有人员与主客的交流和沟通。座次安排示意图如图 3-2-4 所示。

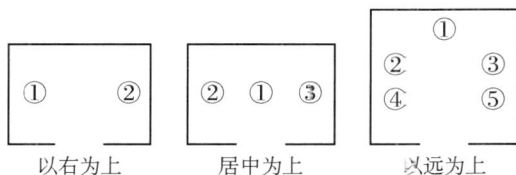

图 3-2-3 桌次安排示意图　　　　图 3-2-4 座次安排示意图

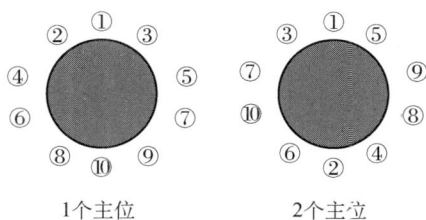

另外，还应根据宴会性质和受邀者身份进行适当的现场布置，包括气氛营造、桌椅摆放。注意，要合理摆放桌卡或桌花。每张桌子应有清晰的标识，并标明桌号或宾客水牌，以便宾客快速找到自己的座位。在安排宴会时，可留 1～2 桌备用，以应对突发状况。

若受邀人员中有外籍人员，则应提前了解其所在国家的文化、习俗、宗教及饮食禁忌等，以便做好相关接待和安排。

（2）宴请中。

坐下来用餐前应将手机调成震动模式，或者关机，并将其放在随身携带的包内，不要把手机放在桌子上，更不要在桌子底下发短信。应把全部注意力放在同桌的其他人身上，否则容易传达出"你对手机比对用餐同伴更感兴趣"的信息，显得不尊重他人。

使用餐具时应符合餐具使用的礼仪。在使用筷子时，避免舔筷子或长时间将筷子含在嘴里，不应将筷子直接放在餐桌上或横放在碗、盘上，尤其是公共的碗、盘；使用公共筷子时，不要将其入口，应使用另一双筷子进食。在商务场合下，不要端起碗进食，不要将剩余食物直接倒入口中或用舌头舔碗。转动转盘前，应检查是否有人正在取菜，应等待对方取完菜后再转动。新菜上来后，应先让宾客依次取菜，然后才能自由转动转盘。转动转盘时，如果有人中途取菜，则应停下来等待。

食用西餐时，应注意西餐餐具的使用礼仪。根据菜肴的不同会准备多套刀叉，刀叉按照从外向内的顺序使用，外侧的刀叉用于头盘或前菜，依次向内为汤、主菜、甜点等。用餐时，惯用手拿刀，另一只手拿叉。用食指和中指按住刀柄，拇指放

> 小资料：握叉时，叉子的柄不应该露出来。

在刀柄的一侧，确保刃部始终朝内。握叉时，叉齿朝下，用拇指、食指和中指三个指头操作。切割食物时，叉子可用来固定食物，叉起的食物不应过大，以一口大小为宜。用餐过程中需要暂停时，可以将刀叉交叉放在盘子上，刀刃向内。用餐结束时，将刀叉并排放在盘子上，刀刃朝向自己，叉子的齿朝上。虽然同为以使用刀叉为主的西方国家，美国人吃东西时，习惯在切割食物后把刀放在盘子的顶部，然后用惯用手拿起叉子取食；而很多欧洲人则不会放下刀，也不会把叉子换到另一只手上，而是同时拿着刀和叉用餐。

在用餐过程中进行适当的沟通和交流，应提前了解与会者的背景、兴趣和业务领域，以便找到共同话题。通过共同的话题、经验和兴趣，更容易建立联系和产生共鸣。同时，还可以围绕宴会的目的和希望达成的结果，准备好相关话题和问题。对方在发表观点时，

应认真倾听，表现出对话题的兴趣和尊重。有时候，为了体现对对方话题的兴趣，可以适当提出开放式问题鼓励对方分享更多信息。在对话结束时，简要总结讨论的要点和达成的共识，对对方的分享和参与表示感谢，并表达未来继续交流的愿望。

> **小资料：** 交谈时，应避免涉及政治、宗教、个人隐私等可能引起争议的话题。

宴会敬酒应选择恰当的时机，如在宴会的间歇进行敬酒，不可粗暴打断宴会流程。事先准备的祝酒词应根据宴会的主题、参会人员的特点、双方的关系等来准备，注意内容应简洁、得体、正式。适度的幽默可以让气氛更加轻松愉快，但要确保不会冒犯任何人。可以举起酒杯，邀请与会者一同举杯。注意酒杯的高度，一般以杯底与眼睛平行为宜。若有人没有饮酒的习惯或有饮酒的限制，则不要强迫他们饮酒，尊重每个人的选择。

（3）宴请后。

为保持良好的商业关系并确保商务宴请的成效，建议在聚会结束后的 24 至 48 小时内，向所有参会者发送一封感谢信、电子邮件或聚会回函，以表达对他们参与的感激之情，并回忆聚会中的亮点或共同探讨的议题，增强彼此的记忆。同时，收集与会者的意见，评估聚会的成效及潜在的改进空间。

针对聚会期间讨论的商业议题，迅速展开进一步的对话。若存在明确的合作意向或策略规划，则编制详尽的实施计划，并获得对方的认同。如果商务聚餐旨在深入探讨特定的商业项目或协作事宜，则依据讨论成果，安排后续会议，推动项目向前发展。

最后，宴会组织方应对整个聚餐的筹备、实施及成效进行反思，以便在未来的商务活动中吸取经验教训，持续优化流程和细节。

6. 企业实践

◆ **实践背景**

小王毕业后就职于一家大型人工智能科技公司，担任 CEO（首席执行官）助理，负责协助 CEO 工作，如进行日程安排、沟通协调、行政支持、会议准备及保密工作等。该公司正计划扩展其国际市场。为了加强与潜在国际合作伙伴的联系，探索新的业务机会，小王所在公司安排了一系列商务接待和拜访活动。这些活动的对象包括风险投资机构、技术合作伙伴、研究机构、学术机构、政府部门、行业客户、人工智能初创公司、媒体和出版机构等。

公司希望通过这些活动展示其专业性，同时确保文化敏感性和商务礼仪的得体性。通过精心策划和执行这些接待和拜访活动，公司旨在建立稳固的合作关系，提升品牌形象，并为未来的国际合作打下坚实的基础。

◆ **实践任务**

以团队为单位，通过阅读以上案例材料，集体研讨以下问题：

（1）公司 CEO 将亲自接待来自欧洲的风险投资机构董事长一行人。CEO 将参与接待的全过程，包括迎接、会议室安排、公司介绍、产品展示和文化互动环节。假设你是小王，你将怎样安排此次商务接待活动？

（2）小王所在公司的市场部经理计划拜访一位在美国的潜在客户，讨论市场合作机会。市场部经理需要准备拜访的详细议程，并在拜访中提出合作提案。假设你是市场部经理，你会怎么做？

（3）公司计划在一家高端餐厅举办一次商务宴请，邀请所有合作伙伴参加，以加深关系并探讨未来的合作。公司需要策划宴会流程、菜单、活动和礼品。你若是此次商务宴请的负责人，将怎么安排？

◆ **实践指南**

（1）接待开始前，根据来访人员的重要性、职位和来访目的等信息编制相应的接待计划和预算，确定接待等级和标准。向 CEO 请示并获得批准后，联合各相关部门执行。接待当天，应确认所有相关准备事项均已就绪，包括接待用品、接待场地、接待人员及翻译人员等。例如，会议室应配备必要的演示设备和公司宣传资料。提前陪同 CEO 及相关高管在公司大厅迎接拜访人员。在产品展示环节，应突出展示公司在人工智能领域的创新能力和成功案例。此外，还可以安排一个小型的文化展示，如茶艺表演或地方特色工艺品展示，以展示东道国的文化魅力。接待结束时，CEO 可赠送来访投资机构董事长一份精心挑选的纪念品，如公司定制的高端商务礼品。

（2）市场部经理应提前与客户确认拜访时间，并准备一份详细议程，涵盖会谈目标、讨论议题、合作模式及预期成果。在拜访期间，经理首先应当通过一份精心制作的市场分析报告，展示公司对市场的洞察力及对潜在合作领域的理解。随后，经理可提出一个包含市场推广策略、产品定价、分销渠道及预期投资回报率（ROI）的合作提案。为了表达对客户的尊重，在拜访结束时，经理应询问客户对提案的反馈意见，并提议建立定期沟通机制，以便持续跟进合作进展。这样不仅能够确保双方信息同步，而且能有效推动合作项目的顺利进行。

（3）选择一家享有国际声誉的餐厅，并提前与其沟通宴会的具体需求，包括预订包间、确定菜品及提出特殊饮食要求。宴会流程应涵盖迎宾、CEO 开场致辞、正式用餐、文化交流及自由交流等环节。菜单设计需考虑宾客的饮食习惯和文化差异，提供多样化的选项，确保食物质量和服务水平达到高标准。活动内容可以包含一场关于人工智能行业趋势的简短演讲、互动游戏或文化表演，以增加宴会的趣味性和互动性。宴会结束时，公司高层应向宾客表达感谢，并赠送定制纪念品，如精美的工艺品或公司特制的高端商务用品，作为合作的美好纪念。

◀ **思政园地：社交礼仪和商务礼仪的宝贵财富** ▶

- 尊重多元：古今中外，礼仪文化丰富多彩，我们应以宽广的心胸，学习和理解不同文化。
- 职业道德：了解并遵守职场行为规范，如正直诚信、公平竞争等，这些是职业道德的核心要素。
- 协作精神：有效的沟通与反馈、恰当的自我展示和互动等是协作精神的具体体现。
- 自我约束：在公共场合保持得体的举止和形象需要个人具备自我监督和控制能力，

这可为未来的职业发展奠定基础。

● 交流技巧：清晰的表达、有效的倾听及非语言沟通是建立有效沟通的基础，对于培养良好的人际互动和解决冲突至关重要。

● 全球视角：理解世界各地的商业惯例，具备全球视野和跨文化沟通能力。

● 适应创新：学会根据不同环境灵活应用所学的礼仪规范，具备创新思维和适应新挑战的能力。

四、修炼巩固

案例分析题

简述 1～2 个中国古代社交礼仪理论及其案例，并分享给全班同学。

实践题一

假设你在一个重要商务聚会上，需要向一位潜在客户介绍自己，并且还需要将这位潜在客户介绍给你的上级。请以小组为单位，模拟此场景，为不同的人员设置不同的身份，并且做好自我介绍和介绍他人。

实践题二

两家公司近期将迎来正式会晤，讨论未来的合作。请以小组为单位，模拟商务接待和拜访场景。每小组分成两方，一组为接待方，另一组为拜访方。各方做好接待及拜访的情景演练，并且拍摄一段 8～10 分钟的视频。

实践题三

你是一家公司的活动策划小组成员，负责组织一场庆祝公司新产品发布并感谢重要合作伙伴的商务宴会。你需要考虑宴会的各个环节，包括场地选择、菜单设计、座次安排、活动流程和特别活动等。

任务要求：

（1）选择一个适合举办商务宴会的场地，并说明选择理由。

（2）设计一份包含开胃菜、主菜、甜点和饮品的菜单，需考虑到宾客的饮食习惯和文化背景。

（3）制定座次安排方案，确保重要宾客得到适当的关注，并促进宾客间的交流。

（4）规划活动流程，包括开场致辞、产品介绍、交流互动和结束语等环节。

（5）设计一项特别活动或环节，以增加宴会的互动性和记忆点。

（6）准备一份宴会后的跟进计划，包括意见收集反馈、经验总结和客户关系维护。

请以小组为单位完成此任务，以 PPT 或报告的形式提交你们的策划方案，并进行口头汇报。

表达沟通能力修炼

　　沟通与表达是人们在日常生活和工作中相互交流和传递信息的重要方式。沟通包括了双向的信息传递，涉及倾听、理解、表达和回应等多个方面，而表达则是沟通的一部分，是指个人通过语言、文字、肢体语言等方式清晰、准确地表达自己的思想、观点或情感。

　　在商业环境中，有效的沟通和表达可以帮助人们与客户、同事和合作伙伴建立良好的关系，更好地理解他人的需求和意见，有效地传递自己的想法和观点，从而更好地完成商业交易、解决问题和实现目标。此外，在商业谈判、销售推广、团队合作等方面，良好的沟通与表达也是取得成功的关键。

项目 1　高效表达能力修炼

👥 一、修炼目标

知识目标

◆ 了解表达的基础知识，包括表达的概念、作用和分类。

◆ 熟悉表达的要素，包括语言、情感、身体语言、倾听、心理和思维等方面。

◆ 理解表达在不同场合中的应用，包括会议、谈判、演讲、微信和电子邮件等常见场合。

能力目标

◆ 能清晰、准确地解释表达的概念、作用和分类。

◆ 能够分析和识别表达的各个要素，包括语言运用、情感表达、身体语言等，从而提高自己的表达能力。

◆ 能够针对不同场合的表达需求，灵活运用所学技巧，有效地进行沟通和表达。

素养目标

◆ 培养学生的表达能力和沟通技巧，提高他们在团队协作和社交交往中的能力。

◆ 培养学生的观察能力和分析能力，使他们能够更敏锐地捕捉和理解他人的表达意图。

◆ 培养学生的创新意识，鼓励他们在不同场合中寻找新的表达方式，提升自己的表达效果和影响力。

👥 二、修炼情境

在广东财贸职业学院国际经济与贸易专业的教室里，一群热情洋溢的国贸学生聚在一起，他们正热切地讨论着如何提升自己的表达能力。作为未来现代服务业的精英，他们清楚地意识到，在竞争激烈的商场中，良好的表达能力是立于不败之地的关键。

坐在前排的小王举起手，询问道："我们每天与客户打交道，如何才能在表达中展现出自信和专业？"

随着话题的转移，其他同学纷纷发表自己的看法和经验："最重要是学习好英语。除了语言表达，我们的姿态也很重要。面对客户时，要保持微笑和自信的姿态，展现出专业的形象。"一位同学说道。

另一位同学接着说："除了外在表现，内心的心理素质也至关重要。我们需要保持冷静和耐心，妥善处理各种突发情况，以及理解和尊重客户的需求和意见。"

在充满交流和思考的氛围中，学生们意识到，表达能力不仅仅是简单的语言表达，还包括了姿态、心理素质等。表达能力具体有哪些？同学们应该从哪些方面提升自己的表达能力呢？

三、修炼内容

（一）表达的基础认知

1. 工作任务

将全班同学按性别、性格、能力互补情况，每5～6人组成一个团队（小组），分别回答以下问题，时间为10分钟。

（1）请在1分钟内，用中文口语介绍你的专业，并简要说明报考该专业的原因。

（2）请在1分钟内，用英文口语模仿跨境直播，推广手头的一件物品。

（3）请在1分钟内，用中文口语介绍你的职业规划设想，并简要说明你选择该职业的原因。

（4）请在1分钟内，用英文口语描述你最喜欢的一个手机App，并说明你喜欢的原因。

（5）根据以上4个问题，思考并回答以下问题：你觉得通过口语表达来描述自己的兴趣爱好和想法有什么好处？你认为在今后的学习和工作中，良好的口语表达能力对你有何重要性？

（6）在学习表达能力的过程中，你遇到过什么困难或挑战？你是如何应对这些困难或挑战的？

（7）对于提高口语表达能力，你有什么具体的建议或方法可以分享给其他同学？

（8）在今后的学习和生活中，你打算如何继续提高自己的口语表达能力？是否有具体的目标或计划？

2. 解决方案

通过回答以上问题，各团队讨论总结启发和感悟，在学习通、雨课堂、钉钉、智慧职教等平台上上传团队讨论结果，要求总结简洁明了，时间为8分钟。

3. 教师点灯

◀ 评价要点参考 ▶

● 表达能力日益重要，随着社会发展，人们对良好口语表达能力的要求越来越高。

● 在竞争激烈的现实生活中，清晰流畅的口语表达能力可以让个人在职场和社交场合中脱颖而出。

● 口语表达能力的提升意味着更准确地表达自己的观点和想法，更有效地解决问题和达成目标。

● 在有关口语表达能力的竞争中，个人的选择余地很大。要想赢得他人的认可和青睐，必须具备优秀的口语表达能力。

● 口语表达能力不仅关系到个人的职业发展，也关系到个人的社交能力和人际关系的建立。

● 对于国际贸易来说，准确、流畅的英语表达是达成交易与合作的基础。

4. 理论指导

1）表达的概念

表达是人类通过语言、行为、艺术等方式将自己的思想、情感、观点和意见传达给他人的过程。它是个体内在世界与外部世界之间的桥梁，是人类交流和互动的基础。表达在个人生活、职业发展和人际关系中扮演着至关重要的角色。

表达强调的是个体对内心世界的展现和外化，可以是单向的，不一定需要双方的互动。表达的目的是将个体的内在感受或信息传递给他人，以便他人了解个体的想法或情感。

2）表达的作用

在个人生活中，表达是人们与他人建立联系、分享想法和情感的主要方式。通过表达，个体能够展现自己的内心世界，分享快乐、悲伤、期待和愿望，从而得到他人的理解、支持和共鸣。在家庭、友谊和爱情关系中，良好的表达能力可以促进沟通、增进彼此之间的了解，有助于建立稳固的关系基础，提高生活幸福感。

在职业发展中，表达是成功的关键之一。无论是与同事合作、向领导汇报工作、与客户进行沟通，还是参与面试、展示自己的能力，都需要良好的表达能力。能清晰地表达自己的想法和观点，能有效地与他人沟通交流，能够在团队中发挥协作作用，都是职场成功的必备素质。良好的表达能力有助于建立自信、展示自我价值、获取机会并获得成就感。

在人际关系中，表达是建立信任和和谐关系的基础。通过有效的表达，人们能够坦诚地展现自己的想法和感受，增进与他人之间的理解和信任。良好的表达可以帮助人们解决冲突、减少误解、促进合作，使人际关系更加和谐稳定。

3）表达的分类

表达可以通过多种方式进行，每种方式都有其独特的特点和应用场景。下面是几种常见的表达类型。

（1）口头表达。

口头表达是指通过口头语言来传达思想、观点、情感或信息的过程。这种表达方式包括演讲、对话、讨论等，是人们日常生活和工作中最常见的表达形式之一。口头表达具有即时性和互动性，能够快速有效地传递信息，并且可根据情境和受众的反应调整和变化。它还可以通过声音、语调、肢体语言等多种方式来传达更丰富的信息和情感。

（2）书面表达。

书面表达是指通过书面文字来传达思想、观点、情感或信息的过程。这种表达方式涉及邮件、信函、报告、备忘录、文章、博客等，是商务和学术领域中常用的表达形式之一。书面表达具有持久性和可追溯性，能够准确清晰地传达信息，并且可以被多次阅读和参考。它还可以通过文字的精炼和排版的美感来增强信息的吸引力和说服力。

（3）非语言表达。

非语言表达是指通过非语言符号和行为来传达思想、观点、情感或信息的过程。这种表达方式包括面部表情、肢体语言、姿势、眼神、声音语调等，是人们交流中不可或缺的一部分。非语言表达具有直观性和多样性，能够在不使用语言的情况下传达丰富的信息和情感。它可以用于补充和强化语言表达，增加交流的效果和效率。

（4）视觉表达。

视觉表达是指通过视觉图像、图表、图形、绘画、摄影等方式来传达思想、观点、情感或信息的过程。这种表达方式以视觉形式呈现，能够直观地吸引人们的注意力。视觉表达具有直观性和生动性，能够通过图像和视觉元素来传达信息，并且可以激发人们的想象力。它还可以用于解释复杂的概念和数据，增加表达的清晰度和吸引力。

（5）艺术表达。

艺术表达是指通过艺术形式，如音乐、舞蹈、戏剧、电影等，来传达思想、情感、观点或信息的过程。这种表达方式强调的是艺术创作和表现的独特性和创意性。艺术表达可传达丰富的情感，能够通过艺术作品来触动人们的心灵，并引发共鸣和反思。它还可以用于表达个体的独特观点和审美追求，展示个体的创造力和想象力。

5. 技能点拨

如何提高表达能力？

提高表达能力是一个持续的过程，需要不断地练习和改进。以下是一些提高表达能力的方法和技巧。

1）广泛阅读

阅读是提高表达能力的重要途径之一。通过阅读各种不同类型的书籍、文章、报纸、杂志等，可以增加词汇量、丰富语言表达能力，并学习不同的表达方式和风格。

2）积极写作

写作是锻炼表达能力的有效手段。通过写作，如写日记、博客、文章、论文等，可以提高自己的文字表达能力，培养逻辑思维和清晰表达的能力。

3）练习演讲

练习演讲是提高口头表达能力的重要途径。参加演讲比赛、演讲培训班，或者简单地向朋友、家人演讲，都可以帮助你提高口头表达能力和说服力。

4）学习语言技巧

学习语言技巧包括学习正确的语法、词汇、拼写和标点等基础知识，以及学习丰富多彩的表达技巧，如比喻、夸张、引用等，可以使表达更加生动、灵活和丰富。

5）模仿优秀表达者

模仿优秀的表达者，学习他们的表达方式和技巧，可以帮助你提高表达能力。可以选择喜欢的作家、演讲者、主持人等进行学习和模仿。

6）接受反馈

接受他人的反馈，不断地改进和调整自己的表达方式。可以向朋友、同事或老师寻求反馈，了解自己的表达优点和不足之处，并加以改进。

7）练习倾听

倾听是提高表达能力的重要前提之一。通过积极倾听他人的意见、建议和观点，可以了解不同的表达方式和观点，从而提高自己的表达能力。

◀ **敲黑板：表达的文化差异** ▶

表达的文化差异主要包括以下几个方面。

言辞的直接与间接：在不同文化中，人们表达意见或情感的方式会有所不同。一些文化偏向于直接表达，直截了当地表达意见和情感；而另一些文化则更倾向于间接表达，通过暗示或含蓄的方式传达信息。

表达情感的方式：不同文化背景下，人们对情感的表达方式也不同。有些文化鼓励直接表达情感，如欧美文化；而有些文化则更注重内敛和保持冷静，如东亚文化。

沟通的尊卑关系：在一些文化中，人们对沟通中的尊卑关系非常重视，会根据对方的地位和身份采取不同的表达方式和用语；而在另一些文化中，人们更注重平等和自由的沟通方式。

非语言表达的含义：非语言的身体语言、面部表情、眼神交流等在不同文化中可能有不同的含义。例如，一个动作或表情在一个文化中可能表示喜悦，但在另一个文化中可能表示不满或厌恶。

礼貌用语和礼仪：不同文化中的礼貌用语和礼仪也存在差异。例如，在一些文化中，人们在沟通中会使用更多的客套话和礼貌用语，以示尊重；而在另一些文化中，则更注重直接和简洁的表达方式。

时间观念和沟通节奏：一些文化更注重效率和时间的管理，倾向于快速直接地进行沟通；而另一些文化则更倾向于慢节奏和耐心地进行沟通，注重细节和情感表达。

这些文化差异对于跨文化沟通来说非常重要，了解并尊重不同文化的表达方式可以有效地避免沟通误解和冲突。

6. 企业实践

◆ **实践背景**

广汽本田和东风本田作为本田在华的两大合资公司，双双遭遇销量下滑。2024年，广汽本田2月份销售2.42万辆，同比下滑32.6%；而东风本田的表现更为疲软，仅售出2.13万辆，同比大跌44.3%。和大多数汽车公司2月出现的销量颓势一样，本田销量的下滑在一定程度上也是受到春节假期的影响。同时，以比亚迪为代表的新能源汽车打响了新一轮的价格战，进一步抢占了传统燃油汽车的份额。因此，广汽本田也需要做出营销策略：某汽车的销售团队需要提升他们的表达能力，以更好地与客户沟通并推销产品，以达成销售目标。为此，公司决定组织一次表达能力的培训。

◆ **实践任务**

以团队为单位，集体研讨以下问题：

（1）表达的基础有哪些？如何理解和应用它们？

（2）设计针对销售团队表达能力的培训课程，包括培训内容、形式和实施方法。

（3）通过实践训练，评估销售团队的表达能力提升情况，并提出改进建议。

◆ **实践指南**

（1）表达的基础包括语言能力、逻辑思维、情感表达和沟通技巧等方面的知识和技能。要理解和应用它们，销售团队需要通过实践训练，不断提升自己的表达能力，并在实际销售过程中加以应用和巩固。

（2）设计培训课程时，应根据销售团队的实际情况和需求，选择合适的培训内容和形式，可以包括语言表达技巧、沟通技巧、情感表达、案例分析等内容，采用讲授、演示、角色扮演、小组讨论等形式。

（3）在实践训练中，可以通过观察、评估和反馈的方式，了解销售团队的表达能力提升情况。根据评估结果，及时调整和改进培训课程，针对性地提供个性化的培训和辅导，以提高销售团队的表达能力和销售绩效。

（二）有效表达的要素

1. 工作任务

电商直播作为一种新型的销售模式，越来越受到关注。请各团队就老师给定的直播带货视频（或集体回忆看过的直播带货频道），回答以下问题。时间为15分钟。

（1）请简要介绍该电商直播平台，包括其公司背景、平台类型与功能、用户行为与心理、商家入驻与运营策略等。

（2）你认为该视频/频道的目标受众是谁？他们的特点和消费习惯是怎样的？

（3）分析一位主播，他/她在表达时采用了哪些技巧？给出具体的例子。

（4）根据你观察到的案例，描述一种行之有效的产品推介策略。该策略采用了什么表达技巧？

（5）主播是如何与观众进行互动的？互动效果如何？

（6）你认为主播在有效表达方面怎么做，才能提升直播间访客数，为直播间带来销售量的增长？

（7）在你见过的主播中，她们在表达过程中，有哪些有效的小妙招？

2. 解决方案

通过回答以上问题，各团队讨论总结启发和感悟，在学习通、雨课堂、钉钉、智慧职教等平台上上传团队讨论结果，要求总结简洁明了，时间为 7 分钟。

3. 教师点灯

◀ 评价要点参考 ▶

● 口语表达在电商直播中直接影响产品推广和销售效果。要重点关注如何吸引观众、清晰传达信息及建立信任感。

● 了解目标受众的喜好、购买习惯和需求，以便更好地定位推广内容，提高直播对观众的吸引力。

● 有效的产品推介策略要突出产品的优点、提供吸引人的优惠和礼品，注意语言的简洁明了，并包含具体有效的案例分析。

● 对于跨文化表达，要了解目标市场的语言和文化特点，以避免语言障碍和文化误解。

● 重视观众的意见和建议，及时回应和解决问题，以提高用户满意度和忠诚度。

4. 理论指导

有效表达是指能够清晰、准确地传达思想、情感或信息，达到预期目的的能力。在有效表达中，信息发送者能够选择合适的语言和表达方式，以确保受众能够理解并接受所传达的内容。有效表达不仅仅是简单地说出或写下一些信息，更重要的是能够引起听众或读者的兴趣，激发其思考或行动，并在交流过程中建立积极的互动关系。

1）有效表达的要素

（1）清晰明了的语言。

清晰明了的语言是指使用简单、易懂的词汇和句子结构，以确保信息的准确传达。使用这种语言通常避免模糊、复杂或含有歧义的词汇，而是采用直接、明确的表达方式，让受众能够迅速理解所传达的意思。清晰明了的语言具有以下特点：简洁明了、不含歧义、符合受众的理解能力。例如，在工作场合中，清晰明了的语言可以帮助团队成员更好地理解任务要求，避免误解和偏差，提高工作效率；在学术论文中，清晰明了的语言可以帮助读者更好地理解作者的观点和论证，加深对研究内容的理解。

（2）真诚的情感。

真诚的情感在沟通中扮演着至关重要的角色。它指的是表达者内心真实的感受和态度，而非虚情假意的情感表达。真诚的情感能够增强沟通的亲和力和信任感，让受众感受到说话者的真心和诚意，从而促进更深层次的交流和理解。在语气和语调方面，其是传达情感和态度的重要方式之一。通过适当的语气和语调，可以传递出说话者的情感和态度，增强信息的表达力和吸引力。例如，当表达愤怒或激动时，语气可能会变得尖锐或激烈，语调可能会变得高涨或急促；而当表达喜悦或赞赏时，语气可能会变得柔和或轻松，语调可能会变得愉悦或欢快。总的来说，真诚的情感和适当的语气语调有助于增强沟通的效果和效率，促进双方之间更深层次的理解和共鸣。

（3）适当的身体语言。

适当的身体语言是指在交流过程中运用恰当的动作、姿势和表情，以增强沟通效果和表达意图。身体语言是一种非语言的沟通方式,通过肢体动作、面部表情、眼神接触等传递信息和情感,与口头语言相辅相成,起到强化、补充和丰富表达的作用。适当的身体语言可以增强表达的说服力、吸引力和亲和力,提升沟通的效果和效率。身体语言的适用性取决于情境、受众和表达的内容。在正式场合,如商务会议或演讲中,适当的姿势和表情能够展现自信和专业性,增强说话者的说服力和可信任感;而在社交场合,如聚会中,轻松愉快的身体语言能够营造愉悦的氛围,促进良好的人际关系建立。

适当的身体语言应该与口头语言保持一致,并符合文化和社交习惯。例如,面带微笑、眼神交流和自然的手势能够传递友好和开放的态度,增进彼此之间的理解和信任;而紧张、僵硬或过度夸张的身体语言则可能产生负面影响,影响交流效果和关系建立。

(4)倾听与理解。

倾听与理解是表达过程中至关重要的两个环节。倾听是指以专注的态度听取他人的言语,并积极地去理解他们所表达的意思和情感。倾听不仅包括听到对方说的话,还要能够感知到其中的含义、情感和背后的意图。而理解则是指通过倾听和思考,真正理解对方的观点、感受和需求,从而能够产生共鸣和建立有效的沟通。

倾听与理解是建立良好沟通关系的基石。通过倾听,我们能够尊重他人、展现关注和尊重,使对方感到被重视和理解。而通过理解,我们能够更深入地了解他人的想法和感受,从而更好地回应和应对他们的需求和期待。

在实践中,倾听与理解需要具备一定的技巧和品质。这包括积极的姿态、专注的注意力、善于提问和反馈等。例如,通过眼神交流和肢体语言表达关注,使用肯定性的回应和确认来展现理解,以及及时提出问题和澄清疑虑来确保对方所表达的意思得到准确理解。

◀ **敲黑板:情绪的控制技巧** ▶

情绪控制是管理和调节个体情绪的能力,可以帮助人们在不同情境下保持冷静、理性和积极。以下是一些常见的情绪控制技巧。

深呼吸:通过深呼吸来缓解紧张和焦虑,平复情绪。深呼吸可以帮助调整身体的生理反应,使心情更加平静。

保持积极的心态:保持积极的心态对情绪控制至关重要。尽量将注意力集中在积极的事情上,寻找问题的解决方案和积极的一面。

情绪转移:将负面情绪转化为积极的行动或情感。例如,通过运动、听音乐、阅读等方式转移注意力,让自己的情绪得到释放和调节。

认知重构:通过重新审视问题,改变自己对事物的认知和态度。尝试从不同角度思考问题,找到更加积极和理性的解决方案。

放松训练:通过放松训练来缓解身体的紧张和压力,促进身心放松和平静。常见的放松训练包括渐进性肌肉松弛、冥想和瑜伽等。

时间管理:合理安排时间和任务,避免因时间压力而产生焦虑和紧张。编制清晰的计划和目标,逐步完成任务,减少压力和焦虑的积累。

寻求支持:与朋友、家人或专业人士分享自己的情绪和困扰,寻求支持和理解。与他人沟通交流可以帮助释放情绪，并获得建设性的反馈和帮助。

自我反思：定期反思自己的情绪和反应，了解情绪的触发因素和表现方式，寻找适合自己的情绪管理方法，并不断提升自己的情绪智商。

2）好口才必要的思维方式

思维是口才的基础和核心，口才是思维的表现形式和能力。思维决定着讲话的内容。嘴上讲什么，全靠脑子里想什么。没有想到的，嘴上说不出来。思维也决定着讲话的速度。讲话速度的快慢，是由思维的灵活性决定的。思维反应越灵活，主意就越多，说话也越快。同样地，思维决定讲话的效果。善于发散思维的人、思维严密的人、思维灵活的人，都善于把握分寸，因而说话的效果好，也容易达到目的；思维混乱、粗浅的人，非但说话效果不好，难以达到目的，而且得罪了人还不知道。

下面介绍几种常见的思维方式。

（1）形象思维。

案例：太太的腰围。

一位男士到商场为他太太选购一条裙子。售货员问他："您太太的腰围是多少？""不知道，"男士回答。"不过，"男士凝神一会儿，又说："我家有一台 20 英寸的彩电，我太太站在它前面时，正好把整个屏幕遮住了。"

20 英寸是电视的对角线长度，而太太腰的宽是电视机的长（16 英寸），换算之后为40.64cm，所以太太的腰围为 32 英寸，大概是二尺四多一点。

形象思维是以联想、想象和幻想为基本手段，通过生动的形象创造来揭示事物的本质及其内在规律性的思维方式。它在口才中的作用主要表现在，运用具体、生动、形象的事例、情节、画面、场景来阐明事理，抒发感情。直观性、具象性、生动性、大众性的表述，将能极好地增强语言的感染力。

（2）抽象思维。

抽象思维也叫逻辑思维，是以概念、判断、推理来间接地、概括地反映事物本质和规律的思维方式。它对口才的作用主要表现在，对说话材料、内容主题、论域进行分类组合、分析加工、抽象概括，从而使言谈概念明确、判断准确、推导正确、论证严密、内容完整而又富有条理，能极好地增强口语的逻辑说服力。

请给下列故事设计出合乎逻辑的不同结尾，帮助我们提高抽象思维能力。

案例：李明是一家新兴科技公司的市场部经理，他的团队负责推广一款创新的智能家居产品。初期，他们采用了传统的广告轰炸策略，但市场反馈平平，销量远未达到预期。在一次团队会议上，李明提议彻底改变市场策略：＿＿＿＿＿＿＿＿＿＿＿＿＿＿＿＿＿＿

李明究竟说了什么？请设计结尾。

案例：张伟，一家初创科技公司的 CEO，正坐在谈判桌前，对面是行业巨头——科技巨擘的代表。这次会谈的焦点是关于一项新技术的合作授权。科技巨擘对张伟公司的技术表现出浓厚的兴趣，但提出的合作条件却异常苛刻。

谈判进行了数小时，气氛逐渐紧张。科技巨擘的代表放下手中的文件，直视张伟的眼睛："张先生，我们的时间都很宝贵。如果您能给出更具吸引力的条件，我们很乐意继续讨论；否则，市场上还有其他选择。"

张伟深吸一口气，目光坚定，他缓缓开口：_____

张伟说了什么？请设计结尾。

（3）发散思维与收敛思维。

发散思维又称扩散思维、求异思维、多向思维。它是指面对问题沿多方向思考，产生出多种设想或答案的思维方式。我们常常说的头脑风暴（Brain Storming）就是典型的发散思维。发散思维主要通过联想、想象、猜想和推理，多角度、多层次寻找多种可能的解决问题的答案，具有多端性、灵活性、精细性和新颖性等特点，有助于增强语言的开阔性和广度，提高口才的创造性、灵活性和应变性。发散思维主要包括以下多角度思考问题的方法：顺向思维、逆向思维、纵向思维、横向思维。

与之相反的是收敛思维。收敛思维又称辐合思维、聚敛思维、集中思维、求同思维，与"发散思维"相对。它是指以某个问题为中心，运用多种方法、知识或手段，从不同方向或不同的角度，将思维指向中心点，经过比较、分析后，找到一个最合理的解决方案的一种思维方式。收敛思维对于口才的作用，在于增强语言的综合性、概括性和抽象性，提高口才的简约性、明了性和深刻性。

（4）辩证思维。

辩证思维是在逻辑思维基础上发展而来的，是思维的高级形态。它是以联系、发展的视角，运用辩证分析与综合方法，揭示事物的内在规律的思维方式。分析是主体在思维中将对象整体分解为各个组成部分，分别加以研究和认识的思维方法，是思维从整体走向部分的过程；综合则是主体在思维中把对象的各个方面的认识进行整合，全面地把握对象的方法，是思维从部分走向整体的过程。

辩证思维的实质是，强调二元思维——好和坏、正和反、积极和消极、相关联的二元（权利与义务）等，适合对错交织的问题。我们看问题要客观全面，不要偏激，并学会抓事物的主要矛盾。

辩证思维作为具备好口才的必要思维方式之一，在增强表达的全面性和深度、提升表达的逻辑性和条理性、促进有效沟通和理解等方面都发挥着重要作用。辩证思维不仅能够提升表达的深度和广度，还能增强表达的说服力和逻辑性。它要求我们从多个角度、多个方面去审视和思考问题，这种思维方式使得表达者在阐述观点时能够全面考虑各种因素，避免片面性和单一性。同时，它还强调从整体的角度去看待事物。这种思维方式使得表达者能够把握事物的整体面貌，从而在表达时能够呈现出更加完整和系统的观点。

请你从正反两方面去思考，对下列问题给出比较全面的答案。

① 一名考生认为信息时代计算机专业最有发展前途，高考时准备全部报考与计算机有关的专业，你认为合适吗？

② 求职的同学说，招聘单位对学历要求越来越高，中专、技校的毕业生真的"没戏"了，你同意他的说法吗？

③ 一位同学特别爱吃肉，但并没有发胖；另一位同学吃肉不多，却有些胖。于是，

前者照旧吃肉，后者一点肉也不敢吃了，他们的做法对吗？

5. 技能点拨

如何提高表达能力？

（1）不断练习：提高表达能力需要不断练习和实践。积极参与演讲、讨论或写作等活动，可以锻炼自己的表达技巧和能力。通过演讲，可以提高口头表达的流畅度和逻辑性；通过讨论，可以学会有效地表达自己的观点并倾听他人的意见；通过写作，可以培养文字表达的清晰度和准确性。在这些实践中，不断地挑战自己，尝试新的表达方式和技巧，逐步提升自己的表达水平。随着实践的深入，自信心也会逐渐增强，使表达更加流畅自如。

（2）进行充足的准备：充足的准备在提高表达技巧方面扮演着关键的角色。通过充分准备，我们能够更好地理解话题或主题，有时间整理和组织思绪，从而使我们的表达更加清晰和流畅。准备还能够增强自信心，让我们在表达时感到更加从容和自信。同时，充足的准备也包括对受众的研究和了解，以及对可能面临的问题的预先思考和准备。这样的准备可以帮助我们更好地应对各种情况，提高应变能力和应对能力。充足的准备不仅能够提高表达的质量和效果，而且能够增强自信心和提高应对能力，是提高表达技巧的重要方式之一。

（3）拓展知识和见识：广泛阅读、学习和积累知识，对提高表达能力至关重要。通过阅读不同类型的书籍、文章和资料，可以获取丰富的素材和内容，丰富自己的表达语言和表达方式。同时，了解不同领域的知识和见解，可以使表达更具深度和广度，不仅可以扩展自己的视野，还能够增加对各种话题的了解和思考。这样，当参与交流和讨论时，能够更加灵活地运用所学知识，提供更具有说服力和吸引力的观点和见解。广泛的阅读和学习不仅可以拓展表达的话题范围，还能够丰富表达的内容和深度，从而提高表达的质量和效果。

（4）倾听他人的意见：积极倾听和接受他人的意见和反馈是提高表达能力的关键。通过倾听他人的建议和意见，我们能够深入了解自己的不足之处，并且意识到在表达中可能存在的问题和短板。这样的认识能够帮助我们更有针对性地调整和改进自己的表达方式，提高表达的准确性和效果。同时，从他人的表达中学习新的表达技巧和方法也是非常重要的。通过观察和借鉴他人的表达方式，我们可以积累更多的表达技巧和经验，丰富自己的表达方式，从而提升自己的表达水平。

6. 企业实践

◆ 实践背景

阿里巴巴靠完善的销售制度打造了超强的销售铁军。其中，公司上门拜访客户的技巧成为业内的典范。

拜访流程是这样的。

第一步是预约客户。预约第1招，带着拜访目的去预约；预约第2招，找准预约的兴趣点；预约第3招，多赞美客户并掌握预约的主动权；预约第4招，把握最佳的预约时机；预约第5招，选择对的交流方式；预约第6招：做好预约铺垫——留一手。

预约客户与维护客情均可以通过电话拜访的方式达成，每次电话拜访不超过6分钟。

第二步是拜访客户。拜访客户需要收集和分析客户的资料和信息，摸清对方的性格。针对不同性格的客户，采取不同的交流方式。

（1）支配"老虎型"——以他为主导，倾听为主。

（2）表现"孔雀型"——夸赞为主，让他尽情展现自己。

（3）精确"猫头鹰型"——更多地陈述，给他引导或启迪。

（4）耐心"考拉型"——真诚是第一要旨。

3分钟开场白、10分钟了解客户的实际情况、10分钟介绍自己的产品、20分钟与客户互动、20分钟谈签单。谈判过程中三分靠说、七分靠听。

◆ **实践任务**

请结合案例内容分析总结，阿里的销售铁军是如何成为行业顶尖的？这种销售策略给企业带来了哪些效益？在今后的工作中可以应用哪些经验？

◆ **实践指南**

（1）分析阿里销售铁军如何利用完善的销售制度和拜访客户的技巧在行业中脱颖而出。

（2）总结阿里销售铁军采取的销售策略给企业带来的效益，如销售量、客户满意度、客户忠诚度的提高等。

（3）分析销售策略对企业的品牌形象、市场地位和竞争优势等方面的影响。

（4）思考如何将阿里销售团队的拜访流程、客户分析技巧和沟通策略等经验应用到今后的工作中，提升个人和团队的销售能力。

（三）常见的表达场合

1. 工作任务

根据老师指定的某款产品，请各团队在10分钟内完成以下汇报任务。

假如你们是一支跨国公司的市场营销团队，公司即将推出一款新产品（教师指定产品），需要进行市场调研和竞争分析。每个成员从市场、竞争对手、目标群体中选择一个方面对新产品进行分析和研究。团队成员合作，将各自的分析结果整合到一份报告中，包括市场需求分析、竞争对手评估、目标客户群体定位等内容。团队成员共同讨论并确定最终的市场营销策略，包括产品定位、宣传推广方式、销售渠道等。最后，团队代表向全体同学汇报市场调研结果和市场营销策略，展示你们的合作能力和表达能力。

2. 解决方案

通过回答以上问题，各团队讨论总结启发和感悟，在学习通、雨课堂、钉钉、智慧职教等平台上上传团队讨论结果，要求总结简洁明了，时间为8分钟。

3. 教师点灯

————◀ **评价要点参考** ▶————

● 在讨论和决策过程中，要尊重每个成员的意见和建议，形成共识，确保最终的市场营销策略全面有效。

- 汇报时，要自信：语气坚定、声音清晰、肢体语言自然。
- 表达清晰：逻辑性强、表达流畅、用词准确。
- 汇报内容吸引人：生动形象、言简意赅、引人入胜。
- 团队结合各自专业知识，将多方面观点融合为一体，形成全面且具有深度的市场营销方案。

4. 理论指导

在这个信息爆炸的时代，有效的商务表达变得尤为重要。我们每天都在与同事、客户和合作伙伴进行沟通，而良好的表达不仅可以提高工作效率，还能够增强团队合作的凝聚力和竞争力。在工作中，要能了解和掌握不同场合的表达技巧。

1）会议和讨论

在会议和讨论中，清晰地表达自己的观点和意见是至关重要的。使用简洁明了的语言、结构清晰的论述方式，能够确保我们的观点能够被准确理解和接受。首先，我们应该明确自己的立场，并简要概述表达内容。其次，通过有序的论述，将观点依次展开，确保论据充分、清晰。最后，通过案例加以说明，使观点更加生动形象，让听众更容易理解和接受。

同时，善于倾听他人的意见和建议也是非常重要的。在讨论过程中，不仅要关注自己的观点，还要留心他人的发言，尊重和接纳不同的观点。倾听他人的意见不仅可以丰富我们的思维，还可以促进团队合作和共识的达成。因此，我们应该保持开放的心态，积极倾听他人的意见，不断完善自己的观点，以达到共同进步的目标。

2）商务谈判

在商务谈判中，要充分表达自己的立场和利益诉求。通过清晰的语言，我们可以准确地传达自己的意图和要求，确保对方清楚了解我们的立场。在表达时，应该简洁明了地阐述自己的需求和期望，避免使用含糊不清或模棱两可的措辞，以免引起误解。此外，逻辑严谨的论述方式也是有效表达的关键。我们应该以事实和数据为依据，进行有条理的论述，使对方能够理解我们的观点和理念，并对我们的立场产生认同和尊重。

在商务谈判中，理解对方的需求和立场同样至关重要。只有深入了解对方的诉求和利益，我们才能够找到双方的共同利益点，寻求达到共赢的解决方案。因此，在沟通和协商过程中，应该积极倾听对方的意见和建议，虚心接受对方的观点，尊重对方的立场。通过采用合适的沟通技巧，如倾听、提问、反馈等，我们可以更好地了解对方的需求和意图，从而更有效地进行协商和谈判。综上所述，通过清晰明了的语言、逻辑严谨的论述方式和合适的沟通技巧，我们可以实现有效的沟通和协商，在商务谈判中达成双方都满意的共赢解决方案。

3）商务演讲和演示

商务演讲和演示主要是清晰地传达信息和观点。通过生动有趣的语言，我们可以吸引听众的注意力，让听众更加专注地倾听我们的演讲内容。生动有趣的语言可以使演讲更加生动活泼，增加听众的参与感和共鸣度，从而更好地传达我们的信息和观点。此外，结合适当的图表和案例也是提高演讲效果和影响力的关键。图表和案例可以直观地展示数据和事实，使演讲内容更加具体和可信，帮助听众更好地理解和接受我们的观点。通过生动有趣的语言、适当的图表和案例，我们可以有效地传达信息和观点，提高演讲的效果和影响力。

此外，流畅的演讲技巧也是商务演讲和演示中必不可少的要素。流畅的演讲可以增强演讲的连贯性和说服力，使听众更容易理解和接受我们的演讲内容。在演讲过程中，我们应该注重语速和语调的控制，避免讲话过快或过慢，以及单调乏味的语调。同时，我们还应该注重眼神交流和运用姿势动作，使演讲更具互动性和感染力。通过流畅的演讲技巧，我们可以更好地吸引听众的注意力，提高演讲的效果和影响力，从而达到预期的目标。

4）商务邮件和即时交流工具沟通

在商务邮件和即时通讯工具（如微信、WhatsApp 等）沟通中，尽管形式一致，但它们有着不同的特点和用途。

商务邮件通常用于正式的商务场合，因此应该保持正式的语言和格式。标题、正文和结尾都应该显得正式和专业。邮件内容应该清晰明了，避免冗长的句子和复杂的词汇。要点应该突出，逻辑清晰，以便读者能够迅速理解邮件的主旨和内容。此外，商务邮件需要表达出一定的专业性，使用准确的术语和专业名词，避免使用口语化的词汇和缩写，以确保邮件的正式性。同时，在邮件中应该保持礼貌，使用适当的称谓和称呼方式，如"尊敬的先生/女士""亲爱的同事"等。避免使用冒昧或不礼貌的语言。

商务邮件应该遵循正确的语法和拼写规则，避免出现语法错误和拼写错误，以确保邮件的准确性和专业性。

微信沟通通常用于日常的商务交流，更具有即时性和灵活性。微信消息应该简洁明了，内容要点突出，语言简单易懂。避免冗长的句子和复杂的词汇，以免造成读者的阅读困扰。与邮件不同，微信沟通更注重亲和性和情感表达。在微信消息中可以运用亲切的称呼和语气，以增强与对方的亲近感；也可以适当运用表情符号和语气标点，以增强情感表达和沟通效果。但要注意不要过度使用，以免影响消息的正式性和专业性。微信消息具有即时性，因此在微信沟通中可以更快地获取对方的反馈和回复。要注意及时回复对方的消息，以保持沟通的顺畅和高效。同时，在微信沟通中应该尊重对方的隐私和个人空间，避免过多的干扰和打扰。不要在不合适的时间或场合发送消息，以免给对方造成困扰。

5. 技能点拨

如何在各个商务场合中高效表达？

在会议和讨论场景下，可以提前准备好自己的发言内容，梳理思路和论点，确保表达的逻辑性和连贯性。在发言时，保持清晰、自信的语气，避免废话和重复，注意言简意赅地表达观点。同时，也要留有时间给他人发言，积极倾听并给予适当的反馈和回应。

在商务谈判场合中，事先准备好自己的谈判策略和目标，了解对方的立场和利益诉求，以便在谈判过程中有针对性地进行表达和讨论。在表达自己的立场时，要坚定但不强硬，充分展示自己的利益诉求，并且主动寻求双方的共同利益点，以达成双赢的谈判结果。

在做商务演讲和演示时，提前准备好演讲内容和演示材料，确保信息的准确性和完整性。在演讲过程中，保持自信、生动的语气，用清晰简洁的语言表达观点，注重表情和肢体语言的配合，以增强演讲的说服力和吸引力。同时，也要注意与听众互动，引导他们参与到演讲中来，提高演讲的交互性和参与感。

在写邮件或书信前，要清楚地确定写作的目的和主题，确保内容的准确性和完整性。在正文中，要简洁明了地表达意图，尽量用简洁的语言来表达观点。同时，也要注意用语礼貌和格式规范，以及邮件标题的准确，以便对方能够清晰理解你的意图并及时回复。

◀ **敲黑板：朋友圈的宣传技巧** ▶

朋友圈的宣传技巧可以帮助个人或组织更好地利用朋友圈进行信息传播和宣传推广。以下是一些常见的朋友圈宣传技巧。

内容精准定位：在朋友圈宣传前，明确目标受众，精准定位宣传内容，确保内容符合目标受众的兴趣和需求。

标题或标语吸引人：采用吸引人的标题或标语，可以激发受众的兴趣和好奇心，吸引他们点击阅读。

内容优质有趣：确保宣传内容质量优秀、有趣、有吸引力，包括图片、文字、视频等形式，吸引受众的注意力。

利用图文结合：以图文结合形式发布宣传内容，文字简洁明了，配合有吸引力的图片或图表，增强内容的表现力和感染力。

采用互动式内容：设计互动式内容，鼓励受众参与互动，如投票、评论、点赞等方式，增强用户黏性。

定期更新内容：定期更新朋友圈内容，保持活跃度和新鲜度，避免内容过时和陈旧，吸引更多人关注和参与。

分享用户案例或使用体验：分享用户的案例或使用体验，让用户亲身感受到产品或服务的优势和价值，增强说服力。

提供优惠或福利：发布优惠活动或福利信息，吸引受众参与和购买，增加销售量。

合理利用@功能：在发布内容时合理利用@功能，提及目标用户或相关群体，增加内容的曝光率和传播范围。

---

6. 企业实践

◆ 实践背景

腾讯会议系统建立之初便以打造"拎包入住"式会议体验为目标，帮助众多企业建立起一套轻便化、易上手的沟通体系。例如，德高建材在 2023 年 6 月，使用腾讯会议主办了"后疫情装企破局高峰论坛暨西卡进军家装官宣发布会"。这场关于家装行业新趋势、新格局、新赛道的高峰论坛，特设青岛、北京、上海三大会场，并采用线下与线上联动的形式举行。作为品牌对外沟通的重要窗口，发布会的每一个细节都需要严格把控，甚至连不同环节之间的 PPT 切换都必须做到严丝合缝。腾讯会议的共享屏幕支持外接视频源。

控台处理过的画面信号，一条给现场 LED 大屏，另一条给腾讯会议，避免在会议中切换 PPT 时出现短暂的黑屏，保证了现场投影画面的高度纯净。

通过腾讯会议的直播功能，可以隐藏界面四角表示"正在共享中"的绿框，让线上观众有更加沉浸的感受；也可以直接推流至视频号及其他第三方直播平台，减少不同平台之间的切换工作。如此下来，一场圆满盛大的发布会，最终只需 2 名同事来做技术支持。不仅直播效果好，还能节省人力。

通过腾讯会议的远程控制功能，授权线上演讲者直接操作共享设备，演讲者便可以自己把控演讲节奏，实现自主翻页，极大地提升了演讲者和观众的体验感。

◆　**实践任务**

结合实际案例，探讨现代科技是如何改变表达与沟通方式的，以及应该如何正确利用科技产品提高表达与沟通的质量。

◆　**实践指南**

（1）思考现代科技带来的沟通工具与平台的多样性，如社交媒体、即时交流工具、视频会议软件等，以及这些工具如何改变了人们的表达方式和沟通习惯。

（2）思考现代科技如何提高了沟通的速度与效率，如通过电子邮件、即时交流工具等可以实现即时沟通，而通过视频会议软件则可以跨越地域限制进行实时沟通。

（3）现代科技如何促进了全球化和跨文化沟通，如通过网络可以轻松地与全球各地的人进行交流，这为跨国企业和跨文化团队的沟通提供了便利。

（4）思考现代科技带来的挑战与机遇，如信息过载、沟通失误等问题，以及如何通过学习和实践来应对这些挑战，更好地利用科技产品提高表达与沟通的质量。

◀　**思政园地：中外表明表达重要性的名句**　▶

- 谚语：一言既出，驷马难追。
- 谚语：言之有物，人心相通。
- Rudyard Kipling：Words are, of course, the most powerful drug used by mankind.
- James Humes：The art of communication is the language of leadership.
- Anthony Robbins：To effectively communicate, we must realize that we are all different in the way we perceive the world and use this understanding as a guide to our communication with others.
- Peter Drucker：The most important thing in communication is hearing what isn't said.

这些名句强调了表达在个人和组织成功中的重要性，以及良好的沟通对于建立有效人际关系的必要性。

👥　四、修炼巩固

案例题一

湖南中翔重工科技有限公司作为一家流通型的外贸公司，在国际贸易领域中扮演着重要角色。应届毕业生小李很幸运地通过招聘会，成功进入这家公司。他充满热情和活力，迅速融入工作环境，但很快发现了一个严峻的挑战：商务谈判中的表达问题。

在商务场合中，小李总是感到手足无措，具体表现在以下方面。

● 语言能力不足：小李的英语水平有限，经常在与外国客户或合作伙伴交流时遇到语言障碍，无法流利地表达自己的想法和观点。

● 缺乏沟通技巧：小李在与他人沟通时缺乏灵活性，往往只能采取单一的沟通方式，无法根据不同情境和对象采用不同的沟通策略，导致沟通效果不佳。

● 理解能力有限：小李对商务谈判中的复杂情况理解能力有限，经常无法准确把握对方的意图和需求，导致谈判结果不尽如人意。

● 缺乏自我营销能力：小李缺乏自我推销的技巧，无法有效地展示自己的优势和价值，无法吸引客户或合作伙伴的注意力。

● 缺乏商务礼仪意识：小李对商务场合的礼仪规范了解不够，经常在言谈举止上显得不够得体，影响了自己的形象和信誉。

小李深知自己的不足，于是开始寻找改进的方法。你认为，小李要做哪些训练才能快速有效地解决以上问题。

案例题二

Subject：URGNT：need your response now！

dear sir/madum，

i hope this email find you well，i am from guangzhao XX textil company and i want to buy stuff from your company. i saw your webiste and i think your stuff is pretty cool.

can you send me the price for 1000 meters of fabric？i need it yesterday. also，do you have any discount for me？because i am very important and i need discount.

pls let me know if you have stock and when can you send it. i want fast delivery because i am busy and i need it yesterday.

if you are not fast，i will buy from someone else.

thx，

Lee

请你指出这封函电在书面表达方面的问题。

案例题三

小张站在广交会展馆的展台前，心里有些紧张。他身穿整洁的西装，手里拿着一份产品介绍资料，表情却流露出一丝不安。展台上摆放着各式各样的充电宝，展示画面循环播放着产品的功能和优势。人流涌动，各国客商络绎不绝地走过。这时，一位客户走过来。

小张：Hello，sir. Welcome to our booth. I'm Xiao Zhang from Guangzhou Textile Company. May I have your name，please？

客户：Hello，Xiao Zhang. I'm Peter from Germany. Nice to meet you.

小张：Oh，uh... Nice to meet you too，Peter. Um... Let me introduce you to our latest product，the power bank. It's a portable charger that... um... allows you to charge your electronic devices on the go.

客户：I see. Can you tell me more about its features and specifications?

小张：Um... Yes，sure. Our... um... power bank... uh... uses advanced lithium-ion battery technology... um... which... uh... provides faster... um... charging and... um... more efficiency.

客户：I see. Can you provide me with more specific details and data?

小张：Uh... Yes，of course. Um... Here's a brochure... um... with detailed information and... um... pricing. Please... uh... feel free to take a look.

客户：Thank you，Xiao Zhang. I'll review it later.

结束对话后，客户离开了展台，而小张则心有余悸地继续等待下一位潜在客户的到来。

小张在这一次推销活动中有哪些不足？应该如何改进？

实践题

以团队为单位，请为某商业地产活动设计一份电话营销话术。

假设你是一家商业地产开发商的市场营销专员，为了推广公司即将举办的商业地产开盘活动，你需要设计一份电话营销话术。该活动可能包括商业地产项目推介、优惠政策发布、投资分析讲座等内容。

作业要求：

① 设计一份具有吸引力的电话营销开场白，确保在第一时间引起客户的兴趣。

② 设计至少三个针对不同客户需求的卖点，每个卖点需详细阐述其优势和价值。

③ 设计一份结束语，用以确认客户的反馈，并留下后续跟进的机会。

④ 话术需体现专业性、亲和力及礼貌性。

项目 2 有效沟通能力修炼

一、修炼目标

知识目标

◆ 理解沟通的分类（如单向沟通、双向沟通、正式沟通与非正式沟通）及其在不同场景下的应用。

◆ 掌握有效沟通的形式，包括面对面交流、书面沟通、会议讨论以及现代通讯工具的应用。

◆ 明确沟通的基本特征和要素，如清晰度、准确度、反馈机制和情感表达。

◆ 学习并掌握有效的沟通技巧，如倾听、提问、说服、调解和冲突管理等。

能力目标

◆ 能够在各种商务场合运用恰当的沟通方式，如商务谈判、团队建设、客户关系维护等。

◆ 熟练运用各类媒介进行高效沟通，如电子邮件、视频会议及社交媒体平台等。

◆ 根据不同环境需求灵活调整沟通策略，实现信息的有效传递和理解，解决实际问题。

素养目标

◆ 树立正确的职业价值观，培养良好的职业道德和尊重他人的沟通态度。

◆ 增强团队协作意识，通过有效沟通促进个人与组织的共同成长。

二、修炼情境

小王就读广东财贸职业学院市场营销专业，未来将从事企业管理或市场营销等工作。面对快速变化的商业环境，小王深知有效沟通对团队协作、客户服务和企业决策的重要性。在学校模拟实习项目中，小王遇到过多种沟通难题，诸如跨部门合作时的信息不对称、与客户谈判时的需求解读不清、内部会议中的意见分歧处理等，这让他深刻认识到提升有效沟通能力是其职业生涯中必不可少的一环。

三、修炼内容

（一）有效沟通基础

1. 工作任务

学生以小组为单位，每组根据以下任务开展实践操作，准备时间为 10 分钟，展示分享时间为 5 分钟。

（1）沟通是什么？

（2）沟通有什么功能？

（3）什么场景中我们需要沟通？

（4）沟通的过程是什么？涉及哪些组成要素？

（5）沟通的媒介都有哪些？

（6）你对长辈、同辈、晚辈采用的沟通方式有什么不同？为什么？

2. 解决方案

通过回答以上问题，各团队讨论总结启发和感悟，在学习通、雨课堂、钉钉、智慧职教等平台上上传团队讨论结果，要求总结简洁明了，时间为 8 分钟。

3. 教师点灯

————◁ **评价要点参考** ▷————

● 现代社会信息爆炸，有效沟通成为提升工作效率的关键，其能确保信息准确无误地传递和接收。

● 沟通不仅涉及语言文字，还涵盖非言语行为、情绪感知及文化背景差异等方面。

● 成功的沟通者擅长根据不同场景切换沟通风格，既能坚持立场又能接纳他人观点。

● 高效沟通有助于建立信任、化解矛盾，为企业创造和谐氛围和竞争优势。

● 运用现代通信工具，提高沟通效率，跨越时空限制，构建无缝衔接的工作网络。

4. 理论指导

1）沟通的概念

沟通是指借助一定手段把可理解的信息、思想和情感在两个或两个以上的个人或群体中传递或交换的过程。

有效沟通是一个动态的过程，需要明确目的、选择合适的方式、关注信息编码与解码、注重反馈及修正。在实践中，要把握好沟通的双向性和互动性原则，以及充分考虑听众的需求和期望。

2）沟通的分类

（1）按功能划分：

● 信息性沟通：传递信息、分享知识、提供数据等。

- 交往性沟通：建立关系、维持联系、交流情感等。
- 影响性沟通：影响他人的态度、观点、行为等。
- 决策性沟通：协商解决问题、制订计划、做出决策等。

（2）按行为主体划分：

- 个人间沟通：个体之间直接进行的交流和互动。
- 组织间沟通：不同组织或单位之间的交流和协作。
- 群体间沟通：大规模群体内部的交流和信息传递。

（3）按借助的中介划分：

- 非言语沟通：通过肢体语言、面部表情、眼神交流等方式进行的沟通。
- 书面沟通：通过文字、书信、邮件、报告等书面形式进行的沟通。
- 口头沟通：通过口头语言、电话、视频会议等方式进行的沟通。

（4）按组织系统划分：

- 内部沟通：组织内部成员之间的交流和信息传递。
- 外部沟通：组织与外部利益相关者、合作伙伴、客户等进行的交流和互动。

（5）按方向划分：

- 上行沟通：下属向上级或管理者汇报、反馈信息。
- 下行沟通：上级或管理者向下属传达指令、安排任务等。
- 横向沟通：同级别或不同部门之间的交流和协作。

（6）按是否进行反馈划分：

- 单向沟通：信息传递方向单一，没有明确的反馈机制。
- 双向沟通：信息在发送方和接收方之间来回交流，有明确的反馈机制。

3）沟通的要素

（1）语言：语言是沟通的基础要素之一，通过语言可以传递信息、表达意见、交流思想等。语言可以是口头语言，如中文、英文等；也可以是书面语言，如文字、邮件、报告等。语言的选择和运用对沟通效果至关重要，清晰准确的语言可以使信息传达更加有效。

（2）情感：情感在沟通中起着重要作用，它包括情绪、态度、情感等。情感的表达可以通过语言、声音、面部表情等方式体现出来，它可以增强沟通的亲和力和共鸣，也可以影响到沟通的效果和氛围。积极的情感可以促进沟通的顺利进行，而消极的情感可能导致沟通障碍。

（3）身体语言：身体语言是指非语言的身体动作和表达方式，包括姿势、手势、面部表情、眼神交流等。身体语言可以传递丰富的信息和情感，有时甚至比语言更具有说服力。在沟通中，身体语言与语言相辅相成，共同构成了完整的沟通信息。

（4）倾听：倾听是沟通的重要组成部分，指在沟通过程中积极地聆听对方的意见、观点和感受，以理解对方的立场和情感。良好的倾听能力可以促进良好的沟通关系建立，增强对方的信任感和认同感，从而更好地达成沟通目标。

（5）环境：沟通环境指沟通发生的地点、时间、氛围等因素。良好的沟通环境有利于沟通的顺利进行，而恶劣的环境则可能对沟通造成干扰和阻碍。因此，在选择沟通环境时需要考虑到这些因素，以提高沟通的效果和效率。

（6）文化背景：文化背景是指沟通参与者的文化、价值观、习惯等因素。不同的文化背景可能导致沟通方式和内容的差异，因此在跨文化沟通中需要特别注意文化差异，尊重对方的文化习惯和价值观，以避免沟通误解和冲突。

（7）社会关系：社会关系指沟通参与者之间的关系和地位，包括上下级关系、同事关系、亲友关系等。社会关系对沟通方式和效果产生重要影响，良好的社会关系可以促进沟通的顺利进行，而不良的社会关系可能导致沟通障碍和冲突。

5. 技能点拨

如何有效沟通？

（1）强化目标意识，始终围绕沟通目标展开对话，做到有的放矢。

（2）优化信息结构，使表达的内容条理清晰、逻辑严密。

（3）培养同理心，站在对方角度思考问题，以便更精准地传递信息。

（4）加强反馈环节，确认对方是否正确理解自己的意图，并适时调整沟通策略。

（5）持续自我反思与学习，不断积累沟通经验和技巧，适应多元化的沟通场景。

6. 企业实践

◆ 实践背景

随着全球化进程的加快及数字化转型的深入，企业对员工有效沟通能力的要求日益提高。以华为公司为例，它高度重视内部沟通机制建设和跨文化沟通培训，倡导"开放、透明、坦诚"的沟通文化，通过定期组织团队研讨、案例分析、角色扮演等活动，提高员工在复杂多变的商务环境中的沟通能力。

◆ 实践任务

要求学生结合实际案例，探讨知名企业如何借助现代化沟通工具和方法提升企业内部沟通及对外沟通效果，并分析这些举措对企业运营绩效的影响。

◆ 实践指南

（1）研究企业如何搭建内部沟通平台和制度，以及它们如何改善信息流转效率。

（2）了解企业如何通过培训和考核机制培养员工有效沟通技能，特别是跨部门、跨文化的沟通能力。

（3）分析企业在客户关系管理中如何运用有效沟通策略，提高客户满意度和忠诚度。

（4）探讨企业如何利用新兴通信技术，如即时通信、云会议等，提升远程办公期间的沟通效果。

（二）高效沟通技巧

1. 工作任务

各小组课前分别从乔布斯的发布会演讲、马云的内部动员讲话等知名演讲中找一段3～5分钟的精彩片段在课上与其他同学分享，并分析他们是如何运用语言艺术、非语言表达及情感共鸣来实现高效沟通的。总结出至少五项高效沟通技巧，并在课堂上向同学们阐释。

2. 解决方案

各队展示结束后，重新讨论启发和感悟，在学习通、雨课堂、钉钉、智慧职教等平台上上传团队讨论结果，要求总结简洁明了，时间为 8 分钟。

3. 教师点灯

◀ **评价要点参考** ▶

● 高效沟通不仅是说什么，更重要的是怎么说，包括言辞的选择、语音语调、表情体态等非语言因素的运用。

● 高效沟通不仅是信息的传递，更是情感、态度和价值观的共享，需要在细节上下功夫，如语气、节奏、表情、姿势等。

● 注重沟通中的双向互动，鼓励倾听、提问和反馈，以确保信息准确无误地传达和接收。

● 优秀的沟通者懂得适时沉默，以倾听为桥，理解对方的观点和需求，从而制定更有针对性的回应策略。

● 掌握冲突管理技巧，运用有效的方法化解矛盾，促进共识达成。在解决冲突时，强调公正公平，避免指责，积极寻求共享价值，运用共赢思维解决问题。

● 适时运用讲故事、比喻、幽默等手段增强表达的生动性和吸引力。

4. 理论指导

1）沟通金字塔模型

沟通金字塔模型是由巴巴拉·明托（Barbara Minto）在其著作《金字塔原理》中提出的，主要用于指导人们构建清晰、有力、逻辑严谨的沟通结构，尤其是在写作和表达时，帮助人们更好地组织和表达思想。这一模型基于人类认知心理学，认为信息的接收者更容易理解和记住那些结构清晰、层次分明的信息。

沟通金字塔模型的主要结构如下。

顶层：核心结论。

沟通从最重要的结论开始，也就是先告诉对方你要表达的核心信息或主张。

中间层：关键支持点。

支持结论的是一系列关键论点，通常建议的数量为 3～7 个，这些论点应是支撑结论成立的主要依据，彼此之间有一定的逻辑关联性。

底层：具体事实与细节。

每个关键论点下面又包含若干具体的事实、数据等细节信息，用来证明和支持上一层的论点。

整个金字塔模型呈递进式结构，每一层都是对上一层信息的解释、扩展或证据支持，这样的结构有利于信息接收者快速抓住重点，理解整体逻辑，并在后续逐层深入时不断强化和证实前面的结论。

在实际应用中，沟通金字塔模型不仅适用于书面报告、演讲稿的撰写，也适用于口头表达和日常沟通，强调的重点如下。

- 结论先行：一开始就阐明主旨，让听者明确目标。
- 分类分组：将信息和观点按照逻辑关系进行分类和分层，确保信息的组织有序。
- 逻辑递进：各层次间的观点或信息应构成内在的因果、演绎或归纳关系，使整个论述过程具有逻辑连贯性。
- 形成闭环：底层信息足够充分，以支撑中层论点，中层论点紧密围绕顶层结论，形成一个完整的逻辑闭环。

通过遵循沟通金字塔模型，沟通者能够更有效地传达信息，减少信息损耗，提高沟通效率，同时也能使接收者更好地吸收、理解和记住信息内容。

2）SBAR 模型

SBAR 模型也称汉堡包沟通模型，是一种结构化、标准化的沟通工具，尤其适用于医疗保健和其他高风险行业中的信息交流。SBAR 代表 Situation（现状）、Background（背景）、Assessment（评估）和 Recommendation（建议），这一模型通过清晰、简洁的四步流程确保重要信息得以准确、迅速传达，并促进团队间的有效沟通和决策。

以下是 SBAR 模型各部分的详细介绍。

- Situation（现状）：

其要求传达者快速概述当前的情况，如患者的即时状态（生命体征、症状变化等）、设备状态或其他关键环境因素。这可向接收者提供最直接的现场情况概览。

- Background（背景）：

背景提供了上下文，包括患者的既往病史、之前的治疗方案、最近的检验结果及可能导致现状的任何相关事件。这部分有助于接收者理解现状是如何演变和形成的。

- Assessment（评估）：

传达者基于现状和背景信息做出初步的专业判断或分析，即他们对当前状况的理解和解释。这可能涉及对患者病情的初步诊断推测、潜在问题的识别或对当前工作流程的评估。

- Recommendation（建议）：

在此阶段，传达者明确提出下一步应该采取的行动或措施。这些建议应该是基于他们的评估，并且具有针对性，以便接收者能够迅速采取行动，如调整治疗方案、请求进一步检查或通知上级医生。

3）7C 沟通模型

- Clarity（清晰性）：清晰性意味着在沟通过程中，信息的表述应尽可能明确、不含糊，确保接收者能够准确理解信息的含义。这包括语言表达得简洁明了，以及使用易于理解的术语和概念。
- Completeness（完整性）：完整性要求在沟通时提供的信息是全面的，包括所有必要的细节和上下文，以便接收者能够全面了解情况并做出相应的反应或决策。

- Correctness（准确性）：准确性要求传达的信息必须是正确的，没有错误或误导性内容，这样才能建立起信任，并确保沟通的有效性。
- Conciseness（简洁性）：简洁性强调在不影响信息完整性和准确性的前提下，尽量用最少的话语或篇幅表达最多的有效信息，避免冗余和赘述。
- Consideration（体贴/关心）：在沟通过程中，体现出对他人的尊重和关心，考虑接收者的感受、需求和兴趣，从而使沟通更具亲和力。
- Courtesy（礼貌）：礼貌体现在沟通中的文明用语、得体的行为举止及对他人观点的尊重，有助于营造积极和谐的沟通氛围。
- Confidence（自信）：自信是有效沟通中的一个重要组成部分，它表现为对自己所说内容的坚信及对沟通效果的信心，能够让接收者更加信任和接受信息。

5. 技能点拨

有效的沟通已经成为个人和组织成功的关键因素之一。为了确保沟通的高效与顺畅，我们需要掌握一系列沟通技巧，以精准表达、正面语言、同理共情、理性接收、反馈确认、及时回应和情境适应为核心，构建出更加和谐、高效的沟通环境。

（1）精准表达：确保言辞准确、逻辑清晰，运用简单易懂的语言传递复杂信息，避免冗余和模糊不清。

（2）正面语言：在沟通中学会运用正面语言，减少负面情绪的影响。

（3）同理共情：站在对方角度思考问题，通过观察和感知对方的情绪状态，调整自己的沟通方式和内容，建立情感联系。

（4）理性接收：区分事实与感受，理性表达个人观点，避免主观臆断。

（5）反馈确认：在沟通过程中主动寻求对方的反馈，确保信息已被准确理解，同时通过适时的反馈表达对对方观点的关注和尊重。

（6）及时回应：提高信息处理能力，快速捕捉关键信息并做出回应。

（7）情境适应：根据不同沟通情境调整沟通策略，如在正式场合注重严谨和规范，在非正式场合则可以更加灵活亲切。

6. 企业实践

◆ 实践背景

凯茜·布福德（Cathy Buford）是一个项目团队的设计领导，该团队为一个有迫切需求的客户设计一项庞大而技术复杂的项目。乔·杰克逊（Joe Jackson）是一个分派到她的设计团队里的工程师。

一天，乔走进凯茜的办公室，大约是上午九点半，她正埋头工作。

"嗨，凯茜，"乔说，"今晚去观看联赛吗？""噢，乔，我实在太忙了。"接着，乔就在凯茜的办公室里坐下来，说道："我听说你儿子是个非常出色的球员。"

凯茜将一些文件移动了一下，试图集中精力工作。她答道："啊？我猜是这样的。我工作太忙了。"

乔说："是的，我也一样。我必须抛开工作，休息一会儿。"

凯茜说："既然你在这儿，我想你可以比较一下，数据输入是用条形码呢，还是用可视识别技术？可是……"

乔打断她的话，说："外边乌云密集，我希望今晚的比赛不会被雨浇散了。"

凯茜接着说："这些技术的一些好处是……"她接着说了几分钟。又问："那么，你怎样认为？"

乔回答道："噢，不，它们不适用。相信我。除了客户是一个水平较低的家伙，这还将增加项目成本。"

凯茜坚持道："但是，如果我们能向客户展示它能使他省钱并能减少输入错误，他可能会支付实施这些技术所需的额外成本。"

乔惊叫起来："省钱！怎样省钱？通过解雇工人吗？我们这个国家已经大幅裁员了。而且政府和政治家们对此没任何反应。你选举谁都没关系，他们都是一路货色。"

"顺便说一下，我仍需要你报告进展的资料，"凯茜提醒他，"明天我要把它寄给客户。你知道，我大约要，我们需要一份很厚的报告向客户说明我们有多忙。"

"什么？没人告诉我。"乔说。

"几个星期以前，我给项目团队发了一份电子邮件，告诉大家在下个星期五以前我需要每个人的数据资料。而且，明天下午的项目情况评审会议你可能要用到这些材料。"凯茜说。

"我明天必须汇报吗？这对我来说还是个新闻。"乔告诉她。

"这在上周分发的日程表上有。"凯茜说。

"我没有时间与篮球队的所有成员保持联系，"乔自言自语道，"好吧，我不得不看一眼这些东西了。我用我6个月以前用过的幻灯片，没有人知道它们的区别。那些会议只是一种浪费时间的方式，没有人关心它们，人人都认为这只不过是每周浪费2小时。"

"不管怎样，你能把你的报告资料在今天下班之前以电子邮件的方式发给我吗？"凯茜问。

"为了这场比赛，我不得不早一点离开。"

"什么比赛？"

"难道你没有听到我说的话吗？联赛。"

"或许你现在该开始做我说的这件事情了。"凯茜建议道。

"我必须先去告诉吉姆有关今晚的这场比赛，"乔说。"然后我再详细写几段。难道你不能在明天我讲述时做记录吗？那将给你提供你做报告所需的一切。"

"不能等到那时，报告必须明天发出，我今晚要很晚才能把它搞出来。"

"那么，你不去观看联赛了？"乔问。

"一定把你的数据通过电子邮件发给我。"

"我不是被雇来当打字员的，"乔声明道。"我手写更快一些，你可以让别人打印。而且你可能想对它进行编辑，上次给客户的报告与我提供的资料数据完全不同。看起来是你又重写了一遍。"

◆ **实践任务**

（1）两人交流中存在哪些问题？

（2）凯茜和乔怎样处理这种情况会更好？

◆ **实践指南**

（1）为了进行有效的商务沟通，我们需要建立一个良好的沟通环境。这意味着要选择在恰当的时间和地点进行对话，避免在不合适的时候谈论不适宜的话题。例如，上午九点半是工作时间，乔在茜的办公室提出观看比赛的事情，这显然不是一个合适的时机。而且，乔在茜提出工作相关问题时，选择避而不谈，这显然不是一个积极的沟通态度。在商务沟通中，我们应尊重对方的时间和工作，避免在工作时间进行与工作无关的讨论。

（2）解决问题是商务沟通的核心目标。然而，在本文中，我们并没有看到问题的有效解决。两人之间的交流更像是各自在表达自己的想法，而没有真正去理解和解决对方提出的问题。最终，双方都没有给出明确的答复，这显然不利于问题的解决。因此，在进行商务沟通时，我们应注重理解和解决对方的问题，而非仅仅表达自己的观点。

（3）聆听在商务沟通中是一种重要的艺术。作为管理者，我们需要善于聆听下属的声音。例如，凯茜作为领导者，应该认真聆听乔的意见和想法。如果感到乔的话题与当前工作无关，她可以适时地引导话题回到正轨，并向乔解释自己当前的工作重点，以及他应关注的事项。同时，她也可以向乔说明明天下午项目情况评审会议的重要性，以提醒他关注工作重点。此外，通过关注下属的话语，我们可以及时了解他们的工作状态和心态，在本案例中，乔已经表现出抱怨的态度，这需要我们及时察觉并处理。

（三）常见场合、媒介下的有效沟通

1. 工作任务

学生课前分组执行以下具体沟通任务，每个任务完成后进行组内反思与分享，展示分享时间为 10 分钟。

（1）口头沟通演练：请现场向你的客户（其他同学）介绍一样产品，并说明为什么要这样介绍。

（2）书面沟通训练：大家对学校有什么建议，撰写一封信函或邮件，要求语言规范、内容完整且具有说服力，同时注重格式和礼仪。

（3）媒介沟通：请模拟微信沟通过程，甲乙双方通过微信沟通合作项目方案、调整实施计划及费用预算等事宜。

（4）跨文化沟通：和特定国家的人交往有哪些注意事项？请举例说明。

2. 解决方案

通过模拟不同的商务场景和使用不同的交流媒介，学生们将学会如何根据场合和媒介的特点来调整自己的沟通方式，以达到有效沟通的目的。

3. 教师点灯

◀ 评价要点参考 ▶

- 了解不同场合和媒介的特性对有效沟通至关重要。
- 能够灵活运用各种沟通技巧，适应不同的沟通环境。
- 反复练习和场景模拟有助于提升实际应用能力。
- 跨文化沟通不仅要克服语言障碍，还要对文化习俗、商业规则、价值观有深入了解，表现出尊重与包容。

4. 理论指导

（1）口头沟通：口头沟通指通过面对面交谈、电话、视频会议等口头形式进行的交流。它涉及语言的直接运用，包括语调、语速、音量和面部表情等，有助于传达情感和即时反馈，是日常交往和商务场合中常用的沟通方式。

应用场景：日常对话、会议讨论、电话交谈、演讲报告等。口头沟通在即时反馈、情感表达和人际关系建立中尤为重要。

（2）书面沟通：书面沟通是指通过书写文字进行的交流，包括信件、报告、电子邮件、社交媒体文本消息等形式。书面沟通可以记录信息，方便查阅和存档，同时也能够给发送者更多的时间思考和修改，确保信息的准确性和完整性。

应用场景：正式商务场合、远距离沟通、记录重要信息、传达详细指示等。书面沟通具有信息持久、可反复阅读的特点，适用于需要详细记录或长期保存的信息。

（3）现代媒介沟通：现代媒介沟通是指利用现代通信技术、互联网和电子设备进行的沟通方式。它涵盖了即时通信工具、社交媒体平台、电子邮件、视频会议等多种形式。现代媒介沟通具有即时性、互动性和多样性等特点，能够迅速传递信息、建立联系，并促进跨地域、跨文化的交流与合作。通过现代媒介沟通，人们可以方便地进行文字聊天、语音通话、视频会议等，实现高效的远程沟通和协作。

应用场景：日常生活沟通、工作场景沟通、商务合作、营销推广、新闻资讯传播等。现代媒介沟通突破了时间和空间的限制，使得信息传播更为迅速和广泛。

（4）跨文化沟通：跨文化沟通指在具有不同文化背景的人们之间进行的交流。由于不同文化在价值观、信仰、习俗等方面存在差异，跨文化沟通需要特别注意尊重和理解对方的文化背景，以避免误解和冲突。有效的跨文化沟通有助于促进国际合作和文化交流。

应用场景：国际商务合作、国际交流、多元文化团队管理等。跨文化沟通要求沟通者具备较高的文化敏感性和适应能力，以避免误解和冲突，促进有效合作。

这些沟通方式各有特点，在不同的场合和情境下发挥着不同的作用。掌握这些沟通方式并灵活运用，对于提高个人和组织的沟通效率、促进合作与发展具有重要的意义。

5. 技能点拨

1）口头沟通技巧

明确沟通目标，事先准备好主题框架和关键点；注意对语音、语调和节奏的掌控，保持自信；运用开放式问题鼓励对方参与，积极回应对方的反馈；引导对方注意力，使用故事讲述和案例分析来阐述观点。

商务洽谈：在商务洽谈中，有效沟通的核心在于准确捕捉客户需求、清晰阐述产品优势、合理制定合作方案，并运用恰当的身体语言、表情管理和肯定性反馈来营造良好的谈判氛围，要提出开放式问题以获取更多信息，同时运用谈判技巧达成共赢。

团队会议/商务会议：提前准备好议题和资料，要掌握如何设定议程、引导讨论、掌握会议节奏。激发团队成员积极参与，在确保每个人的观点都能得到充分表达的同时，要避免离题和冗长发言，确保会议高效有序。另外，还要注意如何记录关键点、形成决议以便跟进执行情况。

公开演讲与演示：精心策划内容，结合视觉辅助工具，吸引听众注意力，确保信息传递到位。

日常一对一交谈：关注对方身体语言，营造轻松氛围，鼓励对方打开话匣子，建立深度联系。

2）书面沟通技巧

确保信息结构清晰、主次分明、重点突出；使用简洁、准确的语言，避免冗长和模糊表述；采用礼貌、专业的语气，体现尊重与诚意；结束时明确下一步行动计划或期待的回应。

电子邮件：遵守商务礼仪，主题明确，正文简练，附件齐全，结尾礼貌客气。强调邮件内容的清晰度和时效性，以及适当地附上相关文档、表格等附件以支持沟通目标。

提案：完整、详细且有针对性，包含问题定义、数据分析、解决方案建议等内容，并注意运用图表、列表等视觉元素增强信息传达效果。

报告撰写：结构严谨，论据充分，结论明确，便于读者快速获取关键信息。

求职信与推荐信：有针对性地展示个人优势，表达诚意，塑造良好形象。

3）现代媒介沟通

视频会议：在当前普遍的远程办公环境中，视频会议已成为重要的沟通方式。应注意设置适宜的背景环境，调试设备，确保画面与声音清晰。集中注意力，遵循会议规则，减少干扰，提高参会效率。另外，要注意在视频会议中展现良好的仪态。

社交媒体沟通：针对不同的社交媒体平台（如 LinkedIn、TikTok、小红书、微博等），在遵循公司政策的前提下，运用社交媒体拓展业务关系，维护品牌形象，解答用户疑问。在保持专业形象的前提下，进行信息推送、互动交流和客户服务，同时要注意隐私保护和信息安全。

即时通信工具，如 WeChat 等，为人们提供了便捷的沟通方式，满足了人们在日常生活和工作中的沟通需求。它们不仅具有快速传递信息的功能，还具备丰富的社交功能和互动体验，使人们能够随时随地保持联系、分享信息和建立人际关系。使用此类工具，要合理设置消息提示，保持在线状态，及时回应同事或客户咨询，保持高效互动。

电话沟通：电话沟通具有不能看到对方表情的特殊性，要注意通过语气和节奏弥补非言语信息的缺失。要使用电话进行高效沟通，需要练习开场白的设计、语音语调的掌控、信息的清晰传递及结束通话时对后续安排的确认。

4）跨文化沟通

在国际化商务环境中，有效沟通还需考虑到文化差异带来的影响。了解不同文化背景下的沟通习惯与禁忌，避免因文化差异导致误会。学会尊重和包容多样性，根据不同文化环境调整沟通方式和风格，使用易于理解的语言和比喻。灵活运用沟通策略，以避免误解和冲突，建立长久稳定的合作关系。

◀ **敲黑板** ▶

- 倾听与反馈技巧：

  全身心投入，给予对方充分的关注和尊重；

  辅以肢体语言，表明正在聆听和理解对方；

  提问澄清疑点，反馈对方观点，确保信息准确无误；

  给予建设性反馈，指出优点的同时提出改进建议。

- 冲突解决与谈判技巧：

  明确各方利益诉求，找出共同目标；

  运用双赢思维，发掘潜在的合作机会；

  采用协商和妥协策略，缓解对立情绪；

  定制多样化的解决方案，平衡各方利益。

6. 企业实践

◆ **实践背景**

作为国内知名电商平台，京东以其出色的客户服务和高效的内部沟通体系著称。京东推行全员客户优先的文化，强调无论是与外部客户的交互，还是内部跨部门协作，都始终坚持"用户第一"的原则。京东利用先进的数字化技术和智能化平台，实现了客户服务的全天候响应和内部信息的快速准确传递，有效提升了内外部沟通效率和客户满意度。

◆ **实践任务**

基于京东的案例，学生将以小组为单位，进行以下实践活动：

深入研究京东客服中心的运作模式，了解其如何通过电话、在线聊天、邮件等各种媒介与客户进行有效沟通，处理投诉、咨询、建议等问题，提升客户体验。

◆ **实践指南**

（1）确保充分了解产品知识和常见问题解答，以便提供准确信息。

（2）采取积极倾听的姿态，让客户感受到被理解和重视。

（3）保持冷静和专业，即使面对不满的客户也不失礼貌。

（4）使用简单易懂的语言解释技术问题，避免行业术语造成的障碍。

（5）重点强调解决方案和改善措施，而不是问题本身。

（6）记录交流中客户的关注点和反馈，以用于后续的服务改进。

（7）在交流结束后，对客户表示感谢，并邀请他们继续提供反馈。

（8）在整个实践过程中，要定期进行评估和反思，不断优化沟通策略。

◀ **思政园地：商科沟通力进阶密码** ▶

● 诚信为本。在商业洽谈、项目汇报等沟通场景下，如实介绍产品优势与不足、精准阐述数据，不夸大、不隐瞒，用诚信赢得合作方与客户长久的信任。

● 责任担当。面对复杂的商业问题，如产品质量危机，敢于挺身而出，制定清晰的沟通解决方案，对消费者负责，展现商科人直面挑战的风骨，保障各方权益。

● 开放包容。与全球商业接轨，与不同文化背景人士交流，尊重差异，汲取多元商业智慧。

● 心怀家国。关注国内产业发展痛点，利用所学知识，协调资源助力解决；在参与国际商务时，传播中国品牌故事，让个人努力为国家商业崛起添砖加瓦。

👥 四、修炼巩固

案例题一

案列名称：星巴克"第三空间"沟通实践案例分析。

案例描述：星巴克不仅仅是售卖咖啡的场所，它还以其独特的"第三空间"理念闻名，即在家庭（第一空间）和工作场所（第二空间）之外，提供一个舒适的社交环境。在星巴克门店，员工被培训为"咖啡大师"，他们通过个性化的问候、细致的服务和深度的顾客沟通，营造出温馨友好的氛围。例如，员工会记住常客的名字和喜好，主动与顾客交流，了解他们的需求和反馈，并及时提供个性化的建议和服务。

问题：结合星巴克"第三空间"理念，分析其如何通过有效沟通提升顾客体验和品牌忠诚度？

举例说明星巴克员工在日常工作中如何运用沟通技巧来满足和超越顾客的期望，并讨论这些沟通策略对提升企业形象和经济效益的作用。

案例题二

案例名称："海底捞"服务沟通案例分析。

案例描述："海底捞"以其极致的服务而受到消费者的广泛称赞。其员工在与顾客沟通交流中，始终坚持"以人为本"的服务理念，如主动为顾客提供围裙、眼镜布、手机袋等，并在顾客用餐过程中积极沟通了解需求，如调整火候、推荐菜品搭配等。即使面对顾客的特殊需求或抱怨，海底捞员工也能通过有效沟通妥善解决问题，甚至通过超出顾客预期的服务来弥补失误。

问题：分析"海底捞"在服务沟通中的特色做法，如何通过个性化、贴心的服务满足顾客需求，并以此塑造品牌形象？

结合具体案例，探讨在餐饮行业中，有效沟通对于提升顾客满意度、应对服务挑战和维护企业声誉的重要性，并讨论海底捞在服务沟通实践中值得其他企业借鉴的经验。

实践题

题目：本地奶茶店顾客体验与沟通服务改进计划。

任务：

（1）组织团队访问所在城市内的一家奶茶店，对店内环境、商品陈列、工作人员服务态度、顾客沟通方式等方面进行实地考察和记录。

（2）观察并记录奶茶店工作人员与顾客的沟通互动情况，包括但不限于咨询服务、推荐饮品、处理投诉等场景，分析其沟通策略的优点和不足。

（3）通过现场采访或发放问卷的形式，收集顾客对奶茶店服务和沟通方式的反馈意见，了解他们在购买过程中对沟通交流的实际需求和期望。

（4）根据调研结果，设计一套改进实体奶茶店顾客体验与沟通服务的具体策略和实施方案，包括如何优化员工培训、提升沟通技巧、创新服务模式等内容。

（5）以报告的形式详细阐述调研过程、分析结果及改进方案，并通过 PPT 展示或模拟演示的方式，呈现沟通服务场景和预期效果。

提交内容：

（1）实地调研报告，包括奶茶店基本情况介绍、观察到的沟通实例分析、顾客反馈整理等。

（2）奶茶店顾客体验与沟通服务改进计划，列出改进点、具体措施、预期目标及实施步骤。

（3）PPT 演示文稿或模拟演示视频，展示改进后的沟通服务场景及效果。

模块五

谈判博弈能力修炼

谈判是指双方或多方（一般指双方）为实现各自目的进行沟通、说服，争取达成一致意见的行为过程。商务谈判是指有关商务活动的双方或多方（一般指双方）为了达到各自的目的，就一项涉及各方利益的标的物的交易条件，通过沟通和协商，最后达成各方都能接受的协议的过程。本模块围绕商务谈判的原则和人员构成，商务谈判的开局、报价、讨价还价、成交和合同的签订等实际工作流程进行阐述，旨在帮助同学们提升商务谈判的实际能力，提高商务谈判的综合素质。

项目 1　谈判筹备能力修炼

一、修炼目标

知识目标

- 熟悉信息收集的内容。
- 掌握谈判人员的组织与管理。

能力目标

- 能够说明谈判方案制定的原则。
- 能够设置谈判成员的合理结构。
- 能够开展谈判场所的选择和布置。

素养目标

- 培养创造性思维、辩证性思维。
- 培养学生在谈判前期准备中具有良好的团队合作意识。

二、修炼情境

买方：浙江宁波白鹤纺织品公司（以下简称白鹤公司）。

卖方：北京太康针织服装厂（以下简称太康厂）。

白鹤公司是专业经营各类服装及布料的企业，现有资产规模为 20 亿元，在国内属于规模较大的服装行业企业，其自主拥有的几个服装品牌在国内名气较大，与国际几大顶级服装品牌，如古驰（GUCCI）、迪奥（CD）等，有贴牌生产和委托加工的业务往来。受金融危机冲击，整个行业不景气，白鹤公司也不例外，销量有下降的趋势。白鹤公司认为这正是调整自身经营结构，整合资源，未来做强、做大的机遇。公司管理层制定了未来发展方略，外贸、内销齐头并进，扩大资产规模，在全国加强营销布点，特别是抢占特大城市销售网点，以巩固和加强已有的销售能力和网络竞争力，维护本企业在传统市场的销售份额和扩大品牌影响力。为此，白鹤公司决定在香港上市，扩充资产规模和增加营销网点是公司当前的主要任务。收购太康厂股权是以低成本获得它所拥有的北京 8 家营销网点的良机，白鹤公司决定参与竞争购买太康厂的股权。

太康厂是专业生产羊毛、羊绒针织服装的工厂，有近 15 年的生产销售历史，是典型的"前店后厂"生产型企业。在过去的北京市场上，该公司生产的针织产品，由于原料讲究、做工细，深得本地消费者的青睐，在当地也算家喻户晓。太康厂已有十多年的出口经验，为韩国、日本、西欧的客户均做过品牌加工，"太康"品牌具有一定的知名度。但由于产品单一、款式陈旧、研发不足，太康厂利润每况愈下，生产及经营基本停滞，该厂的控股股东有变现资金的需要，决定将其大部分的股权予以转让或出售。

太康厂位于通州区的边缘，离城铁较近，租用当地某农垦公司用地 30 年，占地 20 亩，建有四个生产车间，具有开发部、维修部、仓库等，还有四层办公楼 1 栋、联排职工宿舍 4 栋，可容纳 350 人居住。厂区有食堂、球场，配套性较好。按太康厂的报告，扣除银行贷款 240 万元，工厂经评估后的净资产为 2500 万元，主要包括场地固定资产和设备、设施 1200 万元，北京自有销售门店 8 家产权 960 万元，存货 240 万元，"太康"品牌100 万元。太康厂现有干部 4□ 人、工人 269 人（包括临时工、正式工）。对于正式工，按国家相关规定，在企业整合时，应考虑到他们的利益。原股东应考虑对他们进行经济补偿和安排工作。双方在初次谈判转让价时，一致同意考虑该部分费用，经过初步计算，控股股东需承担的费用近 300 万元，出售方（转让方）与购买方（受让方）对最后的转让价及职工补偿安置方案的确定与结算进行了最后的谈判。

在过去，双方互有竞争，市场上较熟悉。本次参与谈判的人员系第一次交往，个别市场营销人员及生产人员在过去的竞争中互有所闻。经过多次谈判后，双方均清楚：一个要扩张，一个要收缩，目标是成交后，各自获得所需利益，期望两股力量合二为一。

假设你是白鹤公司的市场营销人员，为了促成本次谈判，如何设定谈判的目标和原则？人员构成是什么？需要进行哪些筹备工作？

三、修炼内容

（一）商务谈判的目标和原则

1. 工作任务

将全班同学按性别、性格、能力互补情况，每 5～6 人组成一个团队（小组），分别回答以下问题，时间为 10 分钟。

（1）这场商务谈判的目标是什么？

（2）这场商务谈判的原则是什么？

2. 解决方案

通过回答以上问题，各团队讨论总结启发和感悟，在学习通、雨课堂、钉钉、智慧职教等平台上上传团队讨论结果，要求总结简洁明了，时间为 10 分钟。

3. 教师点灯

◁───── ◈ 评价要点参考 ◈ ─────▷

● 商务谈判是一种合作，必须追求共同利益，才能使得双方得利。

● 商务谈判是一个各方通过不断调整自身需要和利益而相互接近、最终达成一致意见的过程。

● 谈判所涉及的必须是"双方",所寻求的是双方互惠互利的结果。

● 商务谈判中,双方都应该是平等相待、互惠互利的。

● 谈判者要避免把人的问题和谈判的问题混杂在一起,双方应肩并肩处理问题,而不是面对面地看问题。

● 谈判者应该把注意力集中在相互的利益上,而不是立场上。即使双方立场冲突,仍然可以合作争取共同的利益。

● 谈判依据的是客观标准,而不是某一方的压力。

● 谈判者应当既坚持科学,抱着科学的态度去谈判,又讲究艺术,及时化解谈判中可能出现的各种问题。

4. 理论指导

1)商务谈判的目标

商务谈判的目标指的是谈判者在谈判开始前预期要争取的利益,它明确了谈判的总体方向、谈判者希望通过此次谈判实现的目的及对本次谈判的期望水平。

谈判者首先需要对所有涉及利益的要求和条件进行归类,然后将谈判条款大致划分为理想目标、力争目标和底线目标。

理想目标:对谈判者而言,这是能获得最满意利益的谈判目标。尽管理想目标通常难以实现,但它可以激发谈判者的斗志,并为谈判设定一个对己方最有利的开局。

力争目标:谈判者可以通过谈判努力争取的目标。如果一场谈判能够实现力争目标,那么我们就可以说是"赢"得了这场谈判。是否实现了力争目标是衡量一场谈判是否"赢"的标准。

底线目标:谈判者可以让步的极限值。如果一场谈判仅仅实现了底线目标,我们只能说这场谈判"输了"。

2)商务谈判的原则

(1)言而有信原则。

诚实可信、言而有信、信誉至上在谈判中非常重要。"人无信难立,买卖无信难存。"在谈判桌上,我们推崇一个"信"字,强调谈判人员应言而有信、行必有果。从人际关系的角度上讲,人与人之间的交往态度多半游离于纯粹的信任和极度的猜疑之间。在利益冲突非常明显的谈判活动中,这一关系表现得更为强烈。在曲折复杂的谈判过程中,作为参与者必须坚持前后一致、严守信用。良好的信誉能给谈判对手带来信任感,有助于消除疑虑和分歧,使双方更快达成一致。如果没有信用,谈判双方彼此相互猜疑,那么无疑将破坏谈判中的合作气氛,使谈判陷入困境,最终可能导致谈判破裂。

当然,谈判人员有时也可能改变自己的立场,但这是有条件的。修改自己的意见必须寻找充分的理由,要么是初始意见的条件发生了变化,要么是对方做出了让步,或者对方的论点比自己的更有说服力。

为了在谈判中贯彻言而有信原则，谈判人员应当做到：守信用，即遵守自己在谈判中的承诺，这是取信于对方的关键；信任对方，才能获得对方的信任，这是取信于人的方法；不要轻易承诺，这是取信于人的重要保障；以诚待人，这是取信于人的积极态度。

（2）平等互利原则。

商务谈判是一种互惠的合作过程。在任何商务谈判中，双方都应平等相待、互惠互利。平等互利反映了商务谈判的内在要求，是谈判者必须遵循的一项基本原则。商务谈判是涉及谈判双方的行为，这一行为是由谈判双方共同推动的，谈判的结果并不取决于某一方的主观意愿，而是取决于谈判双方的共同要求。在商务谈判过程中，谈判双方都是独立的利益主体，共同构成了"谈判"这一行为的主体，彼此的力量不分强弱，在相互关系中处于平等的地位。从某种意义上讲，双方力量、人格、地位等的相对独立和对等，是谈判行为发生与存在的必要条件。如果谈判中的一方由于某些特殊原因丧失了与对方对等的力量或地位，那么另一方可能很快不再视其为平等的谈判对手了，并可能寻求采取其他方式而非谈判来解决问题。这样一来，谈判就偏离了其原本的目标。

参与商务谈判的双方都想实现自己的目标，都有自己的利益诉求，并希望通过谈判获取尽可能多的利益，因此谈判双方都是"利己"的。但对谈判双方而言，任何一方要实现自己的利益，就必须给予对方利益，每一方利益的获取都是以对方取得相应利益为前提的。因此，谈判双方又都必须是"利他"的。每一项商务谈判都包含了上述相互依存、互为条件的两个方面。

商务谈判必须在平等的基础上进行，谈判所取得的结果应该对双方都有利，互惠互利是谈判取得成功的重要保证。但这并不是说双方从谈判中获取的利益必须是等量的，互利并不意味着利益的相等。在谈判过程中，任何一方都有权要求对方做出某些让步，同时，任何一方又都必须对他方提出的要求做出相应的反应。让步在确立双方利益时是必要的，但各谈判方的让步幅度可以有所不同。

谈判双方为了某些共同需求而走到一起，互相合作；然而，双方也有各自的需求，作为不同的利益主体可能产生对立和冲突。如果某一方只关注自身利益，只想满足自己的需求，则这种谈判就缺乏最基本的基础，最终也无法取得理想结果。许多谈判者往往过分强调商务谈判中的冲突因素，认为可分配的利益是有限且固定的，而忽视了通过合作找到更有效的解决方案。西方学者常用分饼来比喻这一问题：谈判双方共同分割某一既定利益，一方所得越多，另一方得就越少；一方增加所得，另一方所得必然减少。这是一种典型的"赢-亏"式谈判，其中冲突因素比合作因素更为显著。

事实上，谈判双方可以通过共同努力增加可分配利益的总量。如果双方合作制作一个更大的"饼"，则即使各自相对的份额保持不变（如50%对50%），各自的所得也会增加。这是一种典型的"双赢"式谈判，重点在于合作而非冲突。

（3）人事分开原则。

无论何种类型的商务谈判，无论其目的为何，谈判都必须由特定的谈判人员参与，并由所有参与者共同推进。每个参与者都有自己的价值观、个性特征及对事物的认知和情感体验。因此，任何商务谈判都会在一定程度上融入谈判者的个人因素，人的情感常常与讨论中问题的客观性相互交织。

商务谈判是以经济利益为目标的，每一个谈判者都希望达成自己的利益目标，人们对实际谈判活动的规划无疑也是以此为基础的。如果偏离了这个核心，不从谈判双方的利益关系出发，而是依据相关人员的个性来构想谈判问题，人们可能会忽略实质性的重要问题，从而降低谈判的效率。在商务谈判过程中，人的因素，包括各谈判人员所具有的正常情感和理性，不可避免地会对谈判的进程产生影响。如果把谈判看作对双方意志的考验，而不把它当作共同解决问题的活动，人们就可能陷入一些无谓的争执或对立之中，最终导致谈判失败。每一个谈判人员都应意识到，商务谈判不是解决人的问题的过程，而是人们共同解决谈判问题的过程。把人的问题与谈判的问题分开，是谈判者必须遵循的一项重要原则。

拥有战略眼光的谈判专家不仅需要具备兼容并包的胸怀，还必须拥有高瞻远瞩的智慧。其视角应始终立足长远，关注未来，追求建立长期的合作关系，并愿意共同承担风险。因此，在谈判过程中，谈判者应当特别重视构建和保持双方的良好关系，确保争论与冲突集中在事务本身而非个人身上。在谈判时应坚持将人和事区分开来，具体做法如下。

首先，谈判人员在谈判中提出方案和建议时，要从对方的立场出发考虑提议的可能性，理解或谅解对方的观点、看法。当然理解并不等于同意，对别人思想、行动的理解会使自己全面、正确地分析整个谈判的形势，从而缩小冲突范围，缓和谈判气氛，有利于谈判顺利进行。

其次，谈判人员尽量多阐述客观情况，避免责备对方。谈判中经常出现的情况是，双方互相指责、抱怨，而不是互相谅解、合作，其原因就是混淆了人与事。当谈判者对谈判中的某些问题感到不满时，往往会将责任归咎于某一方或某个人，从而导致问题被搁置一旁，转而对对方或特定个人进行指责和攻击。这种做法虽然维护了个人的立场，但却产生了相反的效果。对方在你的攻击下，会采取防卫措施来反对你所说的一切。他们或拒绝听你说话，或反唇相讥，完全把人与事纠缠在一起。明智的做法是抨击问题而不责难人，以开诚布公的态度将双方的分歧点摆出，在提出你的见解的同时，尊重对方的意见，心平气和，彬彬有礼。这样你就争取到了主动权，消除了双方的对立情绪，再次使双方都参与协商。谈判中出现矛盾和分歧，多数情况下是由于双方都从自己的立场出发，提出一个对方难以接受的提议或方案。即使这些提议对谈判整体有利，对方也可能因怀疑意图而拒绝接受。如果提出的一方一味坚持，则另一方很可能态度强硬，谈判常常会陷入僵局。但如果改变方式，就可以避免出现上述情况。改变的方式很简单，就是让双方都参与方案的起草、协商。一个能容纳双方主要内容、包含双方主要利益的建议会使双方都认为它是自己所要的。如果谈判者切切实实地感到他们是提议的主要参与者、制定者，那么达成协议就会变得比较容易。当各方对解决问题的办法逐步统一和确认时，整个谈判过程就会变得更加有秩序、有效率。

最后，谈判人员要尊重对方，勿伤感情。谈判人员有时会固执地坚持己见，并不是因为谈判桌上的建议无法接受，只是因为他们在感情上过不去，即使是出于无奈而让步，也往往会耿耿于怀。在谈判中尊重对方，不伤及对方的感情十分重要。伤害对方感情的可能仅仅是几句话，但带来的后果却是严重的。一旦对方的感情受到伤害，可能会激起其愤怒并引发反击，或者引起恐慌导致自卫，甚至采取对抗性行动。这些反应只会破坏双方的关系，使谈判陷入僵局。正确的做法是，我们要认识、理解自己和对方的感情；要善于忍耐、倾听；当谈判对方或己方的某人处于非常窘困的境地时，我方应尽量想办法减少对方的敌意。

（4）重利益不重立场原则。

谈判者所持的立场与其所追求的利益是密切相关的。立场反映了谈判者追求利益的态度和要求，而谈判者的利益则是使其采取某种立场的原因。利益在许多情况下是内隐的，而一个人的立场则由其自己决定，并常常通过言谈举止显现出来。

人们持有某种立场为的是争取其所期望的利益，立场的对立无疑源于利益的冲突。如果谈判者所持的立场无助于他对利益的追求，他就会重新审视这一立场，适当地修改和调整，甚至放弃这一立场。在商务谈判中，谈判者的立场服从于其对利益的追求。就立场对立的双方来说，重要的不是调和双方的立场，而是调和彼此的利益。

把注意力集中于柜互的利益而不是立场，对谈判双方来说都是十分有益的。这是因为以下两方面的原因。

每种利益通常有多个可以维护该利益的立场。谈判者追求某一利益的愿望，可以通过不同的立场来体现。例如，在一场旨在最大化销售收入的谈判中，谈判者的立场可能是坚持不降低价格或仅做少量让步，或者坚持要求对方在己方认可的较低价格水平上增加订购量。这两种立场都是为了实现某种利益，且都有可能满足己方的利益需求。然而，如果谈判者过于固守特定立场，尤其是在与对方发生严重冲突时仍一味坚持，则可能会动摇双方合作的基础，从而丧失原本可以获得的利益。

在对立的立场背后，往往隐藏着双方共同的利益。例如，在一次谈判中，一方坚持合同中必须包含对延期发货给予严厉处罚的条款，双方在这个问题上互不相让。但如果深入分析这些对立的立场，可以发现双方实际上有着一致的利益：卖方希望获得持续不断的订单，而买方则需要确保原材料的稳定供应。因此，立场上的对立并不意味着利益的完全对立。明确并理解双方共同的利益，并为此采取灵活的措施，可以帮助双方在共同利益的基础上达成一致。

当然，谈判双方在关注自身利益的同时，也应考虑到对方的利益。这样做可以在你阐述自己的利益时减少对方的抵触情绪。同样，你也需要向对方解释他的利益，使其意识到即便双方在立场上存在冲突，仍然可以在共同利益的基础上进行合作。谈判者在讨论利益时应尽量具体化，因为过于抽象的表述难以获得对方的理解和信任。实际上，在某些情况下，"原则上"的协议往往意味着双方虽然愿意解决问题，但一时找不到具体的解决方案或协议条款的基础。

（5）坚持客观标准原则。

商务谈判是一个双方寻求互利的过程，是互惠合作的体现。然而，无论谈判者多么了解彼此的利益和需求，或者多么重视维护合作关系，分歧总是不可避免的。虽然人们希望通过谈判减少这些分歧，但仅凭良好的主观愿望是无法完全消除分歧的。

面对分歧时，有些谈判者采取强硬态度，试图迫使对方不断让步；而另一些则过于强调情感因素，在对方压力下不断退让。依赖压力达成协议可能带来短期利益，但不可能长期成功。同样，宽厚大方的做法虽能维持良好的关系，却可能导致自身利益受损，结果往往不尽如人意。

坚持客观标准原则，即在协议中必须反映公正、不受任何一方立场左右的标准。谈判应基于客观标准，而非单方面的压力。通过讨论客观标准而不是固执地坚持自己的立场，可以避免任何一方屈服于另一方，使双方都能接受公正的解决方案。

（6）科学性与艺术性相结合原则。

在商务谈判过程中，谈判者应当既坚持科学性，又讲究艺术性，遵循科学性与艺术性相结合原则。只有用理性的思维，抱着科学的态度去对待谈判，才能发现谈判中带有规律性的现象和实质要求，把握其一般的发展趋势；同时，只有运用艺术化的处理手法，才能及时化解谈判中可能出现的各种问题，灵活地调整自己的行为，从而使自己在面对不断变化的环境因素时，能保持反应的灵敏性和有效性。从某种意义上讲，坚持谈判的科学性，谈判者就能够正确地规划自己的行为；而坚持谈判的艺术性，谈判者就可能找到更好的途径来实现预期目标。

5. 技能点拨

◀　知识拓展：成功的谈判，每一方都是胜利者　▶

20世纪80年代末期，中国学者牟传珩（苦阳子）撰写的《谈判学研究》（中国华侨出版社1991年出版）一书，首次提出"成功的谈判，每一方都是胜利者"的观念，把"双胜"政治思想隐含在谈判理论之中。该书成为我国第一部从程序到实体、从理论到实践，全面系统研究谈判双赢思想，并使之成为一门独立学说的理论著作。

如何在谈判过程中做到客观公正呢？

（1）建立公平的标准。可供双方作为协议基础的客观标准多种多样，常见的包括市场价格、行业标准、价格指数和科学计算等。选择这些标准时应独立于双方的主观意愿，并且必须得到双方的认可和接受。

（2）设定公平分割利益的步骤。例如，可以借鉴两个小孩分橘子的故事，采用"一个切，一个选"的方法；大宗商品贸易可以通过期货市场定价进行基差交易；在两位股东持股相等的投资企业中，可以采用总经理任期轮换法。这些都是通过具体步骤来公平分割利益的例子。

（3）将谈判利益的分割问题聚焦于寻找客观依据。在谈判过程中，多问对方：您提出这个方案的理论依据是什么？为什么是这个价格？您是如何计算出这个价格的？

（4）善于阐述自己的理由并接受对方提出的合理客观依据。一定要用严密的逻辑推理来说服对手。对方认为公平的标准也必须对你公平。利用你所同意的对方标准来防止其漫天要价，甚至在面对两个不同的标准时，也可以寻求折中方案。

（5）不要屈从于对方的压力。来自谈判对手的压力可以是多方面的，如贿赂、最后通牒、以信任为借口让你屈从、抛出不可让步的固定价格等。但是无论哪种情况，都要让对方陈述理由，讲明所遵从的客观标准。

6. 企业实践

◆ **实践背景**

中国某公司向韩国某公司出口丁苯橡胶已一年，第二年中方再次向韩方报价，以继续供货。中方公司根据国际市场行情，将价格从前一年的成交价每吨下调了120美元（前一年价格为1200美元/吨）。韩方感觉可以接受，建议中方到韩国签约。中方人员一行二人到了该公司总部，双方谈了不到20分钟，韩方人员说："贵方价格太高，请贵方看看韩国市场的价格，3天以后再谈。"中方人员回到饭店感到被戏弄，很生气，但人已经来了，谈判必须进行。

中方人员通过相关协会收集到韩国海关的丁苯橡胶进口统计数据，发现韩国从哥伦比亚、比利时、南非等国进口较多，从中国进口的也不少，其中中方公司占据了较大的市场份额。在韩国市场调查中发现，南非的丁苯橡胶价格很低，但仍然高于中国产品的价格。哥伦比亚和比利时的产品价格则均高于南非。值得注意的是，韩国市场的批发和零售价格比中国公司的当前报价高出30%~40%。尽管市场价格呈现下降趋势，但中国公司的报价仍然是韩国市场上最低的。为什么韩方人员不同意当前报价？

中方人员分析，对方可能认为中方人员既然已经来到韩国，必定急于签订合同回国，因此打算借此机会进一步压低价格。然而，韩方是否真的不急于订货并寻找借口呢？中方人员推测，如果韩方不急于订货，就不会邀请中方人员来韩国了。此外，韩方过去与中方有过多次合作，执行合同顺利且对中方工作表示满意。这些人会突然变得不信任中方吗？从态度上看并不像，他们不仅到机场接机，晚上还一起喝酒，保持了良好的互动氛围。

通过分析，中方人员一致认为韩方意图利用中方人员出国急于成交的心理，进一步压低价格。基于这一分析，中方人员决定在价格条件上做出调整。总体策略是，态度要强硬，因为来之前对方已经表示同意中方的报价了，所以不怕空手而归。同时，价格条件应恢复到市场水平（约1200美元/吨）。此外，不必等待3天后再通知韩方，即刻就将新的价格条件告知对方。

做出决定后，中方人员通过电话告知韩方人员："我们的调查已经结束，结论是，我们来韩国前的报价偏低，应恢复到去年的成交价位。但考虑到老朋友的情谊，我们可以每吨下调20美元。请贵方研究后通知我们。如果我们不在酒店，请留言。"韩方人员在接到电话后的一个小时内便回电，约请中方人员前往其公司进行会谈。

韩方认为，中方不应将价格再次上调。而中方则认为，这是韩方赋予的权利。我们按照韩方的要求进行了市场调查，结果显示价格应当上调。韩方希望中方能够将价格稍微降低一些，但中方坚持不变。经过几轮讨论，双方最终同意按照中方来韩前的报价成交。这样，中方成功地使韩方放弃了压价，按计划拿回了合同。

◆ **实践任务**

以团队为单位，通过阅读以上案例材料，集体研讨以下问题：

（1）谈谈你对商务谈判本质的认识。

（2）上述案例着重体现了商务谈判的哪条原则？

◆ 实践指南

（1）商务谈判是一项互惠的合作事务。在任何一项商务谈判中，双方都应该是平等相待、互惠互利的。

（2）上述案例着重体现了平等互利原则。

（二）商务谈判的人员构成

1. 工作任务

将全班同学按性别、性格、能力互补情况，每 5～6 人组成一个团队（小组），分别回答以下问题，时间为 10 分钟。

（1）商务谈判人员构成原则是什么？

（2）在一场商务谈判中，该如何确定负责人和成员？

2. 解决方案

通过回答以上问题，各团队讨论总结启发和感悟，在学习通、雨课堂、钉钉、智慧职教等平台上上传团队讨论结果，要求总结简洁明了，时间为 10 分钟。

3. 教师点灯

◁ **评价要点参考** ▷

● 商务谈判小组中既要有能够发挥理论知识和专业技术特长的成员，也要有拥有丰富实践经验的谈判人员。这种知识与经验的互补，能提升谈判团队的整体素质。

● 商务谈判人员的性格要互相协调，将不同性格的优势发挥出来，互相弥补不足，以发挥出团队的最大优势。

● 商务谈判小组成员应分工明确，为共同目标通力合作、协同作战。

● 在商务谈判小组中，通常包括商务人员、技术人员、财务人员、法律人员和翻译人员等。

● 商务谈判小组负责人应具备全面的知识、果断的决策能力、较强的管理能力及一定的权威地位。

● 要想赢得谈判的成功，在组建高质量商务谈判小组的基础上，最重要的工作就是确保小组成员通力合作、关系融洽，从而形成合力。

4. 理论指导

商务谈判的人员构成遵循以下原则。

（1）知识具有互补性。知识互补包含两层含义：一是谈判人员各自具备擅长的知识，成为处理不同问题的专家，通过知识上的互相补充形成整体优势；二是谈判人员的书本知识与工作经验互补。谈判团队中既有高学历的成员，也有身经百战且经验丰富的成员。高学历的成员可以发挥理论知识和专业技术特长，而经验丰富的成员则能凭借见多识广、成熟老练的优势贡献力量。通过这种知识与经验的互补，才能提升谈判团队的整体素质。

（2）性格具有互补性。谈判团队中的成员性格应相互补充和协调，以充分发挥各自的优势，弥补不足，从而发挥出整体队伍的最大效能。性格活泼开朗的人善于表达、反应敏捷且处事果断，但可能较为急躁，看待问题不够深刻，甚至容易疏忽大意。而性格稳重的人则办事认真细致，说话谨慎，原则性强，看问题较为深刻，善于观察和思考，理性思维明显，但可能不够热情，不善表达，反应相对迟缓，处理问题不够果断，灵活性较差。如果将这两种性格的人组合在一起，并分配不同的角色，则可以充分发挥各自的性格优势，实现互补与协调合作。

（3）分工明确。分工明确是谈判小组获得成功的关键。每个成员都应有明确的分工，担任不同的角色，承担各自特定的任务，避免越位和角色混淆。遇到争论时，要有主角与配角、中心与外围之分。谈判团队不仅要分工明确、纪律严明，还要为共同的目标通力合作、协同作战。

5. 技能点拨

谈判小组的结构和规模是怎样的？

商务谈判除了常见的一对一谈判外，更多情况下是在谈判团队或小组之间进行的。这些谈判团队或小组即为商务谈判组织，它们是为了实现特定的谈判目标，按照某种方式组合而成的集体。

1）谈判小组的结构

谈判小组一方面要能够迅速有效地解决随时可能出现的各种问题；另一方面，参与谈判的人员必须关系融洽，以确保小组能高效地求同存异。谈判小组应由以下人员构成。

（1）商务人员。商务人员由熟悉商业贸易、市场行情和价格形势的贸易专家担任，负责合同价格条款的谈判，帮助整理合同文本，并负责对外经济贸易联络工作。

（2）技术人员。技术人员由熟悉生产技术、产品标准和科技发展动态的工程师担任，在谈判中负责处理有关生产技术、产品性能、质量标准、产品验收和技术服务等问题，也可为价格决策提供技术支持。

（3）财务人员。财务人员由熟悉财务会计业务和金融知识、具备较强财务核算能力的专业人员担任，主要职责是确保谈判中的价格核算、支付条件和支付方式等财务相关问题的准确性。

（4）法律人员。法律人员由精通经济贸易法律条款及法律执行事务的专职律师、法律顾问或企业内部熟悉法律的人员担任，负责审核合同条款的合法性、完整性和严谨性，并参与涉及法律问题的谈判。

（5）翻译人员。翻译人员由精通外语且熟悉业务的专职或兼职翻译担任，主要负责口头和书面翻译工作，确保双方意图的准确传达，并配合谈判运用语言策略。在涉外商务谈判中，翻译人员的专业水平直接影响双方的有效沟通和磋商。

除了以上几类人员，谈判小组还可配备一些辅助人员，但是数量要适当，要与谈判规模、谈判内容相适应，尽量避免不必要的人员配置。

2）谈判小组的规模

从实践经验来看，由于商务谈判涉及的内容较多，大多数较为重要的商务谈判通常由多人参与。一个理想的谈判小组大约由4人构成，主要原因如下。

（1）4人左右的谈判小组工作效率最高。高效率工作的前提是内部必须进行严密的分工与协作，并保持信息交流的畅通。如果人数过多，则成员之间的沟通会遇到障碍，统一意见也会耗费更多精力，从而降低工作效率。从大多数谈判情况来看，4人左右的谈判小组能达到最高的工作效率。

（2）4人是最佳的管理幅度和跨度。管理学研究表明，一个领导者能够有效管理的下属人数是有限的，即存在有效的管理幅度。管理幅度的宽窄与管理工作的性质和内容相关。在一般管理工作中，适宜的管理幅度为4～7人，但对于商务谈判这种紧张、复杂且多变的工作，既需要充分发挥个人的独创性和应对突发情况的能力，又需要内部的高度协调和统一。因此，对于商务谈判团队，领导者的有效管理幅度以4人为最佳。超过这个人数，内部的协调和控制将变得困难。

（3）4人能满足一般谈判所需的知识范围。多数商务谈判涉及的业务知识领域包括：商务方面，如确定价格、交货风险等；技术方面，如确定质量、规格、程序和工艺等；法律方面，如起草合同文本、合同条款的法律解释等；金融方面，如确定支付方式、信用保证、证券与资金担保等。参加谈判的人员主要是这4方面的专家，如果每个人专注于一个特定领域，则恰好是4人。

（4）4人左右的谈判小组便于成员调换。参加谈判的人员不是一成不变的，随着谈判的深入，所需的专业人员也会有所不同。例如，在洽谈的摸底阶段，生产和技术方面的专家作用较大；而在谈判的签约阶段，法律专家则起关键性作用。因此，随着谈判的进行，小组成员可以随时调换。保持4人左右的规模是比较合理的。

上述谈判小组的规模适用于一般情况。然而，在一些大型谈判中，领导和各部门负责人也可能参与，再加上工作人员（如秘书等），团队规模可能达到20人左右。在这种情况下，谈判小组可以进行合理的分工：正式谈判代表由大约4人组成，直接与对方进行磋商，其余人员则在谈判桌外提供支持。

6. 企业实践

◆ 实践背景

2019年，W公司曾经引进国外K公司的矿用汽车，经试用，性能良好，为适应矿山技术改造的需要，打算通过谈判再次引进K公司矿用汽车及有关部件的生产技术。K公司代表于2024年12月3日应邀前来洽谈，具体内容如下。

（1）谈判主题。

以适当的价格促成29台矿用汽车及有关部件生产技术的引进。

（2）目标设定。

技术要求：

● 矿用汽车车架运行1500小时不开裂。

● 在 40℃ 温度条件下，矿用汽车发动机停止运转 8 小时以上，在接入 220V 电源后，发动机能在 30 分钟内启动。

● 矿用汽车的出动率在 85% 以上。

试用期考核指标：

● 一台矿用汽车使用 10 个月（包括一个寒冷的冬天）。

● 车辆出动率达 85% 以上。

● 车辆装载时间为 3750 小时，行程达 3125 千米。

● 车辆装载量达 31255 立方米。

技术转让内容和技术转让深度：

● 以购买 29 台矿月汽车为筹码，要求 K 公司无偿（不作价）转让车架、厢斗、举升缸、总装调试等技术。

● 技术文件包括图纸、工艺卡片、技术标准、零件目录手册、专用工具、专用工装、维修手册等。

（3）价格。

● 5 年前购买 K 公司矿用汽车，每台单价为 230 万美元；5 年后的今天仍能以 230 万美元成交，此价格可定为价格下限。

● 5 年时间按市场价格浮动 10% 计算，今年成交的可能价格为每台 250 万美元，此价格可定为价格上限。

（4）谈判程序。

第一阶段：就车架、厢斗、举升缸、总装调试等技术附件展开洽谈。

第二阶段：商定合同条文。

第三阶段：价格洽谈。

◆　实践任务

以团队为单位，通过阅读以上案例材料，集体研讨：谈判小组应该如何分工？

◆　实践指南

（1）主谈：谈判小组总代表。

（2）辅主谈：为主谈提供建议，或伺机而动。

（3）翻译：为主谈和辅主谈提供翻译服务，并且要留意对方的反应。

（4）成员 A：负责技术方面的条款和谈判记录。

（5）成员 B：负责分析动向、意图、财务及法律方面的条款。

（三）商务谈判的会前筹备及安排

1. 工作任务

将全班同学按性别、性格、能力互补情况，每 5～6 人组成一个团队（小组），回答以下问题，时间为 10 分钟。

商务谈判前应该做哪些筹备和安排工作？

2. 解决方案

通过回答以上问题，各团队讨论总结启发和感悟，在学习通、雨课堂、钉钉、智慧职教等平台上上传团队讨论结果，要求总结简洁明了，时间为 10 分钟。

3. 教师点灯

◀ 评价要点参考 ▶

● 商务谈判能否取得成功，不仅取决于谈判桌上的唇枪舌剑、讨价还价，而且有赖于谈判前充分、细致的准备工作。

● 商务谈判开始前的准备工作包括信息收集、谈判方案制定、谈判场所选择、谈判会场布置和食宿安排。

● "知己知彼，百战百胜。"要想做到对谈判过程有效控制，必须首先掌握详尽、准确的谈判信息，同时利用手中拥有的各种权利和对谈判时间的有效控制，影响谈判的发展方向和进程。

● 谈判方案的可行、正确与否直接关系到谈判的成败。

● 谈判场地的选择、谈判会场的布置和食宿安排，都有可能直接影响谈判者的情绪，影响谈判的效果。

4. 理论指导

制定谈判方案时应该遵循以下原则。

（1）科学性原则。

科学性原则是制定谈判方案的重要原则。它要求谈判方案的制定应以科学的谈判理论为指导，并运用科学方法进行优化选择，避免凭空臆造不切实际的方案。具体应做到以下几点：进行谈判方案的可行性分析；充分考虑影响谈判方案的各种因素；必须进行谈判方案的反馈工作，及时优化调整。

（2）择优原则。

择优原则是指决策者通过优化筛选，从所有的可行性方案中选择最优方案。其要求是在决策过程中，要充分论证所制定的谈判目标的合理性，充分探讨谈判策略的可实施性和有效性，从而选出操作性最强、效率最高的谈判方案。

（3）系统性原则。

系统性原则包括合理性、先进性、合法性、有效性等方面。合理性要求谈判方案适应谈判的情势和双方在技术、商业习惯、财务等方面的例行准则。先进性要求谈判目标是需要经过努力才能达到的在现实基础之上的高目标。合法性要求谈判方案必须符合相关的法律规定，不能与谈判当事方所在国家和地区的现行法律法规、相关国际法和国际惯例相抵触。

（4）创新原则。

创新原则要求决策者在谈判方案制定时要有创新、开拓精神，敢于探索新的谈判模式，提出崭新的谈判思路和方法，从而做出高质量的谈判方案。

5. 技能点拨

商务谈判开始前应做哪些准备工作？

（1）信息收集。

商务谈判开始前的信息收集是谈判准备的重要环节，对推动谈判成功和实现利益至关重要。信息收集主要包括以下内容。

① 对方的基本情况：对于大型企业，应掌握其性质、注册资本、主营业务范围及控股股东等基本信息；对于小型企业，则需查清其真实情况，确保主营业务清晰且生产经营正常，避免陷入"皮包公司"的骗局。

② 对方的营运状况：经营不善的公司往往负债累累，履约能力差，存在较大违约风险。一旦对方破产，将严重影响己方利益。

③ 对方的信誉：主要调查公司的经营历史、作风、产品市场声誉、财务状况及在以往商务活动中是否有不良商业信誉记录。

④ 对方的真正需求：明确谈判对手的目标和核心利益，了解他们的附属利益。这些信息是制定报价目标和讨价还价策略的重要依据。

⑤ 对方谈判人员的权限：谈判的一个重要原则是不与无决策权的人谈判。了解对方谈判人员的权利范围，以避免浪费时间和错过好的交易机会。

⑥ 对方谈判的最后期限：谈判者需要在特定时间内完成任务，时间长短成为决定谈判策略和目标的重要因素。

⑦ 对方的谈判风格：谈判风格是指谈判中反复表现出来的特点，了解对方的谈判风格有助于采取相应对策，使谈判获得成功。

⑧ 己方信息："知人者智，自知者明。"不仅要调查分析谈判对手的情况，还需正确评估己方状况，看到自身的优势与不足。

⑨ 市场信息：调查目标市场的需求、销售和竞争情况，为谈判提供背景支持。

（2）谈判方案制定。

谈判方案是指针对即将展开的商务谈判，根据客观的可能性，运用科学方法，从总体上对谈判目标、谈判策略、谈判时间等做出的决定和选择，是企业从全局出发对谈判活动进行的总体谋划和部署。谈判方案直接关系到谈判的成败，是谈判前期准备的关键所在。

谈判方案中应包括具体明确的谈判目标、实现谈判目标的策略方法和措施、谈判时间的选择与控制等一系列内容。在商务谈判中，只有制定出科学、合理的谈判方案，才能做到有效地控制谈判，使谈判向己方预期的方向发展，实现己方的谈判利益。

（3）谈判场所选择。

无论哪一方做东道主，都不应该忽视对谈判场所的选择。在某种程度上，谈判场所直接影响谈判人员的情绪，影响谈判的效果。

选择环境优美、条件优越的谈判地点，并巧妙布置会谈场所，使谈判人员感到安全、舒适和温暖，不仅能展现己方的热情和友好态度，还能让对方感受到己方的诚恳用心，从而为谈判营造和谐的氛围，有助于谈判的成功。一般而言，谈判场所应具备以下条件：避免过于嘈杂和喧闹，确保通信设施完备；具备良好的灯光、通风和隔音条件；在会议室旁边备有一两间小房间，便于谈判人员协商机密事务；提供较好的医疗和卫生条件；做好安全防范工作。

谈判场所应当整洁、宽敞、光线充足，也可以配备一些专门的设施，方便谈判人员挂图表、放幻灯片或进行计算。除非双方都同意，否则不要配备录音设备。经验表明，录音设备有时会对双方的谈判起到反作用，使人难以畅所欲言。

（4）谈判会场布置。

谈判会场的布置及座位安排是否得当，是检验谈判人员素质的标准之一，甚至可能影响谈判的成败。

一般来说，在进行商务谈判时，应选用条桌，双方应面对面而坐，各自的组员应坐在主谈两侧，以便交换意见并增强团队协作，如图 5-1-1 所示。

正门

主方

客方

图 5-1-1　条桌摆放

如果没有条桌，也可以使用圆桌或方桌。一般来说，对于较大、重要的谈判，建议选择长方形谈判桌（条桌），双方代表各坐一面。如果谈判规模较小且双方人员比较熟悉，可以选择圆形谈判桌，以消除条桌带来的正式和不太活泼的感觉，营造出关系融洽、共同合作的氛围，使交流更加轻松愉快。

（5）食宿安排。

谈判是一种艰苦复杂、耗费体力和精力的交际活动。因此，用餐和住宿安排也是会谈的重要内容。主办方对客方的食宿应安排得周到细致、方便舒适，不一定要豪华，按照国内或当地标准招待即可。许多外国商人非常注重时间和效率，往往不喜欢烦琐冗长的招待仪式。然而，适当组织客人参观游览和参加文体娱乐活动也是非常有益的。这不仅有助于调节客人的旅行生活，还能增进双方的私下接触，融洽关系，从而促进谈判的顺利进行。

6. 企业实践

◆ 实践背景

1981 年 8 月，IBM 发布其历史上第一台 PC 并迅速占领了市场。当时 IBM 突破了苹果电脑一体化业务模式，与英特尔、微软合作，建立起 PC 行业开放兼容的新规范和新标准，一举夺得全球 PC 市场的领导地位。这种 PC 标准至今仍被不断地沿用和发展。然而，10 多年之后，仿造 IBM PC 生产出来的 IBM PC 兼容机逐步蚕食 IBM 的市场份额。康柏 1994 年超过了 IBM，成为全球 PC 市场占有率最高的公司。

1993 年，IBM 开始以提供全套软硬件和设计综合解决方案为主要策略。此后，IBM 逐渐将重点转向为企业提供咨询和软件服务。从 20 世纪 90 年代开始，IBM 陆续放弃了贡献率逐渐降低的、不符合其战略重点的业务。2003 年，IBM 正式聘请美林证券公司在全球范围内寻找其 PC 业务的买家。2003 年 10 月左右，美林将联想排到了目标收购者的第一位，开始安排双方面谈。

1997—2003 年，联想蝉联中国国内市场销量第一。2003 年，联想将专注 PC 定为公司发展方向，同时着力国际化。据柳传志介绍，对于这次并购 IBM 非常主动，正好联想有了国际化的想法以后，IBM 就派一个高级副总裁来和他们联系。事实上，三年前 IBM 已经就出售 PC 业务联系过联想，但当时联想以多元化战略为主，因此没有予以考虑。

2004 年，柳传志解释："联想要做大，要么就是多元化，要么就是国际化，我们已经从多元化道路上退回了，为什么不接盘？"他表示，联想买到了"能解决自己问题的业务"，即国际化需要的大量人才、品牌、研发能力、完整的渠道和供应链，比这些更重要的是时间。

根据联想 2004 年 12 月 9 日发布的公告，联想收购 IBM PC 部门的原因和好处如下：获得独特的机会落实其全球化策略，进一步加强对 PC 和相关行业的专注；获得"全球性规模、覆盖各地和品牌知名度"；"加强产品组合"，使联想能够迅速结合 IBM 的技术，增强台式机和消费产品系列，并扩展笔记本电脑产品线；"获得成本效益"使联想可以通过综合化供应链管理实力，来尽量减少成本；具有"科技领先地位"；收获"富有国际经验的优秀管理层"。

2003 年底，联想开始进行尽职调查，并聘请麦肯锡（McKinsey）为战略顾问，全面了解 IBM 的 PC 业务和整合的可能性。2004 年初，联想聘请了高盛（Goldman Sachs）作为财务顾问。2004 年 3 月 26 日，联想和 IBM 开始了实质性谈判。谈判始终在高度保密状态下进行。

2004 年 12 月 8 日，柳传志代表联想对全世界宣布：联想以 12.5 亿美元的价格并购了 IBM 的全球个人计算机业务。所收购的资产包括：IBM 所有的笔记本电脑、台式机业务及相关业务，包括客户、分销、经销和直销渠道；"Think"品牌及其相关专利、IBM 深圳合资公司（不包括其 X 系列生产线）；以及位于日本和美国北卡罗来纳州的研发中心。

IBM PC 业务开发、制造和推广销售的个人计算机产品，包括范围广泛的笔记本电脑、台式机及相关外设产品。该业务总部位于美国北卡罗来纳州，业务遍及全球 160 个国家，全球雇员超过 9500 人。2003 年，IBM PC 业务收益达 95.66 亿美元，比 2002 年上升 3.6%，毛利达 9.61 亿美元。2003 年 12 月 31 日，该业务总资产为 14.58 亿美元，总负债为 24.49 亿美元。IBM PC 业务以商业市场为重点，并以大型企业、政府和教育部门及中小客户为目标市场，采取直接销售、间接销售并用的模式。

根据双方签署的协议，联想向 IBM 支付 6.5 亿美元的现金，以及价值 6 亿美元的联想集团普通股，同时联想还将承担 IBM PC 部门 5 亿美元的债务。联想在 5 年内无偿使用 IBM 品牌，并永久保留使用全球著名的"Think"商标的权利（2002 年，IBM 在全球统一了 PC 的品牌，所有产品均为黑色，所有型号都叫"Think"系列，笔记本电脑是 ThinkPad，台式机是 ThinkCentre）。

联想在纽约设立集团总部，在北京和美国北卡罗来纳州设立主要运营中心。交易后，联想以中国为主要生产基地，同时拥有约 19500 名员工（约 9500 名来自 IBM，约 10000 名来自联想）。根据并购协议，联想和 IBM 结成长期战略联盟，IBM 成为联想的首选服务和客户融资提供商，而联想成为 IBM 的首选 PC 供应商。联想的股东当中，联想控股占有 46.22%的股份，IBM 占有 18.91%的股份，公众股东占有 34.87%的股份。

以双方 2003 年的销售业绩合并计算，此次并购意味着联想的 PC 出货量达到 1190 万台，销售额达到 120 亿美元，从而使得联想在 PC 业务规模的基础上增长 4 倍。戴尔在全球 PC 市场以 16.8%的份额位居第一，惠普占 15%紧随其后，而合并之后的联想以约占全球 PC 份额的 7.8%跻身前三。

2004 年 12 月 31 日，IBM 向美国证交会提交的文件首次公布旗下 PC 部门的亏损情况，文件显示，IBM PC 业务 2004 年累计亏损近 10 亿美元。出售给联想集团的 PC 业务持续亏损已达三年半之久。2001 年亏损状况为 3.97 亿美元，2002 年为 1.71 亿美元，2003 年为 2.58 亿美元。而 2004 年上半年已亏损 1.39 亿美元，较上年同期扩大了 43%。

2005 年 1 月 10 日，美国联邦贸易委员会宣布联想 IBM 案通过反垄断调查。2005 年 3 月 9 日，联想宣布此案通过美国外国投资委员会（CFIUS）审查。

2005 年 1 月 20 日，联想与巴黎银行等 6 家银行达成 6 亿美元的国际银团组织贷款协议，贷款用途为收购 IBM 全球 PC 业务，同年 3 月，贷款资金到位。2005 年 5 月，联想获得全球三大私人股权投资公司德克萨斯太平洋集团（Texas Pacific Group）、美国泛大西洋投资集团（General Atlantic）及美国新桥投资集团（Newbridge Capital LLC）3.5 亿美元的战略投资。在此次战略投资总额中，约 1.5 亿美元用作收购资金，余下约 2 亿美元用作联想日常运营资金。

2005 年 5 月 1 日，联想完成收购 IBM 全球 PC 业务。

◆ 实践任务

以团队为单位，通过阅读以上案例材料，集体研讨以下问题：

（1）在这场被誉为"蛇吞象"的商务谈判中，联想前期做了哪些准备？

（2）在这场商务谈判中，联想在制定谈判方案时应遵循什么原则？

◆ 实践指南

（1）谈判开始前应该做好信息收集、谈判方案制定、谈判场所选择、谈判会场布置和食宿安排等前期准备工作。

（2）谈判方案的制定应遵循科学性原则、择优原则、系统性原则和创新原则。

◀ 思政园地：谈判人员的素质要求 ▶

● 政治立场坚定，坚决维护国家和集体利益，遵纪守法，廉洁奉公。

● 心理素质过硬，能承压，成熟稳重，情绪稳定。

- 专业知识扎实，口齿清晰，思维敏捷，条理清晰。
- 具备强健的体魄、敏锐的洞察力、坚定的信念、顽强的意志。

四、修炼巩固

案例题一

某电子产品制造商 A 公司需要与一家重要的供应链合作伙伴 B 公司进行一次关于未来三年合作框架的谈判。A 公司希望在谈判中取得更有利的采购价格、更短的交货周期及更灵活的付款条件。

问题：

（1）在谈判前期准备阶段，A 公司应该收集哪些关键信息来支持谈判？

（2）假设 A 公司组建了一个谈判团队，团队成员包括市场部经理、采购部经理、法务部经理和技术部经理。如何确保这个团队在谈判前能够形成统一的立场和策略？

（3）A 公司应该如何制定谈判方案，以确保谈判目标能够得以实现？

案例题二

一家新兴的科技公司 C 计划收购一家小型但具有创新技术的公司 D。C 公司希望通过此次收购快速获得 D 公司的核心技术，并在市场上取得竞争优势。

问题：

（1）在谈判场所的选择上，C 公司应该考虑哪些因素？为什么？

（2）假设 C 公司的谈判团队由 CEO、CFO、CTO 和 HR 经理组成，你如何为这个团队设置合理的成员结构，以确保谈判的成功？

（3）假设在谈判过程中，D 公司提出了超出 C 公司预期的收购价格，C 公司应该如何调整谈判策略？

实践题

（1）模拟谈判。

请同学们分组，每组选择一个谈判场景（可以是买卖商品、租赁场地、合作项目等），并分别扮演谈判的双方。要求在课前进行充分的谈判准备，包括信息收集、团队组建、谈判方案制定等。在课堂上，同学们需要按照预定的时间进行模拟谈判，并尽量达成双方都能接受的协议。

（2）反思与总结。

模拟谈判结束后，请同学们撰写一份反思报告，内容包括：

① 谈判过程中遇到的挑战和困难；

② 团队在谈判中的合作与协作情况；

③ 谈判方案的有效性及调整情况；

④ 如果谈判结果与预期目标存在差距，则说明原因；

⑤ 从这次模拟谈判中学到的经验和教训。

项目 2　谈判交锋能力修炼

一、修炼目标

知识目标

◆ 掌握报价定价策略。
◆ 掌握讨价还价策略。

能力目标

◆ 能够根据商务谈判任务进行谈判还价的设计。
◆ 能够独立或合作进行讨价还价。

素养目标

◆ 培养稳健、谨慎的职业素质。
◆ 培养遵纪守法的职业道德。

二、修炼情境

11 月 11 日上午 9:30，华美连锁超市采购经理李军发了一份传真，这是给苏瑞公司销售经理王杰的，传真如下：

To 苏瑞公司：

对于贵司 6 日发来的 2022 年度 A 系列洗发水 12 元的报价，我们感到很意外，该价格比我们能接受的价格高出 20%！

经过我们调研部 8 人小组用 4 天时间对 10 家同类品牌、5 家超市的调查，这样的价格不仅使我们没有任何操作空间，并且即使我司按成本价销售，该产品在同类产品中也没有任何优势！更何谈让我司协助贵司抢夺绿洁公司的市场份额。

为更好地帮助贵司推广此产品，实现共同目标，我们只能接受 9.96 元的采购单价。

如果接受此报价，则请贵司代表王杰经理明日上午 10:10 到我司签署合作协议，否则我们只能表示遗憾。

商祺！

华美连锁超市

11 月 11 日上午 9:35，王杰接到李军电话。确认王杰收到传真后，李军开口就抱怨：

王经理，你们公司害死我了，你们报的什么价格，让我在老总面前丢尽了脸，同等产品人家三彩公司才报价9块8。说句心里话，我是看在咱俩多年交情的份上，不然这次合作肯定就此结束了。你看着办吧！

没等王杰回应，李军就挂了电话。

11月11日上午9:45，王杰进入总经理办公室，1小时后才出来。其间透过玻璃门，有人看见王杰一度和总经理争执。最后总经理给王杰丢了一句话，明天无论如何必须签下这笔单子，这对公司很重要。

挂断电话后，李军分别给绿洁公司销售经理周明和三彩公司销售经理郑斌打了电话。他约请周明于11月12日上午9:30前来叙旧，并顺便将绿洁公司特有的需要客户填写的销售经理评议表交给周明；同时，他约请一直想与其合作的三彩公司郑斌于11月12日上午10:30带5套新产品样品过来。

11月12日上午9:40，王杰提前半小时来到华美9楼洽谈室，却发现李军正和绿洁公司的周明在3号洽谈室言谈甚欢。前台把王杰领到1号洽谈室，泡了一杯茶。王杰发现李军和周明好像在就几张纸热烈地谈论什么。这是华美连锁超市最大的合作伙伴，自己的公司在华美的地位一直超越不了绿洁。

王杰试图听一听，但是隔了一间洽谈室，什么都听不见。王杰很紧张。觉得周明来者不善。

11月12日上午9:55，王杰等得很焦急，按照以前，李军都会提前接待自己。

11月12日上午10:00，王杰发现，李军在纸上签了自己的名字，然后李军和周明双方都露出满意的笑容，然后握手庆贺。之后，李军把周明一直送到电梯口，李军看样子还要把周明送到楼下，最后周明推辞了。

11月12日上午10:05，李军来到1号洽谈室，然后让前台又给王杰加满了水。王杰想打听李军和周明签的是不是明年合作的合同。李军答非所问，说王经理你什么时候能像周明那样让我满意？害得我被老板骂。李军看着很生气，没有一点刚才对周明的态度，王杰不好意思地挠了挠头。

不一会儿，双方言归正传。王杰把新的报价表递给了李军。李军态度缓和了一些，但没有看报价表，说，"王经理你这不是害我第二次被骂的炸弹吧。"

当看到报价表上10.7元的报价时，李军很开心，这个报价接近了公司要求的10.5元的报价。但李军未露声色，说："王经理，你这价格我没有脸面给老板汇报。你把你们成本分解表给我看看，要么是你们价格虚高，要么是你们成本没控制好。"

王杰把成本分解表递给了李军，李军仔细地看着成本分解表。室内非常安静，洽谈室外的人来来往往，王杰只听到钟表的嘀嘀嗒嗒声。

大约两分钟后，李军说："王经理，据我了解，你们公司今年年底将上两条新的生产线，再加上目前经济危机，你们主要的原材料成本至少下降了20%，你这分解表上的原材料价格和去年的一样，你这报价还是有很大水分！"

王杰没想到自己这点疏忽被李军看出来了。公司的采购成本确实下降了22%，没想到李军这家伙也知道了。

王杰说："兄弟，你看多少钱能做，你说。"

李军语气坚定，说："9块9毛6。"

昨天在总经理办公室，王杰获得的最低授权价是10.6元，因为公司太想拿下这个客户了，拿下这个客户意味着2022年的销售有了一定保障。一番寻思后，王杰决定再让0.1元。

李军说："9块9毛6，这是最高价，如果给这个价我可以答应你明年增长15%。你知道，在现在这种经济情况下，这个增量相当于平时行情下增长30%。这是你在其他家根本不可能获得的增量，我知道你在紫金超市的量今年和去年基本持平啊。"

这是王杰之前一直争取的确保增量，华美连锁超市的品牌和实力摆在那，如果做到这一点确实可以填补目前公司在其他几家超市销量下滑的缺口。王杰心中欢喜，但装作很为难地咬咬牙说："那你确保这一点，我再让1毛钱，10.5元！"

虽然已经实现了公司的目标价格，但李军听了，哈哈大笑："王经理，我们不是在买卖青菜。我还要告诉你一点，如果A系列产品定不下来，你们新开发的B系列产品我们就别谈了，你知道，我们公司看重的不是你的A系列，而是B系列。"

11月12日上午10:30，三彩公司的郑斌经理带着5件样品准时出现在9楼前台。前台工作人员把郑斌领到3号洽谈室等待，并来到1号洽谈室通报了李军。

李军说："王经理，我不瞒你，你们不做，有人做，你看三彩公司的都找上门来了。以你老兄在公司的地位和影响，我不相信你定不下这个价格。我先失陪一下，过去打个招呼。"

11月12日上午10:32，王杰透过洽谈室的玻璃，看到李军在3号洽谈室饶有兴趣地看着郑斌的样品。两人也是相谈甚欢。王杰还看到，那些样品好像就是自己公司A系列产品的竞争产品。王杰拿起电话，给自己公司的总经理打了过去。李军通过余光看到这一幕很欣喜。

王杰这个电话打了近10分钟。李军没有急着过来打断。看到王杰挂了电话，李军才让郑斌稍等，来到1号洽谈室。

李军进门就说："王经理，不瞒你说，三彩公司的产品和你们差不多，今天他就是为明年合作来的。我们这是开门做生意，如果我们无法达成一致，公司只能另选他人。到时候我也无能为力，别说我不帮你啊。"

王杰说："兄弟别忙，我刚才请示了总经理，如果你们明年可以确保增量18%，我们可以折中，以10.25元的单价供货。"

这个价格超出了李军的预料，已经低于公司下达的指标。

李军继续不露声色，说："价格必须按我之前提的9块9毛6定，那样我可以和公司汇报确保明年18%的增量，不过必须在原定的促销政策基础上增加5万元的促销费用，而且我必须向老板汇报后才能决定。"

公司并没有要求谈促销费用，这是李军临时增加的砝码。王杰可以根据实际情况调整，所以这一点王杰没有表示为难。

王杰说："10.25元单价，确保18%的增量，原有政策基础上增加5万元促销费用，但必须确保不与三彩公司合作。"

李军明确表示，9.96 元的单价不可更改，原有政策基础上增加 5 万元促销费用，这样可以确保 18% 的增量。一旦双方签订协议，公司不会和三彩公司合作。

双方还有争议，李军决定缓一下，告诉王杰，"我们总监很赏识你，正好今天在，咱们过去聊聊。"于是，李军把王杰带到总监办公室。总监说，"小王啊，坐！今年我们两家合作得很愉快，你和李军功不可没。回去告诉你们赵总，明年我们还会鼎力支持！"

总监留王杰中午一起吃饭，王杰执意不打扰，说李军还有客人在等着，要回去。王杰想回去汇报情况。李军也没有强留。

11 月 12 日上午 12:00，王杰向总经理汇报情况。半小时后，王杰走出总经理办公室，一脸轻松。并给李军打了个电话确认单价为 10.15 元。但李军依然没有答应，还是坚持 9.96 元的单价。

11 月 13 日上午 10:30，王杰收到一件快递，是李军寄过来的，里面是一式两份的合同，单价一栏赫然是 9.96 元，确保增量变成了 18.5%，并且已经签字盖章。

11 月 13 日上午 11:00，王杰硬着头皮，拿着合同审批表走进总经理办公室。总经理看了合同后，犹豫了一下，摇了摇头，最终还是在审批表上签下了自己的名字。毕竟 18.5% 的增量大大超出了自己的预计，也是针对明年的第一笔大单，王杰这小子干得还是不错的。

王杰拿着审批表走出了办公室，长长地舒了一口气，毕竟明年的业绩有保障了。

11 月 14 日上午 10:30，李军收到一件快递，是王杰寄过来的，里面就是自己邮寄过去的合同，看到在乙方一栏也已经签字盖章了。李军开心地笑了一下。

11 月 14 日 11:00，王杰接到李军的电话，李军说："王经理，你是我接触过的最出色的销售经理，恭喜你明年业绩再争第一！"

这一谈判案例，共经历了几轮讨价还价？这个过程中运用了哪些技巧与策略？

三、修炼内容

（一）商务谈判的报价

1. 工作任务

将全班同学按性别、性格、能力互补情况，每 5～6 人组成一个团队（小组），分别回答以下问题，时间为 10 分钟。

（1）商务谈判时，报价的依据是什么？

（2）商务谈判时，报价可以采取哪些方式？

（3）商务谈判时，报价可以采取哪些策略？

2. 解决方案

通过回答以上问题，各团队讨论总结启发和感悟，在学习通、雨课堂、钉钉、智慧职教等平台上上传团队讨论结果，要求总结简洁明了，时间为 10 分钟。

3. 教师点灯

◀ 评价要点参考 ▶

● 报价应基于商品价值、市场行情和谈判对手的状况三个方面进行综合考量。
● 对于卖方，开盘价应设为最高；对于买方，开盘价应设为最低。这样可以为后续讨价还价留出空间。
● 盘价必须合理。如果卖方报价过高，可能会让对方认为你没有诚意，甚至直接放弃谈判。
● 开盘价应果断、明确、清晰，避免产生误解或曲解。不加解释和说明地提出报价，能给对方留下诚实的印象。犹豫不决或吞吞吐吐可能会引发对方怀疑。
● 报价可以分为书面报价和口头报价两种形式。
● 常用的报价策略包括报价时机策略、报价表达策略、报价差别策略、报价对比策略、报价分割策略。

4. 理论指导

在谈判中，当我方向对方发盘时，应掌握报价的表达方式，做到既准确传达我方的态度，又不暴露我方的真正意图。

（1）报价要严肃。发盘是报价方意愿的明确表示，因此报价必须严肃对待。在谈判进入报价阶段之前，双方应审慎、周密地考虑，确定最合适的报价水平。一旦报价发出后，就应坚决执行，不可动摇。如果我方是卖方，即使对方宣称已从其他供货商得到更低的价格，我方也应毫不含糊地坚持已开出的价格。唯有如此，才能让对方相信我方对谈判持有认真和坚定的态度。否则，对方会察觉到我方对发盘缺乏信心，进而施加压力，使我方处于被动地位。如果我方是买方，也要让对方相信我们的出价是有根据的，并非随意压价。

（2）报价必须准确明了。报价要非常明确，以便对方准确了解我方的期望。如果有现成的报价单当然好，但如果是口头报价，除准确表达外，还可以借助直观的方法进行报价。例如，在口头报价时，可以拿出一张纸写下数字，并让对方看见，这样能使报价更加明确无误。在这方面，商务人员有过不少教训。例如，我国某公司与外国商人成交 500 箱零部件，共 5 种型号。由于业务员粗心大意，报错了价格，导致该公司少收 18976 美元。合约已签，该公司只能向客户说明原因，协商解决。尽管经过多次商谈，客户只同意分担差价的一半，最终我方损失了 900 多美元。可见，报价表达是否准确直接关系到我方的利益，我们必须加强责任心，杜绝粗心大意和马虎了事。

（3）不要对报价进行解释。报价方对自己提出的条件（包括价格及其他各项交易条件）不应流露出任何信心不足的表现，更不能表示歉意，也不应对报价加以解释或评论。谈判双方之间的关系是对立统一的关系。一方面，双方都想促成合同的签订，一方想买，另一方想卖，这是合作的基础。因此，在交易没有达成或宣布破裂之前，双方不会终止沟通。对于我方报价，有不清楚之处，对方会提出疑问，我方不必主动解释。另一方面，一方的得利可能造成另一方的损失。在这种情况下，双方都应尽量多了解对方的意图，少暴露自己的目标。在对方没有提出要求时，主动提供信息是不可取的，原因有以下两个。

① 就"解释"本身而言，对对方可能毫无意义，也许对方对报价并无疑问。

② 主动解释可能暴露我方意图，使对方察觉到我方所关心或有所顾忌的问题。

可见，报价方主动进行解释或说明实属画蛇添足之举，不仅无益反而可能有害。当然，这并不意味着所有解释和说明都是无效的。例如，作为卖方，在商议各项合同条款之前，如果已向客户报价，可以特地向对方说明"我方所报的价格是优惠价格"。

作为一种策略，这种说法有两种含义：一是暗示对方，这个价格是最低限度，没有还价的余地；二是意味着卖方的经营方针是将价格定在保本基础上，因此买方很难在其他交易条件上获得更多优惠或让步。买方首先要明确理解对方的报价。在提问过程中，应让对方感到这些问题只是为了澄清报价，而不是要求解释报价的原因。当买方感到满意后，应当归纳总结自己的理解，并复述给对方以交换意见。还价的一方可以向对方提出问题，要求解释报价，但不应问"为什么这样报价"或"你们是如何得出这个价格的"等问题。报价方没有义务向对方解释报价的理由，遇到这类问题应予以回避。

总之，报价应遵循三个原则：严肃认真、明白清楚、不附加解释。做到这三点，谈判人员就可以避免因报价方式不当而可能产生的不利局面。

5. 技能点拨

1）报价的依据

一般来说，一个报价的提出，至少受以下三个因素的影响。

（1）商品价值。价格是价值的货币表现形式。因此，谈判中的报价虽然不是直接确定价值，但也不能完全抛开价值因素盲目报价。例如，在其他条件相同的情况下，电视机的报价通常比手机高。在其他项目的谈判（如建筑承包项目）中，也需要考虑不同项目所耗费的劳动差异，从而确定不同的开盘价格。离开了价值，价格便失去了基础，因此价值是报价的基本依据，无论在国内还是国际谈判中都是如此。考虑商品的价值首先需要计算其成本。卖方不仅要考虑自身的生产成本（因为成本是成交价格的底线），还要参考同行业中其他生产者的成本。即使买方不清楚卖方的具体生产成本，但在报价之前，也可以根据相关资料做出大致的估算。

（2）市场行情。这是报价决策的主要依据。任何交易都是在市场上进行的，市场因素的变动必然会对商品的价格产生影响，尤其是国际市场的行情，经常处于不断变化之中。这种错综复杂的变化，都会通过价格的涨跌和波动表现出来。同样，价格的波动反过来会影响市场的全面波动。因此，报价决策应当由谈判人员根据以往和现在所掌握的、来自各种渠道的情报和市场信息，并在比较分析、判断和预测的基础上加以制定。

① 今后供求关系可能发生的变化，以及变化的速度。

② 价格如何变动及可能变动的幅度有多大。此外，如果该商品或其替代品的生产技术有重大突破的迹象，也应予以密切关注。

当然，市场行情还包括许多其他方面。但就制定报价策略和掌握报价幅度这一目的而言，上述内容是我们需要重点分析和研究的关键点。

（3）谈判对手的状况。报价决策的必要依据不仅包括了解价格形成的基础和所交易商品的市场行情，谈判人员还必须考虑谈判对手的状况，如他们的资信状况、经营能力、与我方的交往历史、所在地的商业习惯、政策法令及其与国际贸易惯例的区别等。此外，在谈判进入报价阶段之前，还需要进一步探测对方的意图、谈判态度和策略，以便调整我方的策略，掌握报价的幅度。

2）报价的方式

报价的表达应准确、清晰，避免产生误解或曲解。所报价格不应主动解释或评论，态度应严肃且表达明确。根据报价方式的不同，可分为书面报价和口头报价。

（1）书面报价。

书面报价通常指谈判一方事先提供详尽的文字材料、数据和图表，明确表达本企业愿意承担的义务，使对方有时间针对报价进行充分准备，从而使谈判进程更为紧凑。书面形式在客观上容易成为企业承担责任的记录，限制了企业在谈判后期的让步和变化。此外，文字形式缺少口头表达的"热情"，且在翻译成另一种语言时，精细的内容可能不易准确传达。因此，对实力强大的谈判者，书面报价是有利的；双方实力相当时，也可以使用书面报价；对于实力较弱的对手，则不宜采用书面报价。

（2）口头报价。

口头报价具有很大的灵活性，谈判者可以根据谈判进程调整自己的谈判战术，先磋商后承担义务，没有立即执行的义务约束感。

然而，一些复杂的要求，如统计数字和计划图表等，难以通过口头方式清晰表达。此外，如果对方事先对情况一无所知，他们可能不会急于展开谈判，而是需要先了解基本情况，这可能会影响谈判进度。

3）报价的策略

开盘价的报价策略，大概可以分为以下几种。

（1）报价时机策略。

在报价的时机上，主要可以分为先报价策略和后报价策略。

① 先报价策略。

谈判进入报价阶段后，谈判人员面临的首要问题是由哪方首先报价。有时买方希望卖方先报价，而卖方则希望买方先递价。谁先报价并不是简单的次序问题，它对谈判进程和结果有重大影响，直接关系到双方的切身利益。安排得当可以使我方处于主动地位，推动谈判结果向有利于我方的方向发展；如果处理不当，则可能导致我方陷入被动，造成不可弥补的利益损失。因此，谈判人员必须事先对此问题进行周密考虑和妥善安排。先报价策略的优点：为谈判设定了一个框架，最终协议通常在此范围内达成；在整个谈判与磋商过程中都会持续起作用，其影响力远大于后续报价，有助于树立我方在谈判中的影响力，使谈判尽可能沿着我方意图的方向进行。因此，先报价是我方迈出的重要一步，也为后续的讨价还价树立了一个界碑。

② 后报价策略。

先报价会在一定程度上显现我方的意图。当对方得到我方的报价后,他们可能会有针对性地调整自己的报价幅度,通过修改原先拟定的价格来获取额外利益。例如,作为卖方,如果我们先报价 2 万元,对方可能会还价 1 万元。然而,如果我方采用后报价策略,让对方先递价,他们可能会报价 1.5 万元,甚至更高。

后报价使我方能够集中力量对对方的报价发动攻势,逐步压低对方的报价,同时不泄露我方的实际出价意图。这样,我方可以在谈判中占据更有利的位置,避免过早暴露底线。例如:

对方:"这种商品的报价是每吨 1000 元。"

我方:"1000 元太高了。"

我方:"乙公司的同类货物比你们的报价低很多,你们得降价。"

那么,我方究竟应该先报价,还是后报价呢?答案对于买卖双方来说都不是绝对的,我方可依据谈判过程中双方实际情况灵活把握。

(2)报价表达策略。

无论采取口头还是书面方式,报价都必须十分肯定、干脆,显得不能再做任何变动且没有商量余地。"大概""大约""估计"等含糊的词在报价时是不适宜的,因为这会使对方感到报价不实。如果买方以第三方出价较低为由施压,应明确告诉他:"一分价钱,一分货",并对第三方的低价表现毫不介意。只有在对方表现出真实的交易意图,并为了表明至诚相待时,才可以在价格上让步。

(3)报价差别策略。

同一商品因客户性质、购买数量、需求急缓、交易时间、交货地点、支付方式等因素的不同,会形成不同的购销价格。这种价格差异体现了商品交易中的市场需求导向,在报价策略中应加以重视和运用。例如,对于老客户或大批量需求客户,为巩固良好的客户关系或建立稳定的交易联系,可适当实行价格折扣;对于新客户,有时为开拓新市场,也可给予适当的价格优惠。对于某些需求弹性较小的商品,可以适当采用高价策略;当对方"等米下锅"时,价格则不宜下降。旺季的价格自然较淡季高;交货地点远程较近程(或区位优越者),应适当加价。支付方式上,一次性付款较分期付款或延期付款,应给予价格优惠。

(4)报价对比策略。

在价格谈判中,使用报价对比策略往往可以增强报价的可信度和说服力,通常能取得很好的效果。报价对比可以从多个方面进行。例如,将本企业商品的价格与另一可比商品的价格进行对比,以突出相同使用价值下的不同价格;将本企业商品及其附加各种利益后的价格与可比商品不附加这些利益的价格进行对比,以突出不同使用价值下的不同价格;将本企业商品的价格与竞争者同一商品的价格进行对比,以突出相同商品的不同价格。

(5)报价分割策略。

这种报价策略,主要是为了迎合买方的求廉心理,将商品的计量单位细分化,然后按照最小的计量单位报价。采用这种报价策略,能使买方对商品价格产生心理上的便宜感，容易为买方所接受。例如，茶叶每千克 200 元报成每两 10 元；大米每吨 1000 元报成每千克 1 元。巴黎地铁公司的广告是："每天只需付 30 法郎，就有 200 万名旅客能看到您的广告。"

6. 企业实践

◆ **实践背景**

2004 年，我国想发展高铁，西门子漫天要价，开价 520 亿元！我国用"二桃杀三士"之法低价引进最新国际技术，这场经典谈判被写入斯坦福谈判教学案例。

当年，我国市场对铁路的需求日益增强，国产的高铁技术还未成熟，对前沿的高铁技术需求急迫。于是，决定用庞大的市场需求作为谈判筹码与其他国家展开合作。

我国发布了采购需求：140 列时速 200 千米的动车组。筛选了一圈，发现有 4 家公司符合条件，分别是德国西门子、法国阿尔斯通、日本高铁联合体和加拿大庞巴迪。前三家技术比较成熟，庞巴迪实力相对弱小。

经过调研发现西门子的综合实力最强，技术最先进！西门子也知道自己的优势，所以猜测我国的首选合作对象是他们。因此，西门子态度傲慢，漫天要价，每一列动车开价 3.5 亿元，加上技术转让费 3.9 亿欧元。（140 列动车总报价约 520 亿元）。

这 140 列动车对于我国来说，仅仅是高铁的开端，整体市场不止这个数量。所以我国不允许在一开始就被外国公司把控，毕竟是关乎国计民生的基础设施，主动权当然要握在自己手中。

为了保证在谈判中的主导地位，我方给几家公司上了"两道硬菜"：

一是参与投标的公司必须是中国企业。

二是参与投标的中国企业必须有国外成熟技术的支持。

这两个条件的真实目的是让国外高铁公司用技术和国内公司合作，国外公司如果不合作就不能参与投标。

有了这两个条件，我方进一步明确了细节，关键技术必须转让，并且以最低的价格转让（通过谈判实现），所使用的产品必须来自我方指定的两家国内企业，一家是南车集团的四方机车车辆股份有限公司（南车），一家是北车集团的长春客车股份有限公司（北车）。

这是最关键的一点，我方指定这两家企业后封锁了其他所有谈判入口，这四家外国公司若想合作，就必须找国内的两家公司谈判。四家争两家，我方掌控了主动权！

北车的目标是西门子，南车的目标是日本高铁联合体。庞巴迪合作的技术稍微落后，所以他们也最积极、最听话。法国的阿尔斯通出于自身的原因，与两家公司都在谈判，北车与南车都通过与阿尔斯通谈判给西门子和日本高铁联合体施加压力。

事实证明，我方的策略是对的。

西门子自恃技术强大，开始漫天要价，不仅仅开出了 520 亿元的天价，还设置了 50 多项技术转让障碍。我方出面与西门子交涉，对方以为我方服软了，更加肆无忌惮。

于是，北车加速与阿尔斯通的谈判，在投标截止日期前完成全部谈判，双方直接签订协议。随后，南车与日本高铁联合体顺利谈拢，投出了标书。庞巴迪以合资的方式参与了投标。

庞巴迪虽然实力弱，但是他们非常配合，我们要什么他们就给什么、技术转让、国产化都非常顺利，所以我方有意留下他们，在谈判中极大地削弱了其他三家的谈判气焰。

西门子连投标的资格都没有，直接出局，消息传开之后，西门子的股价暴跌，整个谈判团队集体被西门子总部炒了鱿鱼。

2005 年，我国又开始了时速 250 千米高铁的招标，这一次西门子学乖了，开价每列动车 1.9 亿元，技术转让费也降为 8000 万欧元。可以说是超低价，因为西门子的介入，阿尔斯通与日本高铁联合体只能接受这样的价格。

前后两年的时间里，我国拥有了时速 250 千米高铁的核心技术，此后进一步发展了自己的高铁。截至 2019 年底，我国高铁里程达到 3.5 万千米，超过世界其他国家高铁营业里程总和。

而相比全球各国，我国高铁票价最低，建设成本约为其他国家的 2/3。

◆ **实践任务**

以团队为单位，通过阅读以上案例材料，集体研讨以下问题：

（1）西门子在这场谈判中犯了哪些错误？

（2）我国在这场谈判中采取了哪些策略？

◆ **实践指南**

（1）在这场谈判中，西门子虽然具备技术优势，但是漫天要价，失去了我方的认可与支持。

（2）我方在这场谈判中采取了报价对比策略，将多家公司进行对比，最终选择最优的合作公司。

（二）商务谈判的讨价还价

1. 工作任务

将全班同学按性别、性格、能力互补情况，每 5～6 人组成一个团队（小组），分别回答以下问题，时间为 10 分钟：

（1）商务谈判时，讨价还价前应进行什么准备？

（2）商务谈判时，讨价还价有哪些策略？

（3）商务谈判时，减价让步应遵循什么原则？

（4）商务谈判时，减价让步有哪些策略？

2. 解决方案

通过回答以上问题，各团队讨论总结启发和感悟，在学习通、雨课堂、钉钉、智慧职教等平台上上传团队讨论结果，要求总结简洁明了时间为 10 分钟。

3. 教师点灯

◀ **评价要点参考** ▶

● 在讨价还价前，应清楚对方的真正期望。

● 在讨价还价时，应检查对方报价的全部内容，询问如此报价的原因和依据，以及在各项主要交易条件上有多大的灵活性。

● 在讨价还价时，应注意倾听对方的解释，千万不要主观臆测对方的动机和意图，不要代替对方发言。

● 在讨价还价时，记下对方的答复，但不要加以评论，避免过早或过深地陷入具体问题中。这样做的目的是让谈判内容涵盖更广泛的主题。

● 在讨价还价时，需要弄清双方的真正分歧，估计双方的谈判重点。

● 在讨价还价时，可以采取以理服人策略、见机行事策略和投石问路策略。

4. 理论指导

1）讨价还价前的准备

（1）清楚对方期望。

在弄清对方期望的问题上，需要了解怎样才能使对方得到满足，以及如何在我方谋取利益的同时，不断给予对方满足感。还需研究对方报价中哪些是必须得到的，哪些是他希望得到但并非必不可少的；同时识别出哪些部分是次要的，而这些次要部分可能成为诱使我方让步的筹码。这样知己知彼，才能在讨价还价中取得主动。

（2）判断谈判形势。

判断谈判形势是为了分析讨价还价的实力。首先，需要弄清双方的真正分歧，估计对方的谈判重点，并区分以下几点。

一是哪些条件对方可以接受，哪些条件对方不能接受。

二是哪些议题是对方急于讨论的。

三是在价格和其他主要条件上，对方讨价还价的实力。

四是可能成交的范围。假如双方分歧很大，我方可以拒绝对方的报价，如果决定继续下去，就要准备进入下一回合的谈判。此时要进行如下选择。

① 由我方重新报价（口头或书面均可）。

② 建议对方撤回原价，重新考虑一个比较实际的报价。

③ 改变交易形式，如对售价不进行变动，但对其他一些交易条件如数量、品质、交货时间、支付方式等进行一些改变。改变交易形式的目的是使之更适合成交的要求。

2）讨价还价的策略

（1）讨价还价的含义。

① 讨价的含义。

讨价也称再询盘，是指要求报价方改善报价的行为。在谈判中，通常卖方先报价并进行价格解释，如果买方认为报价与自己的期望相差太远或不符合期望目标，则会在价格评论的基础上要求对方改善报价。讨价的目的在于启发和诱导卖方降价，为后续的还价进行准备。

② 还价的含义。

还价也称还盘，是指谈判一方根据对方的要价及自己的谈判目标，主动提出自己的价格条件，或者应对方要求提出价格条件。还价以讨价为基础：卖方先报价后，买方通常不会全盘接受，也不会完全推翻，而是伴随价格评论向对方讨价。为了促成交易，买方会合理地要求对方改善报价。经过几次讨价后，买方根据自己掌握的情况做出反应性抠价，即进行还价。

（2）讨价还价策略分类。

① 以理服人策略。

为了使谈判顺利进行，谈判者必须向对方说明许多问题。在做这种说明时，谈判高手总是在他们认为必要的地方展开详细解释。这样，他们让谈判对手感受到自己的诚意，连如此细节的问题也不忘交代，从而迅速拉近双方的距离。

在谈判中，你可以反复使用以下句子来向对方说明交易的好处："您只有充分利用这一机会，才能获得更多的利润""您已经了解了很多情况，现在可以下决心了吧""我相信您已经认识到……"说这些话并不费事，却能有效地促使对方下决心。因为这些话始终抓住了对方利益这一核心，反复强调交易对他的好处。你的对手总是想捞取更多的好处，这是正常的。其中有不少要求是你不能或不愿让步的，但你不能直接拒绝。你可以说"我会尽力考虑你的意见"，然后把问题搁置起来，作为谈判的交易条件。在谈判过程中，你还可以时不时地表明"我会尽力满足你"，以消除对手的对立情绪。实际上，是否满足对方，关键在于你自身的抉择。一些无损的让步不需要花费金钱，却能为你带来不少好处。要想成为谈判高手，你应该掌握并应用这些技巧。

② 见机行事策略。

根据谈判的情况，如果卖方先报价，买方可以采取压价策略。例如，设定一个不能超过的预算金额或价格上下限，然后围绕这些标准进行讨价还价。买方还可以故意挑毛病，提出一系列问题和要求，其中一些是真实的，有些则是虚张声势。这样做的目的无非是让卖方降低价格，为自己争取更多讨价还价的空间。实践证明，这种方法行之有效。

根据谈判的情况，如果卖方先报价，买方可以表示震惊。对出价表示惊讶，他们可能并未指望得到所要求的价格，但如果你不表示惊讶，就会让对方觉得这个价格有可能成交。故作惊讶之后通常会带来让步；如果没有这种反应，对方可能会变得更加强硬。

当你准备谈判时，应考虑你能要求对方做出的不同让步。一旦谈判进入正轨，你将不得不处理各种要求，很少有机会再去分析哪些让步是合适的。此外，要清楚了解自己收入和支出的全部数目，并努力判断你的让步对对方的价值。值得注意的是，对你来说不需要花费太多甚至无成本的让步，对对方可能意义重大。

在谈判时，不要急于达成协议。对于对方的要求或愿望，不需要立即表明立场。暂停一下可能会发现其他方案的机会，也可以让对方反思自己是否走得太远。如果你不确定该怎么做，可以通过询问对方的意见来争取更多的时间。这意味着你有权要求对方接受其报价的约束，但你自己并不受此约束。你可以这样说："我不能立即就此事给你答复，关于你的报价，我可能需要进一步考虑。如果我有机会更详细地研究一下，几天后我会给你一个答复。如果我们能接受你的报价，那么我们就成交。"

③ 投石问路策略。

一般地讲，任何一块"石头"都能使买方更进一步了解卖方的商业习惯和动机，而且对方难以拒绝。投石问路的关键，在于选择合适的"石头"，提出的假设应该是己方所关心的问题，而且是对方无法拒绝回答的。很多时候，如果提出的问题正好是对方所关心的，那么也容易将己方的信息透露给对方，反而为对方创造了机会。所以，在使用投石问路策略的时候，也应该谨慎，并且注意不要过度。

例如，现在一位买主要购买 3000 件产品，他就会问购买 100 件、1000 件、3000 件、5000 件和 10000 件产品的单价分别是多少。一旦卖主给出了这些单价，敏锐的买主就可以从中分析出卖主的生产成本、设备费用的分摊情况、生产的能力、价格政策、谈判经验丰富与否等情况。最后，买主能够得到比购买 3000 件产品更好的价格，因为很少有卖主愿意失去这种数量多的买卖。

众多谈判专家在购买东西时，经常采用投石问路策略，通过许多假设性提问，获得了很多颇有价值的资料，引导新的选择途径。

3）减价让步的原则

（1）让步需有效适度。在商务谈判中，一般不做无谓的让步。有时让步是为了表达一种诚意；有时让步是为了谋取主动权；有时让步是为了迫使对方做相应的让步。

（2）让步要谨慎有序。让步要选择适当的时机，力争做到恰到好处，同时要谨防对方摸出我方的虚实和策略组合。

（3）双方共同做出让步。在商务谈判中，让步应该是双方共同的行为，通常需要双方共同努力才能达到理想的效果。任何一方先行让步后，在对方未做出相应让步之前，一般不应继续让步。

（4）每做出一项让步，都必须使对方明白，本方的让步是不容易的，而对对方来说这种让步是可以接受的。

（5）对对方的让步，要期望得高些。只有保持较高的期望，在让步中才有耐心和勇气。

4）减价让步的策略

（1）于己无损策略。

所谓于己无损策略，是指己方做出的让步不会带来任何损失，同时还能满足对方的一些要求，从而产生一种心理影响和诱导力。当谈判对手就某一个交易条件要求我方做出让步时，如果其要求确实有一定道理，但己方不愿意在此问题上做出实质性让步，可以采用无损让步策略。

假如你是一个卖主，又不愿意在价格上做出让步，你可以在以下几方面做出无损让步：

① 向对方表明本公司将提供质量可靠的一级产品；

② 今后可以向对方提供比其他公司更加周到的售后服务；

③ 向对方保证给它的待遇将是所有客户中最优惠的；

④ 交货时间上充分满足对方要求。

这种无损让步的目的是在保证己方实际利益不受损害的前提下，使对方获得心理平衡和情感愉悦，避免对方纠缠某个问题迫使我方做出有损实际利益的让步。

（2）以攻对攻策略。

以攻对攻策略是指在己方让步之前，向对方提出某些让其让步的要求，将让步作为一种进攻手段，变被动为主动。当对方就某一个问题逼迫己方让步时，可以将这个问题与其他问题联系起来考虑，在相关问题上要求对方做出让步，作为己方让步的条件，从而达到以攻对攻的效果。例如，在货物买卖谈判中，当买方向卖方提出再次降低价格的要求时，卖方可以要求买方增加购买数量、承担部分运输费用、改变支付方式或延长交货期限等。这样一来，如果买方接受卖方的条件，卖方的让步也会得到相应补偿；如果买方不接受这些条件，卖方也有理由不做让步，使买方难以继续逼迫卖方让步。

（3）强硬式让步策略。

强硬式让步策略是指一开始就态度强硬，坚持寸步不让的立场，到最后时刻才一次性让步到位，促成交易。这种策略的优点在于初期阶段的坚定态度向对方传递了己方的坚决立场，如果谈判对手缺乏毅力和耐心，就可能被征服，从而使己方在谈判中获得较大利益。在坚持一段时间后，一次性让出全部可让利益，对方会感受到"来之不易"的胜利感，特别珍惜这种收获，不失时机地握手成交。其缺点是由于在开始阶段一再坚持"寸步不让"，可能会失去合作伙伴，具有较大的风险，并且会给对方留下没有诚意的印象。因此，这种策略适用于在谈判中占有优势的一方。

（4）坦率式让步策略。

坦率式让步策略是指以诚恳、务实、坦率的态度，在谈判进入让步阶段后一开始就亮出底牌，让出全部可让利益，以达到以诚制胜的目的。这种策略的优点在于，谈判者一开始就向对方展示底牌，让出全部可让利益，率先做出让步榜样，给对方一种信任感，比较容易打动对方。同时，这种率先让步还具有强大的说服力，促使对方尽快提高谈判效率，争取时间和主动。其缺点是由于让步比较坦率，可能给对方传递一种有利可图的信息，从而提高其期望，继续讨价还价。一次性大幅让价可能会失去本来能够全力争取到的利益。这种策略适用于在谈判中处于劣势的一方，或者谈判双方关系比较友好时，通过一开始做出较大让步来感染对方，促使对方以同样友好坦率的态度做出让步。使用这一策略要根据实际情况，充分把握信息和机遇，确保主动让步之后己方能得到关系全局的重大利益。

（5）稳健式让步策略。

稳健式让步策略是指以稳健的姿态和缓慢的让步速度，根据谈判进展情况分阶段做出让步，争取获得较为理想的结果。谈判者既不能坚持强硬的态度而寸利不让，也不能过于坦率一下子让出全部可让利益。谈判者应该既要有坚定的立场，又要给对方一定的希望。在使用稳健式让步策略时，每次都需要做一定程度的让步，但让步幅度应根据对方的态度和形势的发展灵活掌握。可能每次让步幅度相同，也可能逐渐减小，甚至在最后关头有所反弹。这种策略的优点在于稳扎稳打，不会冒太大风险，也不会一下子使谈判陷入僵局，能够灵活机动地根据谈判形势调整让步幅度。这种方法具有较强的技术性和灵活性，需要随时观察对方的反应来调整己方的让步策略。其缺点是需要耗费大量时间和精力才能达成最终成交目标，并且由于过于讲究技巧，可能会缺乏坦率精神和效率意识。尽管如此，多数商务谈判者仍习惯使用这种策略。

5. 技能点拨

商务谈判中针对谈判对手的策略有哪些？

1）攻心战

兵法有云："用兵之道，攻心为上，攻城为下；心战为上，兵战为下。"蜀中名联亦曰："能攻心，自古知兵非好战。"可见，古人早已深谙"攻心之道"。同理，在现代商务谈判中，攻心战术也是一种重要的手段。

攻心战是指谈判一方从心理和情感角度入手，使对方在心理上感到不适或感情上软化，从而促使对方接受己方的条件达成协议。攻心战的具体策略包括建立满意感、小圈子会谈、鸿门宴、恻隐术等。

（1）建立满意感。

满意感是一种使谈判对手精神上获得满足的策略。首先要尊重对方，俗话说"投桃报李""你敬我一尺，我敬你一丈"，我们要尊重谈判对手，尤其要尊重对方的人格。为此要做到礼貌文雅，同时关注谈判对手提出的各种问题，并尽力给予解答，解答内容以有利于对方理解自己的条件为准，哪怕他重复提问，也应该耐心重复解答，并争取做些证明，使你的解答更令人信服。此外，还要接待周到，使对方有被尊重的感觉。必要时，可以请高层领导出面接见，以给其面子，满足其"虚荣心"。当然，谈话时最好是叙述双方的友谊，增进双方了解，分析对方做成这笔生意的意义，也可以客观评述双方立场的困难程度，最后表达愿意给予帮助的态度。

另外，为了能够同对方顺利达成谈判，获得对己方更为有利的条件，最好在谈判之外能够尽力给对方以帮助，不管是生活上的还是其他层面上的，在个人私事上我方也可以慷慨地给予帮助，力求使其满意，努力与其谈判成员建立起一种特殊的信任关系。英国著名文学家莎士比亚曾经说过："人们满意时，就会付出高价。"一旦建立了这种关系，就可以在谈判中获得意想不到的好处。

投其所好的具体形式有很多，可以为对方提供舒适良好的住宿和伙食，使其有种宾至如归的感觉；也可以让对方参观投资环境或名胜古迹，使其产生兴趣；还可以恰如其分地施以小恩小惠，都可以产生事半功倍的效果，关键在于弄清楚对方的兴趣所在。

（2）小圈子会谈。

这是一种在正式谈判之外，双方采取小圈子会谈以解决棘手问题的做法，也称为场外谈判或非正式谈判。其形式包括：由双方主谈加一名助手或翻译进行小圈子会谈，地点可以在会议室、休息厅或其他场所。"家宴"或"游玩"也可以成为小圈子会谈的方式。这种策略具有很强的心理效果，突出了问题的敏感性及参与者的责任感和重要性。此外，小范围的会谈易于创造双方信任的氛围，使谈话更加自由，便于探讨各种可能的解决方案，态度也更加随意灵活。

这种非正式谈判在时间上非常灵活，可以随时举行。例如，在外交场合中，全体会议之前可以先举行首脑会议。在商务谈判中也常常如此，即使在正式谈判过程中，也可以提出暂时休会，进行这种小圈子会谈。此时，可以将一些不成熟或有待完善的条件提出来讨论，既能起到双方沟通的作用，也不会因泄密而导致局面混乱。

（3）鸿门宴。

"鸿门宴"喻指某件事表面上看似一种情况，而其本质却另有图谋的各种活动。俗语说"宴无好宴"，在如今的商务谈判中，这句话同样适用。"鸿门宴"策略在商务谈判中的形式可以借鉴，但其意图更具参考价值。这里的"鸿门宴"并不在于"杀"人，而是为了推动谈判进程，以求尽快达成协议。很多时候，谈判双方坐在一起举行宴会，显然其目的并不在宴会本身，而在于通过宴会缓解气氛，使谈判的一些难点、敏感点消散于无形。例如，在某公司钢化玻璃生产线出售谈判中，卖方设宴款待买方领导，并在举杯共饮时谈及生意。此时买方毫无心理准备，但由于宴会气氛友好、活跃，出于心理压力，买方不忍心拒绝对方请求，仓促答应了对方，使卖方占了便宜。显然，卖方的"鸿门宴"成功了。还有一种"鸿门宴"设在谈判达成协议之后、签约之前。这时可能是买方设宴饯行，买方在宴会上大大恭维卖方，并表示感谢，希望未来长期合作等。这时卖方可能被感动，为了显示自己的诚意，可能会主动降低价格。这时，买方的"鸿门宴"也奏效了。

在当前的经济环境和商务交往中，宴请几乎是必不可少的礼仪。作为商务谈判者，在宴请对方时，应具备足够的诚意，并且要有明确的目的，争取在宴请中有一定的收获。同时，在被对方宴请时，要提高警觉，时刻保持清醒的头脑，切忌感情用事，不要因一时冲动而牺牲利益。

（4）恻隐术。

恻隐术是一种通过装可怜相，利用对手的同情心来获取商务谈判利益的做法。俗话说："恻隐之心，人皆有之。"人们天生有一种同情弱者的良知，毕竟人是感情动物，每个人都有恻隐之心，最不愿意做的事情就是落井下石。然而，有时恰恰是这些优点会被谈判对手利用。因此，在某些谈判中，这些优点反而变成了弱点。如果这些弱点被谈判对手充分利用，就可能使谈判向不利于己方的方向发展。

谈判者要扮好可怜相，应从语言、身体和道具三个方面着手。利用丰富生动的语言来传递可怜的意思，同时配合适当的面部表情、身体语言和道具。可以说这样的话："如果我真的答应了你的条件，我们公司就会亏损，回去我可能就会被炒鱿鱼了。但是我上有老、下有小，一家人都靠我呢！求求你高抬贵手，把条件再放宽些。"或者："我已经退到悬崖边了，不能再退了，求你放我一马。"有些谈判者在谈判过程中会表现出极度的情绪，如一把鼻涕一把泪，甚至在谈判桌上作揖磕头。还有一些谈判者为了激发对方的恻隐之心，精心准备一些道具。例如，在一次商务谈判中，卖方邀请买方到自己的旅馆进行谈判。等买方到达旅馆时，发现卖方主谈者头裹毛巾，腰间缠着毛毯，一副病态的样子，仿佛得了重病。当买方询问情况时，卖方趁机发挥，说："头痛、腰痛，谈判迟迟得不到进展，自己心里着急上火等。"这一招非常具有感染力，特别是对一些谈判经验不足的对手，很容易被这种表现打动，从而做出让步。

2）擒将战

"擒贼擒王"语出唐代诗人杜甫的《前出塞》："挽弓当挽强，用箭当用长。射人先射马，擒贼先擒王。"民间也有"打蛇要打七寸"的说法，表达的是同样的意思。此计在军事上是指通过打击敌军主力、擒拿敌军首领，使敌军彻底瓦解的谋略。擒贼擒王的核心是捕杀敌军首领或摧毁敌人的首脑机关，使敌方陷于混乱，从而便于彻底击溃之。指挥员不能满足于局部胜利，而应通观全局，扩大战果，以确保全胜。如果错过时机，放走了敌军主力和将领，就如同放虎归山，后患无穷。在现代商务谈判中，"擒贼擒王"指的是针对对方主谈者的策略。如果能够成功地说服对方的主谈者，谈判就基本上取得了成功。

（1）感将法。

感将法是通过温和礼貌的语言和勤勉守信的行动，使对方感到不好意思坚持原来的立场，从而达到预期谈判效果的做法。具体来说，就是要设法提出令人动容的理由，让谈判对手感动，觉得如果不按照你的意思做就对不起你。这与上述的恻隐法有些相似，但更加光明正大。在谈判中，尽力表现得谦恭一些，表示自己懂得还不够，需要向对手学习；只要对手回答了问题就表示感谢，对方说得有理就照办，并认真听取对方的提问，努力回答所有的问题，让对方感到你的诚恳。此外，在谈判过程中或谈判之外，尽量给予对方主谈各种帮助，使其感动并感到欠了人情。知恩图报是人的本性，对方自然会找机会回报，这样感将法也就运用成功了。

（2）激将法。

每个人都有自尊心和荣誉感，注重维护自己的形象。当一个人的自尊心或形象受到伤害时，往往会冲动起来，严重时甚至会失去理智，做出异常举动。在商务谈判中，主谈人作为谈判的主要角色通常都非常注意自己的形象。因此，在谈判中可以通过话语激对方的主谈或其主要助手，使其感到坚持自己的观点和立场会直接损害自己的形象、自尊心和荣誉感，从而动摇或改变其原有态度，促使谈判成功。这种做法就叫作激将法。

能力、权力的大小、地位的高低、信誉的好坏等，所有与形象和自尊相关的话题，都可以成为激将的武器。最直接的方法是对对方主谈者的资格表示轻视，对他的权力表示怀疑，以刺激对方。例如，"我希望与能解决问题的人谈判。""既然你有决定权，为什么不直接解决问题，还要回去请示呢？"这样的话语贬低了对方主谈者的权力，反过来可能激起对方（尤其是年轻资历浅的谈判者）急于表现自己的决定权或争取更多的决策权，从而使己方在谈判中占据更有利的位置。当然，有时候也可以先对主谈者的重要助手施展激将法。如果助手被说动了，然后再激主谈者，这时候主谈者就无从躲避了。

（3）宠将法。

心理学研究表明，无论是什么人，都喜欢听赞美的话。同样，在商务谈判中，应尽量多说赞美对方的话语。宠将法就是通过好言好语去赞美对方，也可以送一些礼物给对方主谈者，使其产生一种亲密友善的好感，从而放松思想警戒，软化谈判立场，以实现自己的预期目标。

在谈判中，要抓住对方主谈的特征奉送好话。例如，如果对方年纪较大，可以说"久经沙场""老当益壮"；如果对方年轻，则可以称赞"年轻有为""前途无量""反应敏捷"；如果对方是中年人，可以说"年富力强""精明强干"；如果对方是女士，可以说"巾帼不让须眉"等。总之，好话人人爱听，听了好话，心情舒畅，谈判态度自然有所转变，进攻势头可能放缓，从而为谈判赢得有利局势。为了达到宠将的目的，还可以在谈判场外制造一些个人活动。例如，邀请对方主谈参加家宴、品茶、喝咖啡等，抛开谈判，聊聊家常，谈谈个人兴趣爱好，把紧张的谈判气氛软化，化对手为朋友，以创造有利于达成协议的条件。在必要时，也可以送礼，但要送得艺术、送得有度。礼品不宜太贵重，以免有贿赂之嫌。礼品不一定要昂贵，但要有品位、有意义、合情合理，恰到好处地传递出你对对手的亲和之意。从上面案例中可以看到恭维话的力量，虽然略带夸张，却深刻体现了实际生活。当然，如果在谈判中你是"受宠者"，一定要保持冷静的头脑，不要被几句恭维话冲昏了头脑，将自己的利益拱手让出。一定要提高警惕，设一道"防腐线"，保持坦荡的工作作风；不贪私利，不单独活动，不被虚荣所击败，应切实追求谈判的实际结果。

（4）告将法。

这是一种利用对方的上级向谈判对手施压的策略，目的是借此机会更换对方主谈者，或使对方主谈者心存忌惮，从而向我方让步，以确保谈判顺利进行。当对方的主谈非常难缠，让你感到难以应付时，可以向对方主谈的上司或其上级部门反映情况，报告对手在谈判中的某些做法或错误，以此向对手施加压力。此外，当谈判对手态度强硬、不合作时，可以警告对方如果不有所收敛，谈判将无法继续，并要求更换主谈者，从而动摇对方主谈者的意志。

具体做法是，宴请或单独拜会对方的上司，借此机会回顾谈判，分析症结，并找准时机对对方主谈者的态度进行抨击。例如，某国使馆商务参赞在会见买方主谈者的上司时说："贵方主谈过于死板，态度强硬，尽职过了头。"并要求其上司"予以干预"。又如，买方对卖方讲："你在现场罢工一天，按合同规定除扣发工资外，还需向你的上级报告，由你们负全部责任。"

（5）惩将法。

在当前商业环境下，谈判双方之间尚未形成良好的双赢关系。有些主谈者始终不愿意坦诚地信任他人，宁愿依赖自己通过各种渠道获取的信息。因此，针对这种主谈者，需要利用自己创造和对方提供的各种机会，向对手灌输自己的观点和做法，从而使对手相信并接受，最终达成协议。可以通过提供大量真实、部分真实或真假掺杂的信息，让对方感到这些资料得出结论的自然性，从而减少其抵抗情绪，并利用这种机会对对手施加压力。

3）意志战

商务谈判不仅是双方实力的较量，也是谈判双方意志力的考验。尤其在大型商务谈判中，对谈判者的体力和精力提出了非常严峻的要求。当谈判陷入僵局时，双方都可能感到痛苦，有时甚至可能因为无法忍受谈判中的紧张气氛而导致谈判破裂。因此，谈判者必须具备坚韧不拔的意志，不到最后一刻决不放弃，并做好与谈判对手周旋到底的准备。

（1）疲劳战。

当谈判的甲方应邀到乙方处谈判时，常常会遇到这样的情况：一下飞机就被乙方接去赴宴，随后乙方大大小小的负责人纷纷亮相，表现得极为热情，仿佛是多年未见的老朋友。晚上，乙方又安排了舞会和茶点，直至深夜。第二天清晨，乙方就来敲门，可能安排游览当地名胜或拜会更高一级的领导。晚上则由上级部门或相关部门领导设宴，希望建立长期合作关系，乙方人员轮流与之为友谊和合作干杯。就这样，甲方不断处于高度紧张与兴奋状态中，根本得不到充分的休息。当你感到疲劳时，真正的谈判才刚刚开始。研究表明，被剥夺睡眠、饮食和饮水机会的人，其工作效率显著下降。疲倦的人容易受到影响，容易犯愚蠢的错误。作为一个谈判者，反应的机敏性往往在疲劳中丧失。平时对很多问题都能看得很透彻，对方的任何策略都可能被轻易识破，但在疲劳时，甚至最简单的阴谋诡计都可能无法识破。即使是精明的人，在疲劳时也会显得迟钝，这是人的普遍特征。

（2）固守策略。

所谓固守策略是指在谈判进行到一定阶段、让步达到一定程度时，顽强地坚持自己的谈判要求，不再退让，甚至表现出不惜谈判破裂的态度。在谈判进入相持阶段时，往往是谈判者最难熬的时刻，也是考验其意志和心理素质的关键时期。成功的谈判者往往是那些坚定自己的谈判目标，并为之坚持不懈的人。

在商务谈判中，固守策略有时也需要借助一种装傻的姿态。对于自己不同意的条件，可以和对方装傻充愣，无论对方如何游说，都坚守自己的条件不放。只有当对方同意自己的条件或大幅度改变态度和建议时，才会做出让步。这种策略需要极大的毅力和耐心，等待对方让步或犯错误，最终取得谈判的成功。

任何一个人都不愿意与一个愚笨无知的人打交道，因为你根本无法了解他的真实想法，仿佛他是一个没有感情的动物。无论你对他施展什么策略都是无效的，因为他根本不关心你的想法。培根在400多年前发表的论文《商谈论》中就提到，与一个荒谬的人谈生意是不会有任何结果的。当你真正与这类人做生意时，你会体会到这是一件多么艰难的事情。他们会磨得你无法忍受，最终你不得不做出决定：要么成交，要么放弃。

当然，并不是所有情况都适合使用这种策略。当你的产品处于垄断地位或对方产品供过于求时，这种策略较为适用。换句话说，当你处于优势谈判地位时，这种策略最为有效，因为对方有求于你，无法轻易拂袖而去，必须耐心地与你谈判。当你把他的耐性磨尽时，他会意识到自己正在与一个"冷血人物"谈判，从而不得不对你做出让步。

（3）车轮战。

"车轮战"是军事术语，指的是在战争中将己方兵力分散开来，轮流与敌人作战，或者采取迂回战略，在体力和智力上使敌人疲劳，然后一举歼灭。"车轮战"在谈判中的应用是指谈判一方轮流与对方主谈者商谈，借此在精力上拖垮对方，迫使对方妥协让步。

"车轮战"的使用有一定的条件和原则，通常在谈判中期或接近尾声时由形势不利的一方施行。当形势对己方不利，或者己方在某一点上因考虑不周已做出允诺而事后又必须反悔时，或者双方在谈判过程中发生激烈争吵即将形成僵局时，甚至当双方成交心切、急不可待时，一些谈判者可能会采用这种策略。他们制造或利用各种"客观"原因召回负责人或某个重要成员，换上另一个身份相当的替代者。这时，替代者处于相对有利的位置。

（4）沉默战。

沉默战是考察双方谈判者毅力的一种策略。很难想象一个急躁的人能在利益攸关的谈判中保持缄默，也很难想象有人能忍受谈判对手始终一言不发。这是谈判中处于劣势一方最有效的防御策略之一。在谈判中，先不开口，让对方尽情表现，或多向对方提问并促使对方继续沿着正题谈论下去，以此暴露其真实动机和最低谈判目标。然后，根据对方的动机和目标，并结合己方的意图，采取有针对性的回答。

这种谈判策略之所以有效，其原理在于：在谈判中表露得越多，就越有可能暴露自己的底线，从而越容易处于被动境地。同时，沉默可以让谈判对手感到冷遇，尤其是对于没有经验的谈判者，这会造成心理恐慌，使其不知所措，甚至乱了方寸，从而达到削弱对方力量的目的。仔细聆听对方的每一个字，关注对方谈判者的措辞、表达方式、语气和语调，都可以为己方提供有价值的信息。

6. 企业实践

◆ 实践背景

HD 公司坐落于上海市浦东新区，其主要业务为轴承加工制造及进出口贸易。借助上海的地理位置、经济影响力及政策优惠等有利条件，HD 公司积极拓展海外业务渠道，增强与多国的合作往来。2009 年，在综合考量国内外轴承市场发展态势及目标国俄罗斯的行业前景后，HD 公司决定进军俄罗斯市场，以扩大轴承产品在海外市场的知名度。

展销会作为连接买卖双方的重要平台，可以提供集中、专业的客户，而且参展费用适宜，相较知名度很高但费用高昂的广交会和一些影响力有限、难以吸引海外客商的小规模展会，更符合 HD 公司在兼顾成本的同时，积累潜在客户群的实际情况与客观需求，因此经综合衡量，公司决定参加该会。此外，为获得更大浏览量，HD 公司选择了位于转角处的一处展位，并将己方的拳头产品放在了醒目位置，吸引了许多参展买方驻足关注。其中一位俄罗斯轴承进口商代表对 HD 公司的产品产生了极大的兴趣，HD 公司的产品规格匹配，质量过硬，价格适宜，而且可以降低俄方对其本土轴承供应商的依赖。此外，HD 公司先进科学的经营管理模式更是增强了其可靠性，也因此进一步赢得了俄罗斯进口商的青睐。会后，HD 公司邀请俄罗斯进口商到公司就轴承的出口供货合同问题进行进一步沟通商讨。

在开局环节，HD 公司展示了本公司生产的多款轴承产品，产品各方面都符合俄罗斯进口商的要求，但双方在价格问题上陷入了僵持，HD 公司坚持 5 美元/件的报价，但进口商却坚持 4.5 美元/件，而且多次协商未果。经坦诚沟通发现，在首次合作的背景下，远距离运输所带来的较高潜在商业风险是导致各方坚持自身报价的共同因素。在此情况下，如何减轻双方对交易的不确定性及风险性的担忧，从而寻求方案达成一致，成为后期谈判的核心问题。

在沟通过程中，俄罗斯进口商发现 HD 公司的目标不仅是出口其轴承零件，而且还有意向俄方出售其他种类的零部件产品。巨大的商业价值使俄罗斯进口商考虑通过采取迂回的补偿方法促使双方就价格达成一致。因此，俄罗斯进口商提出：若 HD 公司接受 4.5 美元/件的报价，则可以免费帮助 HD 公司在即将举办的俄罗斯零部件国际展览会宣展公司其他零部件。对 HD 公司来说，这无疑是一种利益丰厚的商业宣传：既能省去一大笔参展费用，又能借助俄方公司在当地的商业信誉及影响力提高自身在海外市场的可信度，因此双方立即达成共识。

场商务谈判体现了互惠理念和聚焦于利益而非立场的观点。一方面，进口商在尊重对方合理关切及利益的前提下实现了理想价格；另一方面，HD公司获得了最契合自身利益的补偿。双方没有将重点放在尖锐的立场对立上，而是致力于最大化共同利益。该案例同时也体现了一个寻求双方共识的重要谈判方法，即由罗杰·费舍尔和威廉·尤里在著作《实现正确》中提出的"协议的最佳替代方案"。该方案体现了灵活寻求目标的其他可能性，通过替代补偿的方式缓解当下谈判的僵持局面。

资料来源：《社会交换理论视阈下原则式谈判之"双赢策略"分析——以中俄企业价格谈判为例》，作者丁艺婷。

◆ **实践任务**

以团队为单位，通过阅读以上案例材料，进行商务谈判模拟。

以抽签形式进行两两对局，一方为我国上海HD公司，另一方为俄罗斯进口商，进行模拟谈判。

◆ **实践指南**

（1）模拟商务谈判，应该有商务谈判的实战场景和内容。

（2）谈判人员要分工，要有主谈、副谈，分工要明确。

（3）在进行模拟商务谈判时，应订立好谈判规则。

（4）要有谈判内容，预设双方谈判立场。谈判立场应有差距但需要有重叠区，以便最终能够达成一致。

（5）商务谈判过程中可能有冲突，但需注意沟通方式，谈判过程要注意技巧，相互讨价还价，有让步，最终达成一致。

◀ **思政园地：中国兵家名著《孙子兵法》中蕴含的商务谈判技巧** ▶

● 知己知彼，百战不殆。谈判前，需充分了解对方的需求、底线和策略，同时清楚自己的目标和底线。

● 不战而屈人之兵。寻找双赢方案，通过合作与妥协减少双方的损失。

● 兵之情主速。善于快速捕捉信息，发现对方的漏洞并迅速回应。

● 以正合，以奇胜。勤于思考，勇于提出创新方案，打破僵局。

● 攻心为上。善于运用情感和心理策略，如制造紧迫感或展示合作诚意，以引导对方让步。

● 兵无常势，水无常形。根据谈判的进展灵活应对，及时调整策略。

● 胜兵先胜而后求战，败兵先战而后求胜。在谈判前应做好充分准备，以确保有利条件。

● 上兵伐谋，其次伐交，其次伐兵，其下攻城。优先通过策略和沟通解决问题，以减少正面冲突。

● 善战者，致人而不致于人。善于掌握主动权，引导谈判进程，控制谈判节奏。

四、修炼巩固

案例题一

A 公司是一家知名汽车制造商，正在与 B 公司（一家零部件供应商）就一款新型发动机零部件的采购进行商务谈判。A 公司希望以合理的价格采购到高质量的零部件，同时 B 公司也希望能够保证足够的利润。

问题：

（1）在谈判交锋过程中，A 公司应该如何制定报价定价策略，以确保既能满足成本控制的要求，又能体现出对 B 公司技术的认可？

（2）假设 B 公司在初次报价后，提出了一个较高的价格，A 公司应如何利用讨价还价策略来争取到更优惠的价格？

（3）在谈判交锋中，如何确保双方都能够遵守商业道德和法律法规，避免任何不正当的谈判手段？

案例题二

C 公司是一家软件开发公司，正在与 D 公司（一家大型企业）就一套定制化企业管理软件的开发合同进行谈判。D 公司希望以较低的价格获得高质量的软件，而 C 公司则希望能够保证项目的盈利性。

问题：

（1）在谈判交锋阶段，C 公司应如何根据项目的复杂性和开发成本来制定报价策略？

（2）如果 D 公司在谈判过程中提出了多项修改要求，C 公司应如何运用讨价还价策略来确保项目的盈利性，同时满足 D 公司的需求？

（3）在讨价还价过程中，如何保持稳健、谨慎的职业态度，确保谈判结果的公平性和合理性？

实践题

（1）模拟谈判交锋。

请同学们分组，每组选择一个商务谈判场景（如商品销售、服务合同签订、项目合作等），并分别扮演谈判的双方。在课前，需要准备好各自的报价和谈判策略。在课堂上，进行模拟谈判交锋，包括报价、还价、讨价还价等环节。

（2）策略分析与总结。

模拟谈判交锋结束后，请同学们分析并总结各自在谈判中所运用的报价策略和讨价还价策略，以及这些策略对谈判结果的影响。学生们还需要思考在谈判过程中如何体现稳健、谨慎的职业素质和遵纪守法的职业道德。

项目 3　促成交易能力修炼

👥 一、修炼目标

知识目标

◆ 了解成交条件与主要影响因素，以及商务合同的含义与内容。
◆ 熟悉商务合同订立的程序。
◆ 掌握交易促成策略。

能力目标

◆ 能够识别成交信号。
◆ 能够明晰商务合同权利、义务的履行与终止。
◆ 能够辨析双方的违约责任。

素养目标

◆ 培养学生不为私利损害国家、集体和他人利益。
◆ 培养学生在谈判中换位思考的意识。

👥 二、修炼情境

在当前全球化商业环境下，上市公司经常需要通过商务谈判来达成合作，实现公司战略目标。本案例将分析某上市公司的一次重要商务谈判，我们需要探讨其背后的原因、过程和结果。

（1）谈判双方。

公司 A：一家在科技行业领先的上市公司，拥有强大的研发能力和较高的市场占有率。近年来，公司 A 寻求扩大其业务范围，进入新领域。

公司 B：一家在相关行业内拥有丰富经验和资源的企业，希望与有实力的合作伙伴共同开拓市场。

（2）谈判议题与目标。

主要议题：公司 A 希望收购公司 B 的部分业务，以快速进入新市场。

公司 A 目标：以合理价格完成收购，确保业务顺利过渡，并提升公司在新市场的竞争力。

公司 B 目标：确保获得满意的收购价格，并与公司 A 建立长期合作关系。

（3）谈判策略与技巧。

公司 A 策略：利用市场数据和业务前景来说服公司 B，同时展现其强大的品牌影响力和资源整合能力。

公司 B 策略：强调自身在行业内的优势和潜力，争取更高的收购价格。

谈判技巧：双方均采用了积极的沟通方式，如提出开放性问题，重视倾听和反馈，以建立信任并推动谈判进展。

（4）谈判过程与动态。

谈判初期，双方对收购价格产生了分歧。经过多轮讨论和协商，双方逐渐接近了彼此的目标。最终，在谈判的最后阶段，双方意见达成了一致。

（5）谈判结果与影响。

结果：公司 A 成功收购了公司 B 的部分业务，双方签订了合作协议。

影响：收购使公司 A 迅速进入新市场，提高了市场份额和竞争力。同时，公司 B 也获得了满意的收益，并与公司 A 建立了长期合作关系。

通过本次谈判，双方不仅达成了合作，还为未来合作奠定了良好的基础。商务谈判的最后环节是签约。谈判双方经过多个回合的讨价还价，就商务交往中的各项重要内容完全达成一致以后，为了固定双方权利与义务的关系，取得法律的确认和保护，签订了具有法律效力的合同。合同是商务谈判取得成果的标志，是全部谈判过程的重要组成部分，是谈判活动的最终落脚点，签约意味着全部工作的结束。商务谈判工作做得再好，沟通得再好，没有合同的签订也是无效的。

那么，成交有哪些信号呢？商务合同的签订又有哪些注意事项？

三、修炼内容

（一）成交

1. 工作任务

将全班同学按性别、性格、能力互补情况，每 5～6 人组成一个团队（小组），分别回答以下问题，时间为 10 分钟。

（1）你认为谈判应该具备什么条件？什么因素影响交易的达成？

（2）如何表达你的成交意图？

（3）在谈判的后期要注意观察对手所发出的成交信号，你认为应该从哪些方面获得这些信号？

（4）对手的哪些语言可以认为其要成交？请举例。

（5）有时对手会故意掩饰他们的成交意图，你能否从行为上或表情上看出来？请举例。

（6）促成交易的策略有哪些？

2. 解决方案

通过回答以上问题，各团队讨论总结启发和感悟，在学习通、雨课堂、钉钉、智慧职教等平台上上传团队讨论结果，要求总结简洁明了，时间为 10 分钟。

3. 教师点灯

◄ **评价要点参考** ►

● 在实际的谈判中，使对方完全了解企业的产品及产品的价值，使对方信赖自己和自己所代表的公司，使对方对你的商品有强烈的购买欲，把握时机，为圆满结束做出精心安排，更容易促成交易。

● 成交的信号主要包括语言信号、行为信号和表情信号。举例来说，当对手的眼神集中于你的说明或产品本身，眼睛发亮且显出兴奋的表情时，可能发出了成交信号。

● 交易促成的策略包括主动请求法、自然期待法、配角赞同法、假定成交法、肯定成交法、选择成交法、小点成交法、从众成交法、最后机会法和保证成交法。

4. 理论指导

1）成交机会的把握

谈判双方在谈判了很多个回合后，该让步的都让步了，该减价的也都减价了。此时，谈判到了关键的时刻，谈判双方必须把握成交的机会。当双方都认为对方已做出了足够的让步再谈下去也不会有什么新结果时，成交的机会就到了，谈判也就该结束了。那么对方如何表现才有成交的机会呢？

（1）对方由对一般问题的探讨延伸到对细节的探讨。例如，当向客户推销某种商品时，客户忽然问："你们的交货期是多长时间？"这是一种有意表现出来的成交意愿，此时你要抓住时机明确地要求其购买。

（2）以建议的形式表示他的遗憾。客户仔细打量、反复查看商品后，自言自语地说："要是再加上一个支架就好了。"这说明客户对商品很满意，却发现有不理想的地方，但只是小问题或小缺陷，无碍大局。这时你最好马上承诺做一些修改，同时要求与其成交。

（3）当介绍商品的使用功能时，客户随声附和，甚至讲得更具体。这时你要鼓励客户试用一下。例如，当向客户介绍某一款研磨器时，对方说："我以前也曾用过类似的，但功能没有这么多，这款机器能打豆浆吗？要是可以的话，每天都可以喝新鲜的豆浆了。"接下来你要做的就是接过他的话题了。

（4）当对方的谈判小组成员开始由紧张转向松弛，相互之间会意地点头、用眼神示意时，就是在向我方表示："我们可以成交了。"

2）成交信号的识别

成交信号是指在商务谈判过程中，各方传达出的各种希望达成交易的暗示。对大多数商务谈判人员来说，第一时间识别对方发出的成交信号，并在这些信号出现时引导谈判朝成交方向发展，是所有成功谈判的关键技巧。然而，一些经验不足的谈判人员往往在对方

"暗送秋波"——发出成交信号时，仍然"不解风情"，导致错失良机，与成交失之交臂。那么，如何成功识别对方的"秋波"呢？

（1）成交的语言信号。

在谈判过程中，谈判对手最容易通过语言流露出成交的意向。经验丰富的谈判人员往往能够通过对对手的密切观察，及时且准确地识别对方通过语言发出的成交信号，从而抓住成交的有利时机。

某些细节性的询问可以表露出成交信号。当对手产生了一定的成交意向时，如果谈判人员细心观察、认真揣摩，往往可以从他们对一些具体信息的询问中发现这些信号。例如，他们可能会询问一些细致的产品问题、交货时间、产品功能及使用方法、附件与赠品，或者关于产品的维护和保养方法。他们还可能询问其他老客户的反馈，以及公司在客户服务方面的具体细则等。在具体的交流或谈判实践中，对手的具体询问方式可能各不相同，但其询问的实质几乎都可以表明他们已经具有一定的成交意向。这就要求谈判人员迅速对这些信号做出积极反应。

某些反对意见也可以表露出成交信号。有时，对手会以提出反对意见的形式表达他们的成交意向。例如，他们可能会对产品的性能提出疑问，或者对产品的某些细微问题表示不满。这些反对意见有时确实反映了他们在某些方面的不满和疑虑，但有时也可能只是试探性表达。谈判人员需要准确识别哪些是真正的反对意见，哪些是潜在的成交信号。如果一时无法准确判断，不妨在及时应对反对意见的同时，通过一些试探性的询问来确定对手的真实意图。

（2）成交的行为信号。

有时，对手可能会在语言询问中采取声东击西的战术。例如，他们明明希望产品的价格能够再降一些，却对产品的质量或服务品质等提出意见。在这种情况下，谈判人员很难从他们的语言信息中有效识别成交信号。面对这种情形，谈判人员可以通过观察对手的行为来探寻成交的信号。

例如，当对方不断抚摸样品表示欣赏时；当他们拿出产品说明书反复观看时；当他们在谈判过程中忽然表现出很轻松的样子时；当对方在你进行说服活动时不断点头或非常感兴趣地聆听时；当他们在谈判过程中身体不断前倾时；等等。

当对手通过某些行为表现出购买意向时，谈判人员还需要通过相应的推荐方法进一步增加对手对产品的了解。例如，当对手拿出产品说明书反复观看时，谈判人员可以适时地针对说明书的内容详细说明产品相关信息，然后通过提问进一步确认对方的购买意向。如果对手不否认其购买意向，那么谈判人员就可以借机提出成交要求，促进交易的顺利实现。

（3）成交的表情信号。

对手的面部表情同样可以透露其内心的成交欲望。例如，当对手的眼神集中在你的说明或产品本身时；当对手嘴角微翘、眼睛发亮，显出十分兴奋的表情时；当对手逐渐舒展眉头时……这些表情反应都可能是对手发出的成交信号。谈判人员需要随时关注这些信号，一旦对手通过表情透露出成交信号，谈判人员就要及时做出恰当的回应。

　　3）交易促成策略

交易促成策略是指在成交过程中，谈判人员在适当的时机，用以启发对手做出决策、达成协议的谈判技巧和手段。对于任何一位谈判人员来说，熟悉和掌握各种成交的方法和技巧是非常重要的。常见的交易促成策略有数十种，这些策略因谈判人员的性格、个性、教育背景及公司等因素而受到不同程度的喜爱。谈判人员在具体应用中，若能结合自身个性及公司的实际情况融会贯通，灵活运用，则必将产生较好的效果。

　　（1）主动请求法——单刀直入，要求成交。

谈判人员用简单明确的语言，向谈判对手直截了当地提出成交建议，这种方法也叫直接请求成交法。这是一种最常用且最简单有效的方法。例如，"师傅，您刚才提出的问题都解决了，是否现在可以谈购买数量的问题了？"又如，"某某主任，您是我们的老客户了，您知道我们公司的信用条件，这次是否可以在半个月后交货……"

主动请求法的优点是可以有效促成交易，可以直接向对方提示并略施压力，同时节省洽谈时间，提高谈判效率。然而，它也存在一些局限性。例如，过早直接提出成交可能会破坏良好的谈判气氛，给对手增加心理压力，甚至可能让对手认为谈判人员有求于他，从而使谈判人员处于被动地位。

运用主动请求法应把握成交时机。一般来说，在以下情况下可以更多地使用此方法。

① 同关系比较好的老客户谈判时。

② 在对手不提出异议、想购买但不便开口时。

③ 在对手已有成交意图但犹豫不决时。

　　（2）自然期待法——循序诱导，水到渠成。

谈判人员用积极的态度，自然而然地引导对手提出成交的一种方法称为自然期待法。这种方法并非完全被动等待对手提出成交，而是在成交时机尚未成熟时，以耐心的态度和积极的语言将洽谈引向成交。例如，"这是我们刚上市的新产品，价格适中，质量绝对没有问题，您觉得怎么样？"又如，"我知道您对产品的款式、颜色等比较满意，只是觉得价格高了些，给您一些优惠，行吗？"

自然期待法的优点是较为尊重对手的意向，避免对手产生抗拒心理；有利于保持良好的谈判气氛，循序渐进地引导对手自然过渡到成交上；防止出现新的僵局和提出新的异议。但其缺陷也明显存在，主要是可能贻误成交时机，同时花费的时间较多，不利于提高谈判效率。

谈判人员运用自然期待法时，既要保持耐心温和的态度，又要积极主动地引导。在期待对手提出成交意向时，不能被动等待，要表现出期待的诚意，表达成交的有利条件，或者通过身体语言进行暗示。

　　（3）配角赞同法——做好配角，倾听启发。

谈判人员把对方作为主角，自己以配角的身份促成交易的实现。从性格学理论来讲，人的性格可以分为多种类型，如外向型与内向型、独立型与支配型等。大多数人不喜欢被他人左右，尤其是内向型与独立型的人，他们更希望自己做主。在可能的情况下，谈判人员应营造一种促进成交的氛围，让对手自己做出成交的决策，而不是强迫或明显地左右他们，以免引起对手的不愉快。例如，"我认为您非常有眼光，就按您刚才的意思给您拿一件样品好吗？"又如，"您先看看合同，看完以后我们再商量。"

配角赞同法的优点是既尊重了对手的自尊心，又富有积极主动的精神，促使对手做出明确的购买决策，有利于谈判成交。然而，这种方法的缺陷也是明显的，它依赖于对手的话题，无法充分发挥谈判人员的主动性。

运用这种方法时，关键是要始终当好配角，不能主次颠倒。按照一些有经验的谈判人员的做法，可以借鉴四六原则，即谈判人员引导性的发言和赞同的附和一般占洽谈内容的四成；启发对手多讲，一般可占洽谈内容的六成。当然，在当配角的过程中，不能忘记认真听取对方的意见，及时发现和捕捉有利时机，并积极创造良好的氛围，促成交易达成。

（4）假定成交法——假定已买，商讨细节。

谈判人员通过暗示成交的有关事宜，让对方感觉自己已经决定购买。假定成交法是指谈判人员在假设对方接受谈判建议的基础上，通过讨论一些细微问题来推进交易的方法。例如，"您希望我们的工程师什么时候上门安装？""您觉得什么样的价格合理呢？您出个价。""请问您买几件？""女士，我们把这次公开课安排在下个星期五和星期六两天，您那边可以派几个人过来？"

假定成交法的优点是节约时间，提高谈判效率，并且可以减轻对手的成交压力。因为这种方法通过暗示来让对手根据建议做决策，是一种最基本的成交技巧，应用广泛。然而，它的局限性也存在，主要表现为可能产生过高的成交压力，破坏成交气氛，不利于进一步处理异议。如果未能把握好成交时机，则可能会引起对手反感，产生更大的成交障碍。

谈判人员在运用此方法时，必须对成交的可能性进行分析，在确认对方已有明显成交意向时，才能以谈判人员的身份假定代替对方的决策，但不能盲目假定。在提出成交假定时，应轻松自然，不强加于人。这种方法最适合较为熟悉的老客户和性格随和的人员。

（5）肯定成交法——先入为主，获得认同。

谈判人员以肯定的赞语坚定对方成交的信心，从而促成交易的实现。从心理学的角度来看，人们总是喜欢听好话，多用赞美的语言认同对方的决定，可以有力地促进顾客无条件地选择并认同你的提示。例如，一位服装销售人员看到一位顾客进来时，热情地招呼道："师傅，您看看这件衣服挺漂亮的，您试穿一下吧，反正不收试穿费用。"当顾客试穿衣服时，他又开始赞美，"您看，这件衣服穿在您身上多合适，好像特意为您做的。"许多人听了类似的赞美词后，就会痛快地下单。

肯定成交法先声夺人，先入为主，免去了许多不必要的重复性说明与解释。谈判人员的热情可以感染对方，并坚定对方的成交信心与决心。然而，这种方法有时可能会给人强加于人的感觉，运用不当可能遭到拒绝，从而难以再进行深入的洽谈。

运用此方法时，必须事先进行实事求是的分析，看清对象，并确认产品能够引起对方的兴趣。肯定的态度要适当，不能夸夸其谈，更不能愚弄对方。此法适合在对方犹豫不决时使用，以帮助促成交易。

（6）选择成交法——二者择其一，增加概率。

这是谈判人员直接向对方提供一些成交决策方案，并要求他们立即做出决策的方法。

它实际上是假定成交法的应用和发展。在餐饮礼仪中，如果客人想要喝指定的饮料而饭店没有提供，就会被视为失礼。因此，通常可以问："先生，您是想喝百事还是七喜？"这样既能将主动权控制在自己手上，也不会失礼。谈判人员可以在假定成交的基础上，向对方提供成交决策的比较方案，先假定成交，再通过选择促成最终决策。例如：

谈判人员："您要红色还是灰色的商品？"

谈判人员："您现金支付还是转账支付？"

选择成交法的理论依据是成交假定理论，它可以减轻对方决策的心理负担，在良好的气氛中促成交易；同时也可以使谈判人员发挥顾问的作用，帮助对方顺利地完成购买任务，因此具有广泛的用途。然而，如果运用不当，则可能会分散对方的注意力，妨碍他们做出选择。运用选择成交法时需要注意以下几点：首先，给客户的选项不要太多，太多的方案会让客户思路发散，难以抉择，最佳选项数量应为两个，让客户择优而选；其次，不要给客户拒绝的机会，向客户提出的方案应包括所有可选方案中的主要内容，最好是让客户在提供的方案中做出选择；最后，如果遇到客户拒绝，谈判人员应适当暗示所提供的选择方案是最优的，而不应与客户争执什么是最优方案。如果确实无法提供客户指定的产品，则谈判人员应尽可能地提供自己所知道的产品信息，这样往往能赢得客户的信任。

（7）小点成交法——循序渐进，以小带大。

谈判人员通过解决次要问题，逐步过渡到成交的实现。从心理学的角度看，谈判者通常比较重视一些重大的成交问题，轻易不做出明确表态；而对于一些细微问题，往往容易忽略，决策时更为果断、明确。小点成交法正是利用了这种心理，避免直接提示重大且对方比较敏感的成交问题。先从小点成交，再过渡到大点成交；先就成交活动的具体条件和内容达成协议，再就成交活动本身与对方达成协议，最终达成交易。例如，当对方提出资金较紧张时，谈判人员对于不那么畅销的商品可以说："问题不大，可分期付款，怎么样？"

小点成交法可以避免直接提出成交的敏感问题，减轻对方的心理压力，有利于推进谈判，同时留有余地，较为灵活。然而，它的缺点是可能分散对方的注意力，不利于针对主要问题进行劝说，影响对方做出抉择。

运用此方法时，应根据对方的成交意向，选择适当的小点，并将小点与大点有机结合起来，先从小点入手，再逐步过渡到大点，循序渐进，以小点促成大点。

（8）从众成交法——营造人气，争相购买。

谈判人员利用人的从众心理和行为来促成交易的实现。心理学研究表明，从众心理和行为是一种普遍的社会现象。人的行为既是个体行为，也是社会行为，受社会环境因素的影响和制约。从众成交法正是利用了这种社会心理，创造一种众人争相购买的氛围，促使对方迅速做出决策。

例如，在大街上我们经常可以看到这样的景象：一群人正围着一个摊主抢购某种商品，但实际上这些人并非真正的顾客，而是摊主的同伴。他们的目的是营造一种"抢购"的氛围，吸引更多人购买。有时我们将这种现象称为"造人气"。

从众成交法可以省去许多谈判环节，简化谈判劝说内容，促成大量购买，有利于相互影响，有效地说服对方。然而，这种方法也不利于谈判人员准确传递谈判信息，缺乏劝说成交的针对性，只适用于从众心理较强的对手。运用此方法时，要掌握对手的心态，进行合理的诱导，不能采用欺骗手段诱使对方上当。

（9）最后机会法——机不可失，过期不候。

这是谈判人员向对手提示最后成交机会，促使他们立即决策的一种成交方法。其核心是通过提示成交机会，限制成交内容和条件，利用机会心理效应，增强成交的可能性。

"这种商品今天是最后一天降价……"

"现在房源紧张，如果您还不做出决定，这房子就不给您保留了……"

"机不可失，时不再来"，往往在最后的机会面前，人们由犹豫变得果断。

最后机会法利用人们对失去某种利益的恐惧心理，引起对手的注意力，减少许多谈判劝说工作，避免对手在成交时提出各种异议。这种方法可以产生一种"机会效应"，将对手的心理压力转化为成交动力，促使他们主动提出成交。此外，谈判人员也可以通过提供一定的优惠条件来促成交易，这是一种让步策略，主要满足对方的求利心理。例如，答应在某一阶段销售数量达到某一额度时追补广告费用；顾客购买某种商品可获得赠品；顾客购买量达到一定数量时给予特别折扣等。

最后机会法通常通过提供优惠条件，来巩固和加深买卖双方的关系，对于较难谈判的商品能起到有效的促销作用。然而，这种方法也可能增加谈判成本，减少收益，并且有时可能会加重对方的心理负担。

运用此方法时，应注意针对对方的求利心理，合理使用优惠条件，不能盲目提供优惠。同时，在给予回扣时要遵守相关政策和法律法规，避免变相行贿。

（10）保证成交法——允诺保证，客户放心。

保证成交法是指销售人员直接向客户提出成交保证，使客户立即成交的一种方法。所谓成交保证，就是销售人员对客户承诺交易后进行某种行为。例如，"您放心，这设备我们×月×号给您送到，全程的安装由我亲自监督。等没有问题以后，我再向总经理报告。""您放心，这个服务完全由我负责，我在公司已经有 5 年了。我们有很多客户，他们都接受过我的服务。"让顾客感觉到你是直接参与其中的，这是保证成交法的核心。

5. 技能点拨

获取客户购买信号时有哪些注意事项？

（1）随时做好准备接收客户发出的成交信号，千万不要在客户已经做好成交准备的时候对客户发出的信号无动于衷。

（2）要准确识别客户发出的成交信号，无论是识别错误还是忽视这些信号，对我们来说都是一种损失，对客户来说也是一种时间和精力上的浪费。

（3）客户很可能会通过某些语言上的交流透露出一定的成交兴趣，我们要随时注意客户的这些语言信号。

（4）有经验的销售人员可以从客户的某些行为和举动方面的变化有效地识别成交信号，如果我们能够做到多观察、多努力、多询问，那么我们也会获得这种宝贵的能力。

（5）在把握客户发出的成交信号时，要坚持"宁可信其有，不可信其无"的原则。

根据终端环境的不同、谈判对象的不同、产品的不同、谈判人员介绍能力的不同、成交阶段的不同，对手表现出来的成交信号也千差万别。优秀的谈判人员可以在终端实战中不断总结、不断揣摩、不断提升。总之，读懂商务谈判中对方的"秋波"，对大多数商务谈判人员来说，是"运用之妙，存乎一心"！

6. 企业实践

吉利是国内汽车行业的十强企业，自创立以来，积累了丰富的管理经验。自 1997 年进入轿车领域以来，吉利实现了高速发展，资产总值超过 200 亿元，是我国著名的汽车企业。2010 年 3 月 28 日，吉利以 18 亿美元获得沃尔沃轿车公司 100% 的股权及相关资产（包括知识产权）。被收购方沃尔沃汽车公司是北欧最大的汽车企业，是瑞典著名的汽车品牌。由于受到金融危机的影响，沃尔沃陷入亏损，销量大幅下降。在此背景下，吉利拟收购沃尔沃汽车公司。双方就董事会人员构成、裁员安排及员工工资、最终收购价格进行磋商，最终基于整合性谈判模式，实现合作，达成互利共赢的结果。

（1）董事会人员构成谈判：巧用"互惠互利"原则，谋求和谐开局。

在第一回合的谈判中，双方就董事会人员构成进行协商。吉利的诉求是由己方人员担任董事会主席及首席执行官，并在董事会中占 314 个席位。沃尔沃的诉求是由己方公司担任董事会主席、首席执行官并占董事会 112 个席位。双方就此问题进行交锋。由于多轮磋商未果，沃尔沃在进行内部商讨后，决定主动提出让步，认同由吉利的人员担任董事会主席的观点，但其强调，沃尔沃必须在新公司董事会中占有 112 个席位。随后吉利在进行商议后决定，董事会主席由己方人员担任，首席执行官由沃尔沃人员担任，并同意沃尔沃占新公司董事会 1/2 席位。

在谈判的第一回合，双方首先提出了自己的需求，但谈判目标有差距。在多轮磋商未果的前提下，沃尔沃主动提出让步，巧用"互惠互利"原则，用己方在董事会主席上的让步，换取了吉利同意沃尔沃人员担任 CEO 并占据董事会 1/2 席位的更大让步。沃尔沃在进行让步的过程中，直接将己方的让步与对方的让步直接联系在一起，表明只要吉利同意沃尔沃的要求，这一合作就能够达成，将问题抛给了吉利，这一做法是让步策略的常见技巧。在沃尔沃巧用"互惠互利"原则进行让步后，选择权就交到了吉利这一方。面对对手的主动让步，吉利也选择了后退一步，同意对方的要求，充分体现了此次谈判双方是站在利益一致的角度上进行的。吉利的这一举动使得谈判的紧张气氛得到很好的缓解，双方由激烈的争执转变为较为和谐的协商。双方的共同让步谋得了一个和谐的开局，有利于后续谈判的继续进行，同时也体现了两个公司对此次谈判的诚意。

"互惠互利"原则的使用在国际商务谈判中是十分常见的。在使用这一技巧时应当体现以下两个重点：一是表明这一让步是己方充分考虑后做出的让步，希望对方也能拿出诚意，在其他问题上做出让步；二是己方的让步可以与对方相捆绑，双方各退一步实现谈判双赢。作为"互惠互利"原则的两个重要技巧，上述两个方法各有优缺点，应当根据实际情况进行选择。

（2）裁员安排及员工工资谈判：善用"换位思考"思想，迫使对方让步。

双方就裁员安排及员工工资问题继续进行谈判。吉利提出，其将保留全部沃尔沃的高层骨干人员及技术人员，但需要裁员 16%。而沃尔沃则无法接受 16% 的裁员安排。随后，吉利提出若仅裁员 13%，那么未来员工工资可能会发生变动。沃尔沃从新公司的名声角度出发，提醒吉利裁员过多会对品牌造成负面影响，同时有悖于共赢原则。吉利在综合考虑后，决定做出最大让步，仅裁员 10%，并保证高层管理人员工资不变，两年内不会对其他员工的工资做出调整。

本次谈判的核心问题之一是新沃尔沃公司的裁员安排以及员工工资。双方在裁员安排上产生的分歧归根结底是文化的差异。沃尔沃作为一个美国老牌企业，看重的是人权，强调对员工利益的坚决维护，大规模的裁员会使企业遭受来自政府和民间的责问。在双方僵持于裁员及工资问题时，沃尔沃提出了"共赢原则"，提醒吉利双方的谈判应当基于利益一致的角度进行。最重要的是，沃尔沃提出裁员的消息一旦流传开来，将会对品牌造成无可挽回的损害，从吉利的角度提出担忧。在沃尔沃提出这一观点后，吉利迅速进行了内部协商，最终做出了最大的让步，同意沃尔沃提出的裁员数量。在此轮谈判中，沃尔沃巧妙地运用了换位思考的方法，从对方的角度切入问题，以对方的视角提出己方的要求。这样的换位阐述能够使对方将自己带入情境之中，在对方还未察觉到的时候就迫使对方做出让步。

"换位思考"的谈判技巧与让步策略相结合，是这一回合谈判的亮点。在国际商务谈判中，双方通常处在对立面上，当一方从对方的角度出发提出需求时，就会使得对方情不自禁地认同其观点，此时再提出要求，就会更容易使对方接受，使对方在不知不觉中让步。

（3）最终收购价格谈判：坚持"利益一致"态度，实现互利共赢。

双方的最后一个谈判是关于最终收购价格的协商。沃尔沃提出希望以 20 亿美元出售沃尔沃 100% 的股权及 50% 的核心技术。而吉利则提出以 15 亿美元收购沃尔沃 100% 的股权及 100% 的核心技术。但是随着谈判的进行，谈判双方对这一问题一直没有达成共识。在谈判陷入僵局时，吉利主动提出让步，愿以 18 亿美元的最高价格收购沃尔沃 100% 的股权及核心技术。沃尔沃则表示，虽然 18 亿美元的价格低于其能接受的最低价格，但基于双方在谈判中表现出的诚意及信任，其决定接受吉利的提议，达成收购。在完成裁员安排及员工工资谈判后，双方进入了最后一项谈判，也是最重要的收购价格谈判。在谈判议程的安排上，通常分为三种，分别是先易后难、先难后易和混合型安排。在大多数谈判中，通常将简单、琐碎的小问题放在前面，而重要、难谈、争议大的议题通常放到最后进行。先易后难的谈判议程安排又称为良好气氛初始法，良好的合作气氛会推动后续困难问题的谈判，有利于最终合作的形成。以 18 亿美元收购沃尔沃 100% 的股权及核心技术这一结果达成合作，其实双方都做出了不同程度的让步。在谈判过程中，双方分享信息，坦诚相见，导入整合性谈判模式，双方谋求利益一致，最终实现了互利共赢。

参考资料：《基于利益一致性的国际商务谈判让步策略研究——以吉利收购沃尔沃为例》，作者卢思宇、杨俊凯。

◆　实践任务

以团队为单位，集体研讨这场谈判最终成功的主要原因。

◆　实践指南

（1）巧用让步策略，有助于谈判成功。

让步策略是谈判常用的策略之一，其能够有效地促进谈判进行，助力合作达成。在使用让步策略的时候，除可以依据让步策略的基本原则之外，还可以适当地与其他谈判思维进行结合，如案例中使用的"换位思考""合作共赢"等。当让步策略与其他谈判思维进行有机结合时，可能会发挥意想不到的作用。除了关注己方如何使用让步策略，还要注意把握对方使用让步策略的时机。当对方主动提出让步时，己方在一定程度上占据了主动权。此时，如果己方能够通过让步之前的谈判情况及谈判前的准备了解对方的让步动机，就能够利用此机会获得更进一步的利益。在本案例中，沃尔沃正是把握住了吉利在裁员问题上的让步，使得这一问题的谈判结果比沃尔沃预期的结果更好，由预期的"裁员13%"转变为最终的"裁员10%"，促使吉利两次让步。因此，把握住对方让步的时机，对己方争取进一步的利益有着重要的作用，是反向使用让步策略的方法之一。

（2）坚持底线思维，把让步策略视为最后的武器。

让步策略的使用要适时、适量、适度。让步策略并不是谈判中的首选策略，相反让步是在其他策略都不奏效的前提下才采取的策略。在谈判过程中，上来就使用让步策略是一种错误的做法。让步之前一定要注意把握己方的底线，并且打探清楚对方的态度，力争用最少的利益出让换取合作的达成。在提出让步时，不应当只是己方的单方面退让，可以提出一个双方都需要让步的提议，就好比案例中的"18亿美元收购100%股权和核心技术"，也可以在己方做出让步后提示对方，这一让步是有要求的。这样才不会使让步的一方处于被动的地位，能够使"最后的武器"发挥其最重要的作用。

（3）积极导入整合性谈判模式，谋求互利共赢。

在谈判桌上，谈判双方既是谈判对手，也是未来的合作伙伴。一味看重己方利益，无视谈判双方的共同利益，只会使谈判气氛紧张，不利于最终合作的达成。在谋求各自利益的最大化之前，谈判双方需要明确：此次谈判是建立在彼此之间的共同利益基础之上的，片面关注己方利益是不可取的。整合性谈判模式才是良性谈判的正确选择。一般而言，整合性谈判的典型行为包括双方坦诚相见、分享信息、相互信任等。在进行国际商务谈判之前，谈判双方都应当积极找寻利益一致性，既要明白己方的诉求，也要设身处地思考对方的需求会是什么，从而找到双方利益的交集，进而找到整个谈判的核心。在谈判过程中，双方尽可能坦诚相见，通过信息的分享建立相互信任的合作关系，从而促进整合性谈判的形成。一致的利益既是双方谈判的基础，也是双方在谈判过程中能够利用的关键点。当一方的要求过于偏颇时，强调利益一致性能够有效地使对方进行反思，从而使己方获利。整合性谈判模式能够为谈判双方带来更多的利益，从而达到互利共赢的结果。

（二）商务合同的签订

1. 工作任务

将全班同学按性别、性格、能力互补情况，每 5～6 人组成一个团队（小组），分别回答以下问题，时间为 10 分钟。

（1）商务合同具备的主要内容有哪些？

（2）商务合同中的违约责任有哪些？

2. 解决方案

通过回答以上问题，各团队讨论总结启发和感悟，在学习通、雨课堂、钉钉、智慧职教等平台上上传团队讨论结果，要求总结简洁明了，时间为 10 分钟。

3. 教师点灯

◀ 评价要点参考 ▶

● 《中华人民共和国民法典》(以下简称《民法典》)对于合同形式允许当事人采取口头、书面形式或法律许可的其他形式，但法律法规或当事人要求采用书面形式的应当采用书面形式。

● 在商务实践中，合同应包含的绝大多数内容都是固定的，如价格条款、质量条款、数量条款、付款方式、承运条款、保险条款与违约条款等。这些内容通常在磋商阶段已经谈妥，但如果谈判一方对合同内容有特别需要添加或说明的地方，则需要双方进行磋商以决定是否写入合同。

● 商务谈判中，合同的主要内容包括：当事人的名称（或姓名）和住所、标的、数量和质量、价款或报酬、履约期限、地点和方式、违约责任、解决争议的方法。

● 根据《民法典》的规定，承担违约责任的形式主要有继续履约、赔偿损失、支付违约金、定金等。

4. 理论指导

1）商务合同的特点及其种类

（1）商务合同的特点。

商务合同是谈判双方在经济合作和贸易交往中，为实现各自的经济目标，明确相互之间的权利义务关系、通过协商一致而共同订立的协议。商务合同一般具有以下特点。

① 商务合同是一种法律文件。一方面，商务合同必须遵守国家法律规定，符合国家政策和计划要求，涉外商务合同还须遵守国际条约和国际惯例。另一方面，商务合同的签订是一种经济和法律行为，任何一方违反合同规定都要承担法律和经济方面的责任。

② 体现权利义务平衡。当事人一方所享受的权利，必须与其所承担的义务对应，双方均享有相关权利，并承担相应义务，这种平衡要体现在合同的每一条文上，贯穿始终。

③ 合同当事人应有合法行为能力。签订商务合同的主体必须是具有法人资格的企业

或国家法律许可的个体工商户。

④ 合同条文必须明确、规范。合同作为一种法律文件，应同时具备严肃性、规范性和可保存性。商务合同除了采用即时清结的形式，一般还采用书面形式。

（2）商务合同的种类。

商务合同的种类繁多，可从不同角度加以区分。

按参加商务谈判和签订合同的主体来区分，商务合同有：政府间签订的合同；法人间签订的合同；法人与自然人间签订的合同；自然人与自然人间签订的合同。

以涉及单位所属国家和地区来区分，商务合同有：国内商务合同，如国内企业间签订的货物购销合同、技术转让合同等；国际商务合同，如进出口货物贸易合同、国际技术转让合同、融资合同等。

以合同标的物来区分，商务合同有：货物购销合同；技术贸易合同；合资/合作经营合同；融资信贷合同；来料加工、来件装配合同；补偿贸易合同；产权转移合同；信息咨询合同；劳务合同；工程施工合同；租赁合同；承包经营合同；证券交易合同；企业兼并合同等。

以合同形式来区分，商务合同有：口头合同；书面合同。

以合同当事人的直接或间接性来区分，商务合同有：直接合同；代理合同（也称居间合同）。

2）合同的构成

随着社会经济的发展、交易的复杂化，各类商务合同示范文本也应运而生。综观内容繁简不一的商务合同文本，可以发现其具有较为稳定的书面结构模式。商务合同一般由首部、正文、尾部和附件四部分构成。

（1）首部。

合同的首部被称为约首，通常由标题、当事人基本情况，以及合同签订时间、地点构成。它具体包括合同的详细名称、签订合同当事人的名称（姓名）、签订合同的目的和性质、签订合同的日期和地点、合同的成立，以及合同中有关词语的定义和解释等内容。

（2）正文。

合同的正文是合同的内容要素，即合同的主要条款，是合同最重要的部分。其包括合同的标的与范围、数量与质量规格、价格与支付条款及相应条件、违约责任、合同效力等。此部分是合同关键所在，所以往往在内容上比较明确、具体而又准确。

（3）尾部。

合同的尾部为合同的结尾部分，主要包括合同的份数、合同的有效期、双方当事人签名、通信地址、盖章、开户银行名称、开户银行账号、签证或公证等内容。

（4）附件。

合同的附件是对合同有关条款做进一步的解释与规范，对有关技术问题做详细阐释与规定，对有关标的操作性细则做说明与安排的部分。例如，技术性较强的商品买卖合同，需要用附件或附图的形式详细说明标的全部情况。附件是合同的重要组成部分，同样具有法律效力。

除了以上主要内容，根据不同谈判目的和合同类型的具体特点，还可以将谈判双方已经达成的一致意见以书面形式肯定下来，并以准确的词语加以表达，形成一份合同。合同由于种类多、内容广，其具体格式在各国中并无统一规定，因此具体书写时可有一定的灵活性。有的国家为了便于审查批准，对某些涉外合同格式有专门规定，书写时必须参照。

3）商务合同的主要内容

合同的主要内容是指合同当事人依照约定所享有的权利和承担的义务。合同的内容通过合同的条款来体现，由合同当事人约定。因合同的种类不同，其内容也有所不同，但一般来说，合同的内容主要有以下方面。

（1）当事人的名称（或姓名）和住所。

名称是指法人或者其他组织在登记机关登记的正式称谓；姓名是指公民在身份证或者户籍登记表上的正式称谓。住所对公民个人而言，是指其长久居住的场所；对法人和其他组织而言，是指主要办事机构所在地。当事人是合同法律关系的主体，因此，在合同中应当写明当事人的有关情况，否则，就无法确定权利的享有者和义务的承担者。

（2）标的。

标的是合同当事人的权利义务所共同指向的对象，在法律上，就是合同法律关系的客体。在合同中，标的必须明确、具体、肯定，以便于商务合同的履行。合同的标的可以是物、劳务、智力成果等。

（3）数量和质量。

数量是以数字和计量单位对合同标的进行具体的确定，标的的数量也是衡量合同身价的尺度之一。数量也是确定合同当事人权利义务范围、大小的依据，如果当事人在合同中没有约定标的数量，也就无法确定双方的权利和义务。质量是以成分、含量、纯度、尺寸、精密度、性能等来表示合同标的内在素质和外观形象的优劣状态的，如产品的品种、型号、规格、等级和工程项目的标准等。合同中必须对数量和质量明确加以规定。

（4）价款或者报酬。

价款或者报酬，又称价金，是当事人一方取得标的物或接受对方的劳务而向对方支付的对价。在合同标的为物或智力成果时，取得标的物所应支付的对价为价款；在合同标的物为劳务时，接受劳务所应支付的对价为报酬。价金一般由当事人在订立商务合同时约定，如果是属于政府定价的，必须执行政府定价。如果是属于政府指导价的，当事人确定的价格不得超出政府指导价规定的幅度范围。

（5）履行期限、地点和方式。

履行期限是当事人履行合同义务的时间规定。履行期限是衡量合同是否按时履行的标准，当事人在订立合同时，应将合同的履行期限约定得明确、具体。履行地点是当事人履行义务的空间规定。即规定什么地方交付或提取标的。当事人订立合同时要明确规定履行合同的地点。履行方式是当事人履行义务的具体方式。合同履行的方式依据合同内容的不同而不同。

（6）违约责任。

违约是当事人没有按照合同的约定全面履行自己义务的行为。违约责任是指合同当事人因违约应当承担的法律责任。当事人为了确保合同的履行，可以在合同中明确规定违约责任条款。承担违约责任的方式一般是违约方向对方支付违约金或赔偿金。

（7）解决争议的方法。

解决争议的方法是指当事人在履行合同过程中发生争议后，将以什么方法解决当事人之间的争议。解决争议的方法有协商、调解、仲裁和诉讼。

5. 技能点拨

随着商品经济的发展，我国的商务合同被不断细分为更多的形式，下面以出口合同为例，介绍规范的国际货物买卖合同的合同格式，供谈判人员参考。

出口合同

合同号：

签约日期：

签约地：

卖方：A 公司

地址：

电话：

传真：

电传：

买方：B 公司

地址：

电话：

传真：

电传：

双方同意按照下列条款，由卖方出售、买方购进下列货物。

（1）货物名称、规格：

（2）数量：

（3）单价：

（4）总值：

［上述（2）（3）（4）条合计］

（5）交货条件：FOB/CFR/CIF，_____，_____。

除非另有规定，FOB、CFR、CIF 均应按照国际商会制定的《2010 年国际贸易术语解释通则》办理。

（6）货物生产标准：

（7）包装：

（8）商标：

（9）装运期限：

（10）装运港口：

（11）目的港口：

（12）保险：

当交货条件为 FOB 或 CFR 时，应由买方负责投保。

当交货条件为 CIF 时，应由卖方按发票金额 110%投保＿＿＿＿险；附加险＿＿＿＿＿＿。

（13）支付条款：

① 信用证（L/C）支付方式。

买方应在装运期前/合同生效后＿＿＿＿日，在＿＿＿＿银行以电传/电信方式开立以卖方为受益人的不可撤销的议付信用卡。信用证应在装船完毕后＿＿＿＿日内在受益人所在地到期。

② 托收（D/P 或 D/A）支付。

货物发运后，卖方出具以买方为付款人的付款跟单汇票，按即期付款交单（D/P）方式，通过卖方银行及＿＿＿＿银行向买方转交单证，换取货物。

货物发运后，卖方出具以买方为付款人的承兑跟单汇票，汇票付款期限为＿＿＿＿，按即期承兑交单（D/A 日）方式，通过卖方银行及＿＿＿＿银行，经买方承兑后，向买方转交单证，买方按汇票期限到期支付货款。

（14）单证：

卖方应向议付银行提交下列单证：

① 标明通知收货人/收货代理人的全套清洁的、已装船的、空白抬头、空白背书并注明运费已付/到付的海运提单；

② 商业发票＿＿＿＿份；

③ 在 CF 条件下的保险单/保险凭证；

④ 装箱单一式＿＿＿＿份；

⑤ 品质证明书；

⑥ 原产地证明书。

（15）装运条件：

① 在 FOB 条件下，由买方负责按照合同规定的交货日期确定舱位。卖方应在合同规定的装船期前＿＿＿＿日将合同号、货物名称、数量、金额、箱数、总重量、总体积及货物在装运港备妥待运的日期以电传/传真通知买方。买方应在装船期前＿＿＿＿日通知卖方船名、预计装船日期、合同号，以便卖方安排装运。如果有必要改变装运船只或者其到达日期，买方或其运输代理应及时通知卖方。如果船只不能在买方通知的船期后＿＿＿＿日内到达装运港，买方应承担从第＿＿＿＿日起发生的货物仓储保管费用。

② 在 FOR、CFR 和 CIF 条件下，卖方在货物装船完毕后应立即以电传/传真向买方及买方指定的代理人发出装船通知。装船通知应包括合同号、货物名称、数量、毛重、包装尺码、发票余额、提单号码、起航期和预计到达的目的港的日期。

③ 允许/不允许部分装运或转运。

④ 卖方有权在＿＿＿＿%数量内溢装或短装。

（16）质量/数量不符合索赔条款：

在货物运抵目的港后，一旦发现货物的质量、数量或重量与合同规定的不符，买方可以凭借双方同意的检验组织所出具的检验证书，向卖方索赔。但是，应由保险公司或航运公司负责的损失除外。有关质量不符的索赔应由买方在货物到港后 30 天内提出；有关数量或重量不符的索赔应在货物到港后 15 天内提出。卖方应在收到索赔要求后 30 天内回复买方。

（17）不可抗力：

卖方对由于下列原因而导致不能或暂时不能履行全部或部分合同义务的，不负责任：水灾、火灾、地震、干旱或其他任何在签约时卖方不能预料、无法控制且不能避免和克服的事件。卖方应尽快将所发生的事件通知对方，并应在事件发生后 15 天内将有关机构出具的不可抗力事件的证明寄交对方。如果不可抗力事件的影响超过 120 天，双方应协商合同继续履行或终止履行的事宜。

（18）仲裁：

因履行本合同所发生的一切争议，双方应友好协商解决；如果协商仍不能解决争议，则应将争议提交中国国际经济贸易仲裁委员会（北京），依据其仲裁规则仲裁。仲裁裁决是终局的，对双方都有拘束力。仲裁费应由败诉一方承担，但仲裁委员会另有裁定的除外。在仲裁期间，除了仲裁部分的其他合同条款应继续执行。

（19）特殊条款：本合同由双方代表签字后生效，一式两份，双方各执一份。

卖方：A 公司　　　　　　　　　　　　　买方：B 公司

授权代表：（签字）　　　　　　　　　　授权代表：（签字）

6. 企业实践

◆ **实践背景**

2019 年 3 月，腾讯与老干妈签署了《联合市场推广合作协议》，腾讯将为老干妈系列产品提供定制广告并投放于旗下一款游戏中。随后腾讯邀请老干妈的成员参加颁奖活动，但是未能与相关负责人员取得联系，由于在之前的业务合作中也存在品牌方因事缺席的情况，所以对于老干妈的"失联"原因并没有进一步核实。腾讯根据合同实施了相应的广告宣传策略，但是老干妈却没有遵守合约支付款项。经过多次催收未果，腾讯在 2020 年 6月 30 日向法院提出诉讼，状告老干妈拖欠其广告费用，并申请"财产保全"，要求查封老干妈的财产。随后老干妈报案，称其从未与腾讯有过合作项目。警方经过初步调查了解到，有不法分子冒充老干妈市场经营部的经理，利用"胡萝卜章"与腾讯签订了相关的合作协议。

资料来源：山东商报·速豹新闻，编辑为马媛。

◆ **实践任务**

以团队为单位，集体研讨以下问题：

（1）腾讯在合同签订上存在什么问题？

（2）作为企业，如何规避此类事件的发生？

◆ **实践指南**

（1）腾讯存在的问题。

① 合同管理制度存在缺陷。

市场部门和客户管理部门在操作上存在明显失误，没能及时发现对方"代表"的身份并不属实。若在审核该销售业务合同的过程中能够对客户信息及其履约能力进行进一步确认，就可以识别出犯罪嫌疑人的身份，从而避免损失。一方面，其可能未明确各个岗位的会审标准，没有拟定相关措施来规避合同风险的产生，没有对对方的资质、履约能力和独立承担民事责任能力进行审查；另一方面，参与会审的人员可能专业素质不足，未查出漏洞，错过了重大欺诈，最终造成公司经济及名誉损失。

② 风险评估方面存在缺陷。

一般情况下，如果合作企业未能及时支付相应款项，那么就应当实施货后催收的外访程序，弥补通过电话、邮件等方式的不足。在诸多途径催收账款都得不到回应时，公司的法务部门通常会寄送律师函到合作企业的实际办公地址，并告知对方法务部门具体情况。在通过律师函难以解决问题的情况下，会通过法律途径向法院提出诉讼请求。腾讯没有向老干妈发送律师函及告知其法务部门，而是直接向法院提起诉讼，要求法院冻结老干妈的账户。此举没有遵循法律流程，但是却未在任何一个阶段被有效识别出来，没能及时发现企业内部控制存在的缺陷。由此可见，在本案例中，腾讯存在制度方面的漏洞，其内部环境有待完善。

（2）作为企业，规避此类事件发生的措施如下。

首先，管理层要提高对风险管理的重视，制定合理的内部控制制度，尤其是合同管理制度。其次，在建设良好的内部控制制度的前提下，公司还应该尽可能地聘用和培养一些专业人员，在日常管理中通过开设企业课程的方式提升员工对内部控制制度建设的意识，从而形成相应的企业文化。最后，企业在日常运营中，不仅应该加强关于风险管理、内部控制等知识的培训，还应该建立专门、独立的风险管理和内审部门。虽然聘用专业人才会导致成本增加，但一个健全的风控部门能够有效减少企业的不必要支出，并对企业的整体风险进行严格把关。内审部门也能加强企业的自审力度，对发现的缺陷能够及时进行改进。

◀ 思政园地：中国古典文化中诚信的重要性 ▶

- 人无信不立。出自《论语》
- 言必信，行必果。出自《论语·子路》
- 信不足焉，有不信焉。出自《道德经》
- 以信接人，天下信之；不以信接人，妻子疑之。出自《全晋文》
- 轻诺必寡信。出自《老子》
- 诚者，天之道也；思诚者，人之道也。出自《孟子·离娄上》
- 信者行之基。出自《刘子·履信》
- 言不信者行不果。出自《墨子·修身》

四、修炼巩固

案例题一

E 公司是一家国际贸易公司，与 F 公司就一项进口商品贸易进行了多轮谈判，目前双方已接近达成协议。然而，在即将签署合同之际，E 公司发现 F 公司在一些关键条款上存在模糊表述，可能引发后续纠纷。

问题：

（1）E 公司应该如何确保商务合同的清晰和完整，以避免未来可能的纠纷？

（2）假设 E 公司在谈判中已经识别到 F 公司可能存在的不当利益行为，但 F 公司表示这是行业惯例。E 公司应如何坚守职业道德，不为私利损害国家、集体和他人利益？

（3）请分析 E 公司在谈判中如何运用换位思考的意识，更好地理解 F 公司的立场和需求，从而促成双方都能接受的合同？

案例题二

G 公司是一家软件开发公司，与 H 公司就一项软件开发项目进行了谈判。在谈判过程中，双方就合同中的交付时间、付款方式等关键条款产生了分歧，导致谈判陷入僵局。

问题：

（1）请分析导致谈判僵局的主要原因，并给出可能的解决策略。

（2）在这个案例中，G 公司应该如何识别成交信号，抓住时机促成交易？

（3）假设在合同签订后，H 公司未能按照合同规定支付款项，导致 G 公司遭受损失。请分析 G 公司应如何明确合同中的违约责任，并采取相应的法律措施？

实践题

（1）模拟商务谈判与合同订立。

请学生们分组，每组选择一个模拟的商务谈判场景（如商品销售、软件开发、合作项目等），并分别扮演谈判的双方。在课前，学生们需要准备好各自的谈判策略、合同条款和成交促成方案。在课堂上，学生们将进行模拟商务谈判，并尝试达成初步协议。接着，学生们需要根据谈判结果起草商务合同，并明确合同中的权利义务、履行方式、违约责任等关键条款。

（2）合同分析与总结。

在模拟商务谈判与合同订立结束后，请学生们对合同进行仔细分析，并总结合同中的关键条款和可能存在的风险点。学生们还需要思考如何在实际操作中避免这些风险，确保合同的顺利履行。

自我提升能力修炼

　　本模块通过两大核心项目——学习力修炼与个人管理能力修炼，帮助商务人士在快速变化的商业环境中不断自我完善，以应对日益复杂的职场挑战。

　　在"学习力修炼"项目中，我们深入探讨了学习对于商务人士职业生涯的重要性，并传授了一系列高效的学习方法与技巧。通过实践训练，同学们将学会设定明确的学习目标，优化时间管理策略，以及有效地筛选、整合与应用新知识。这一项目不仅能帮助同学们提升知识储备，更重要的是可激发同学们持续学习的热情与动力，为职业生涯的长期发展奠定坚实的基础。

　　"个人管理能力修炼"项目聚焦于商务人士内在修养与自我调控能力的提升。我们认识到，在高压的职场环境中，良好的个人管理能力是保持高效工作状态与积极心态的关键。因此，本项目通过情绪管理、压力应对、自我激励与反思等环节的实训，帮助同学们建立起一套完整的个人管理体系。同学们将学会调整心态、管理情绪，以及在挑战面前保持冷静与坚韧不拔的精神。同时，通过设定个人发展目标并持续跟踪进度，同学们将不断提升自我驱动力与执行力，为职业生涯的每一次飞跃积蓄力量。

项目 1　学习力修炼

一、修炼目标

知识目标

◆ 了解学习的相关理论和特点。
◆ 掌握个人学习力修炼的方法。

能力目标

◆ 具备积极的心态、高效的执行力、良好的学习力和创造性解决问题的能力。
◆ 培养自主学习意识，帮助学生选择合适方式进行学习。

素养目标

◆ 帮助学生培养遵纪守法意识、高尚道德情操及良好个人素养。
◆ 坚持以学生为中心，引导学生深入社会实践、关注现实问题。

二、修炼情境

小王是一位做梦都想经商的小伙子，他渴望自己能够成就一番事业。但是，他在学习中遇到了非常大的困难。高中毕业后，为了生计他进入一家销售酒类商品的店铺打工。

虽然他善于交际，能守纪律，也考取了会计证书，但是要想继续深造，就需要通过大量阅读等方式进行学习。而那些晋升的途径再次成为他的巨大障碍，这让他感到焦虑不已。他明白，要实现自己的梦想，必须读大学，但是这对于本身有学习困难的他来说犹如一道鸿沟。

面对这样的困境，小王并没有选择放弃，而是选择勇于突破自我限制，抛弃陈旧的学习方式，最终克服了职业障碍，还拿到了国际金融理财师的资质。最终，他获得了新的职位，成为了一名理财经理，职业生涯发展更上一层楼。

三、修炼内容

（一）学习与学习力的修炼

1. 工作任务

将全班同学按性别、性格、能力互补情况，每 5～6 人组成一个团队（小组），分别回答以下问题，时间为 6 分钟。

（1）你认为什么是学习？什么是学习力？学习与学习力之间存在什么关系？

（2）你觉得人为什么要学习？

（3）如果不坚持学习，你将面临什么局面？

（4）作为一名在校学生，具体需要学习什么内容？

（5）作为一名在校学生，应该如何培养自己的自主学习意识，并不断提升自己的学习力？

2. 解决方案

通过回答以上问题，各团队讨论总结启发和感悟，在学习通、雨课堂、钉钉、智慧职教等平台上上传团队讨论结果，要求总结简洁明了，时间为 8 分钟。

3. 教师点灯

◀ 评价要点参考 ▶

- 学习作为一种获取知识、交流情感的方式，已经成为人们日常生活中不可缺少的一项重要的内容。
- 人有主观能动性，可以积极主动地构建自己的知识结构。
- 学习知识、技能可以培养学生的能力，使学生学会做事；学习行为规范可以培养学生的品德，使学生学会做人。学校教育的最终目的就是教会学生学会做事和学会做人，促进学生德、智、体、美等的全面发展。
- 学习型组织是一个能使组织内的全体成员全身心投入，并有持续增长的学习力的组织。
- 一个人、一个组织是否有很强的学习力，完全取决于这个人、这个组织是否有明确的奋斗目标、坚强的意志和丰富的理论知识及大量的实践经验。
- 每一个人才背后，一定要有很强的学习力作为支撑。
- 学习力决定竞争力，为了使你在未来依然是一个货真价实的人才，一定要有学习力作为你的后盾。

4. 理论指导

（1）学习。

学习是个复合词，最早将"学"和"习"两个字联系在一起的，是中国古代思想家、政治家、教育家孔子。众人所熟知的"学而时习之，不亦说乎"便是他提出的。这里所提到的"学"是指获得知识、技能；"习"是指巩固知识、技能，如复习、温习、练习。其中，"学"侧重思想意识，而"习"则侧重行动实践。

通过后来的不断发展，学习被定义为，通过阅读、听讲、理解、思考、研究、实践等途径获得知识的过程。

具体而言，学习的含义可分为狭义与广义两种。狭义的学习是指通过阅读、听讲、研究、观察、探索、创新、实验、实践等手段获得知识、提高认知或技能的过程，是一种使一个人可以得到持续变化（知识与技能、方法与过程、情感与价值的改善和升华）的行为方式。例如，通过学校教育而获得知识的过程。而广义的学习是指人在生活过程中，通过获得经验而产生的行为或行为潜能的相对持久的方式。

"学如逆水行舟，不进则退。""学而不思则罔，思而不学则殆。""我们一定要给自己提出这样的任务：第一是学习，第二是学习，第三还是学习。""在寻求真理的长河中，唯有学习，不断地学习，勤奋地学习，有创造性地学习，才能越重山跨峻岭"。这些耳熟能详的名言警句，无一不是在强调学习的重要性。

事实证明，人从出生到死亡，学习从未间断，从牙牙学语开始，通过学习慢慢了解这个世界。在 21 世纪这个知识经济时代，自主学习已是人们不断满足自身需要、充实原有知识结构，获取有价值信息，并最终取得成功的法宝。

（2）学习力。

所谓学习力，包含学习动力、学习毅力和学习能力三要素。学习力是指一个人或一个组织学习的动力、毅力和能力的综合体现，是将知识资源转化为知识资本的能力，其本质是竞争力。

对于个人的学习力，不仅体现在其所拥有的知识总量上，即学习内容的宽广程度和开放程度；也反映在其知识质量上，即学习者的综合素质、学习效率和学习品质。此外，学习力还涉及学习流量，即学习的速度及吸纳和扩充知识的能力。重要的是，衡量一个人的学习力要看其知识增量，即学习成果的创新程度及学习者把知识转化为价值的程度。

一个组织的学习力是人们创新能力的集中体现，能直接转化为创新成果。它倡导团队学习比个人学习更重要，团队应具有整体搭配的学习能力，组织内部的信息和知识应该自由流动，资源在团队成员之间高度共享。团队学习是团队成员之间相互沟通和交流思想的过程，也是团队成员寻求共识和统一行动的过程，还是产生团队"创造性张力"的过程。

综上，学习力三要素将学习力定义为，一个人或一个组织学习的动力、毅力、能力的综合体现，且学习力是学习型组织的根基。

学习动力是指学习者自觉的内在驱动力，体现了学习的目标，主要包括学习需要、学习情感和学习兴趣。即在没有人催促下，自己愿意花时间学习。

学习毅力反映了学习者的学习意志，是指学习者自觉地确定学习目标并支配自身行为、克服困难，实现预定学习目标的状态。它是学习行为的保持因素，在学习力中是一个不可或缺的要素。简单来说，在面对各种挑战和不确定性因素时，学习毅力能够让学习者克服困难、坚持不懈。

学习能力是指由学习动力和学习毅力直接驱动而产生的，接受新知识、新信息并用所接受的知识和信息分析问题、认识问题和解决问题的智力，主要包括感知力、记忆力、思维力、想象力等。相对于学习而言，它是基础性智力，是产生学习力的基础因素。

对于学习力三要素之间的关系，可以简单概括为，学习的动力体现了学习的目标，学习的毅力反映了学习者的意志，学习的能力则来源于学习者掌握的知识及其在实践中的应用，如图 6-1-1 所示。

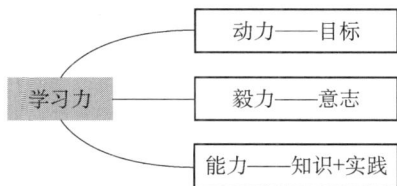

图 6-1-1　学习力三要素

事实上，一个人或一个组织是否具有很强的学习力，主要取决于这个人或这个组织是否有明确的奋斗目标、坚强的意志及丰富的理论知识和大量的实践经验。学习力模型如图 6-1-2 所示。

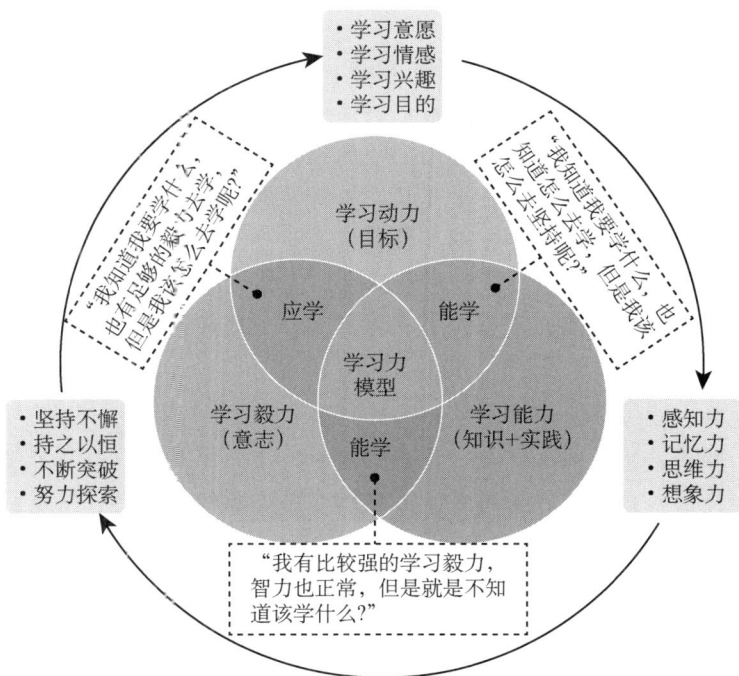

图 6-1-2　学习力模型

这个模型揭示了学习力及其三要素的内在联系。该模型表明，学习力是其三个要素（学习动力、学习毅力及学习能力）的交集，只有同时具备了三要素，才能真正具备学习力。当一个人或一个组织有了努力的目标时，仅仅具备了"应学"的动力；当一个人或一个组织具备了丰富的理论知识和实践经验时，也仅仅具有了"能学"的力量；而当一个人或一个组织学习的意志很坚定的时候，不过是有了"能学"的可能性。只有将三者结合起来，一个人或一个组织才算是真正地拥有学习力。

5. 技能点拨

实际上，无论是个人还是组织，学习力对其而言本质上就是竞争力。一个人或一个组织在本质上是否具有竞争力，不是看这个人、这个组织取得了多大成绩或多少成果，而是要看这个人或这个组织有多强的学习力。

那么，为了提高竞争力，个人应当如何修炼自身的学习力呢？

（1）学会思考。

在学习的过程中，最怕有哪种思想？在学习的过程中，最怕什么？答案就四个字：不求甚解。无论学习什么，如果总是不深入，只学习表面内容，那么永远都不可能学好。

然而，很多人在学习的时候，都会容易犯这样的错误。以为自己看了一本书，听了一堂课，做了一份笔记，就觉得自己已经掌握了所有的知识。殊不知，学了从来不等于懂了。

一个人如果没有经过深思熟虑，就会认为自己懂得很多。而随着自己不断地阅读，不断地思考，就会发现自己所掌握的知识是多么的微不足道。事实上，这就是没有带着思考学习所造成的。

个人想要学习，首先必须要有学习的精神。在学习的过程中，要养成不断思考的习惯，学会透过现象看本质，了解问题背后的真实原因。而每一次思维的突破，都会让自己的思路变得更加清晰。此外，在学习的过程中，必须对所接触的知识和技巧有自己的理解，这样才能将所学习的内容实际运用起来，并将其融入自己的知识系统。

不然，就算花时间学了再多的东西，仅仅只是走个过场而已，根本起不到任何作用。这也印证了前人所说的这段话："不思考的学问，就是不学习的学问；不学习的学问，就是危险的学问。光看书不思事，只会使自己困惑，一无所获；只会思考，不去学习，不去研究，只会一事无成。"

（2）勤学苦练。

在学习的过程中，很多人在学习一件事到一半，遇到困难或挑战无法坚持时，都习惯找一个借口——自己太蠢了。但事实上，当自己冷静下来检讨后，往往发现自己并不是没有领悟力，而是缺乏耐心、缺乏自信。

有句话说得好，"以大部分人的努力情况看，其实都还远没有到拼天赋的程度。"人们通常对自身迅速发展的期望很高，期望可以用最小的投资获得最大的回报。但是，一旦人们将这种心态放在学习上，注定是一事无成的。

对于任何一种知识，从入门到大成，都要经历一个漫长的过程。"不进则退，方能成大器。不积涓涓细流，不成大江大河。"通过对各种成功人士的观察不难发现，往往聪明的人都是用最笨的方法来学习的。他们所做的，就是踏踏实实、一步一步地往前走。因为他们深刻地认识到，世界上并没有什么捷径可走。要想快速地取得成功，最好的方法就是勤奋。认真学习，勤能补拙。一次不成，那就两次，两次不成，那就三次、四次、五次。就算天赋再差，只要自己肯努力付出，总能领悟到一些东西。

（3）熟能生巧。

或许许多人都有过这种经历：对于所学习的一些知识，自己觉得已经掌握了，但真正应用时，却会觉得迷糊，似懂非懂。这其实是因为自己对它们的理解并不是很深刻，还没能将它们融会贯通。

从学习到实际运用，其实还相距很远。而要真正弥合这一差距，就必须有足够的经验。熟练就是熟练，事实上，只有将所学的东西，一遍又一遍地背下来，铭记在心，才能将其更好地进行运用。

在人生的道路上，人们经常会对那些学识渊博、技艺高超的人表示钦佩。但如果有一天，自己所付出的努力终于有了回报，那么就会明白，其实如果想要获得成功，并没有什么秘诀可言，一切都要靠练习。

6. 企业实践

◆ 实践背景

提高员工学习力　增强企业竞争力
——詹氏公司探索员工学习建设之路

在各城市深入学习和践行科学发展观的活动中，建设学习型社会是其重要的组成部分之一。努力打造学习型城市、学习型机关、学习型企业等观念正在逐步深入人心。对詹氏公司而言，面对当前日益激烈的竞争浪潮，建设学习型企业已成为一项不能回避也无法回避的任务。詹氏公司各级管理干部也清楚地认识到，只有在企业内部营造"人人是学习之人、时时是学习之机、处处是学习之所"的学习氛围，才能使员工将完善自身素质、做强做优企业内化为自觉的愿望与动力，进而从源头上提升企业的竞争力。

要建立有竞争力的学习型食品企业，必须要制定科学的机制作为保障。因此，詹氏公司在探索员工建设之路方面以"三个结合"为前提，以正确处理"四个关系"为重点，认真、积极构建全方位立体式的软硬件环境。

詹氏公司以完善机制为先导，着力构建多元化的员工学习平台。

一是完善员工学习培训机制。不断深入探索建立新形势下员工"长期受教育、永葆先进性"的长效工作机制，并始终坚持以人为本，把市场竞争对企业素质的要求与员工对自身素质的内在追求有机结合起来，形成系统的制度链，这样的机制真正具有内在驱动性和外在操作性，也能够更加有效防止表面化、教条化、短期化。此外，詹氏公司还通过引用体验式管理培训的学习方式、制作新颖的动感电教等内容来增强培训的趣味性和吸引力，切实把学习作为一种政治责任、一种精神追求、一种思想境界来认识和对待，从而更好地营造全员学习、终身学习、自主学习、善于学习的浓厚氛围。

二是坚持完善员工管理新机制。事实上，增强员工学习的自觉性与主动性是詹氏公司建设学习型企业的重点和难点。而员工的工作水平和服务质量直接关系到企业的形象和竞争力。因此，詹氏公司一方面对员工的管理进一步规范，完善员工管理考核新机制，对员工在政治上重视、工作上支持、生活上关心，使他们感受到组织的温暖，增强詹氏公司的凝聚力、向心力和感召力，进而提高员工学习的主动性；另一方面，根据员工的岗位特点，制定行之有效的学习考评机制，使员工学有目标、学有压力、学有所获。

三是完善激励约束机制。詹氏公司认为，对员工的教育管理重在激励，而不是约束，更不是管制。持续的激励是公司员工自我改进、自我提高的内在动力，使广大员工不断修正潜在的目标。因此，建立促进员工学习的长效机制，要更多地考虑使用激励手段，詹氏公司为此还建立起多种经常性、常规性的创优、奖优、倡优的表彰激励机制。

四是坚持完善绩效考评机制。制定科学的绩效考评机制，是促进员工持续学习的重要动力。因此，詹氏公司认真把握两点。一是注重绩效考评的科学性。按照科学发展观的要求，詹氏公司综合设置考评指标，既考评员工学习力，也考评各员工理论联系实际的能力。二是注重绩效考评的针对性。在考评过程中，詹氏公司针对不同岗位、不同层次员工的不同职责，提出不同的具体要求。同时，公司还对优秀员工给予适当的精神或物质奖励，对认可度高的员工给予晋升提拔，对满意率低的员工进行批评教育或转岗等处罚，真正把学习能力强、工作能力突出的员工放到更重要的岗位上。

詹氏公司以"三个结合"为前提，积极推进学习型企业建设。

首先，将开展集中学习和坚持经常性学习紧密结合。公司各部门在抓好集体学习的同时，也重视抓好员工个人自学，加大培训力度。例如，每周六进行集中学习，安排丰富多彩的学习内容；同时抓好员工个人经常性学习，通过提交心得的方式进行总结交流，加强对员工个人经常性学习的指导。

其次，将长远规划与近期安排相结合。詹氏公司认为，想要建设学习型企业，这是一项长期任务，因此必须立足当前，着眼长远，有计划、有步骤地加以推进。长远规划主要注重员工综合素质的提高，注重企业及员工发展潜力的提升；而近期安排则更加注重员工业务技能的培养，注重企业及员工服务意识的提升。

再次，将思想发动与行政推动相结合。詹氏公司通过广泛而深入的宣传，吸引全体员工参加，使学习成为员工的"第一需要"。与此同时，公司有关部门根据要求出台学习积分制等相关规定，明确将学习的数量和质量作为考核的重要内容。

詹氏公司以正确处理"四个关系"为重点，稳步推进学习型企业建设。

第一，正确处理教育培训和日常工作的关系。公司认为，教育培训和日常工作在时间上的安排可能会存在一定的冲突，但其在效益上应该是统一的。实际上，今天的学习其实是为了明天更好地工作，但原则上不能影响企业的正常工作。

第二，正确处理务实和务虚的关系。公司领导认为，教育培训应从广义上理解，它既有虚也有实。公司在建设学习型企业时，要虚实结合，学以致用。既要立足于当前，又要着眼于未来，才能使学习培训获得预期效果。

第三，正确处理培养专门人才和复合型人才的关系。在企业发展的过程中，詹氏公司既需要"业有所精"的专业技术人才，也需要"万金油"式的复合型人才，对有发展潜能的技术人才，企业要培养他们向高、精、尖方向发展；而对于具有在交叉岗位工作能力的管理人才，企业则要努力培养他们向宽、博、专方向发展。

第四，正确处理德育培养和才识培训的关系。"德，才之帅也；才，德之资也。"德才兼备，是企业最需要的人才品质。詹氏公司认为，在员工的培训过程中，不仅要考虑业务、技术、技能的培训，更要注重品德、操守、修养的培养。企业既要倡导忠诚于企业、敬业爱岗、乐于奉献、恪尽职守的精神，更要培养员工具有实现目标的真才实学。

詹氏公司正以各种学习型组织为载体，努力在企业内营造浓厚的学习氛围，并且通过各项工作的推进建设，积极探索企业员工的学习之路，从而不断增强企业的竞争力，进而形成具有可持续发展动力的学习型组织。

◆ **实践任务**

以团队为单位，通过阅读以上案例材料，集体研讨以下问题：

（1）詹氏公司为何想要努力打造学习型组织，提高员工学习力？

（2）为提升企业竞争力打造学习型组织，詹氏公司具体做了哪些方面的努力？

◆ **实践指南**

（1）在当前经济发展新形势下，打造学习型城市、学习型机关、学习型企业等观念正在逐步深入人心。对于詹氏公司而言，当前所面临的竞争日益激烈，建设成为学习型企业已是一项不能回避也无法回避的任务。因此，詹氏公司各级管理干部也清楚地认识到，只有在企业内部营造浓厚的学习氛围，才能使公司员工将提升完善自身素质、做强做优企业内化为自觉的愿望与动力，进而从源头上提升企业的竞争力，企业才能在激烈的竞争中获得一定的竞争优势。

（2）为提升企业竞争力打造学习型组织，詹氏公司在探索员工建设之路方面以"三个结合"为前提，以正确处理"四个关系"为重点，积极构建全方位立体式的软硬件环境。"三个结合"，即将公司开展集中学习和坚持经常性学习紧密结合，将长远规划与近期安排相结合，将思想发动与行政推动相结合。"四个关系"包括：正确处理教育培训和日常工作的关系，正确处理务实和务虚的关系，正确处理培养专门人才和复合型人才的关系，正确处理德育培养和才识培训的关系。

◀ **敲黑板：如何提升学习力？** ▶

- 学习不仅是知识的积累，更是智慧的提炼。
- 持续学习，终身成长。
- 学习是心灵的粮食，是智慧的源泉。
- 每一次学习都是一次自我挑战，每一次挑战都是一次自我超越。
- 学习如逆水行舟，不进则退。
- 学习不在于学到多少，而在于能否学以致用。
- 读万卷书，行万里路，都不如阅人无数。
- 学习是点燃智慧的火花，是开启未来的钥匙。
- 顾客是把需求带到我们面前的人，让他们满意，使我们得利，就是我们的职责。

------◀ **思政园地：名人反省学习典故** ▶------

曾子曰："吾日三省吾身：为人谋而不忠乎？与朋友交而不信乎？传不习乎？"这句话体现了他对自我反省的重视。

唐太宗悼念魏徵时说："以铜为镜，可以正衣冠；以史为镜，可以知兴替；以人为镜，可以明得失。"唐太宗以人为镜，广听忠臣建议，把国家治理得繁荣昌盛，开创了大唐盛世。

李白小时候看到一位老婆婆在石头上将一根铁杵磨成针的事迹后，悟出"只要功夫深，铁杵磨成针"的道理，遂发愤读书，终于成为我国最伟大的诗人之一，并被誉为诗仙。

👥 四、修炼巩固

案例题一

看过《射雕英雄传》的人都知道，作为主角之一的郭靖，刚出生时可以说是非常愚钝。

举个简单的例子，一般人一岁半会说话，而郭靖一直到四岁才学会说话。虽然他外表愚笨、忠厚老实，常常被人称为傻蛋。但是，他到后面却学成了绝世武功——九阴真经，还掌握了降龙十八掌、左右互搏、空明拳等独门绝学，并将这些盖世武功进行了系统化。在金庸的描述下，郭靖由一个默默无闻的笨小子一步步成长为一个可以比肩五绝的人，最终成为一个"侠之大者，为国为民"的大侠。

问题：郭靖为什么最后能有如此大的成就？这与他自身的什么品质相关？

案例题二

张立勇因托福考了 630 分而爆红，被清华学生称为"馒头神"。1975 年，张立勇出生于江西赣南一个名叫"獭坑村"的偏僻小乡村，在家里排行老大，下面还有一个弟弟和一个妹妹。

家境清贫的他高中就辍学了，后来在一个亲戚的介绍下，张立勇成为清华大学第十五食堂的一名切菜工，兼卖馒头。行走在清华校园里，他感到甘之如饴。看到莘莘学子忙碌的身影，张立勇被清华大学浓厚的学习氛围给打动了，他下定决心，把英语学好。

于是，张立勇给自己制定了严格的时间规划，每天早上 5 点起来，刷牙、洗脸、跑步，背半个小时英语才去上班。高校食堂的工作十分辛苦，菜墩后、窗口前，一站就是 8 小时，下班后整个人往往都累得腰酸背痛，但张立勇总是以最快的速度回到宿舍，看书学单词到晚上 11 点，然后守在一台老旧的收音机前听英语广播，学发音、练听力，直到凌晨 1 点。

就这样，张立勇平均每天只睡 4 小时。当然作为正常人谁也熬不住一直这样，所以张立勇往往看不了几页就困得睁不开眼。为了克服这个困难，他想到了一个"自虐"的方法，困了就喝一口热水，"烫"走瞌睡虫。

在食堂后厨时，张立勇也没放过任何一个可以学英语的机会。按照食堂规定，在学生开饭之前，食堂员工有 15 分钟的用餐时间，他会在 7 分钟内吃完饭，剩下的 8 分钟就躲在食堂的碗柜旁背英语单词。

除此之外，在周末休息的时候，张立勇会去清华、北大的英语角，站在角落里听学生们交流。

除了学习英语，张立勇还学习了很多本科生的公共课程，学完以后就去参加考试，从自考专科到本科，再到硕士研究生……几年的时间里，他考取了北京大学国际贸易专业专科文凭和南昌大学传播学硕士研究生文凭，英语顺利通过四六级考试，参加托福考试更拿到了 630 的高分，连一同参加考试的清华学生也自愧不如。

清华不允许"扫地僧"默默无闻！张立勇很快成为水木清华 BBS 上经久不衰的热门话题主人公，被师生们称为"清华英语神厨""清华馒头神"。很多考上清华后变得颓废、失去人生目标的学生在他的开导和影响下，重新振作起来，恭敬地称他为"张老师"。

问题：张立勇为什么能被人们称为"馒头神"？其人生经历对你有何启示？

案例题三

在一个祖祖辈辈都是种田人的家庭里，出了一个少年天才——方仲永。他五岁时就能作诗，无论什么样的题目都能出口成章，内容深刻雅致，文采绚丽多姿，一时被乡人传为奇事。然而，方仲永的家庭里没有一个文化人，长到五岁，他还不知道笔墨纸砚是什么模样。

有一天，方仲永突然哭着向家里人索要笔墨纸砚，他的父亲感到非常奇怪，马上从邻居那里借来。方仲永拿起笔便写了四句诗，最后还给这首诗加了一个题目。五岁的方仲永会作诗的事情很快传到了同乡几位读书人耳中，这些读书人都来看方仲永作诗，而且一致认为他写得不错。于是，这件事越传越广，不久，就传到了县里。县里的那些富人非常欣赏方仲永，纷纷邀请方仲永到家里做客，连方仲永父亲的地位也提高了不少。

由于方仲永的父亲可以经常得到那些富人的接济，便认为这是件有利可图的事情，于是放弃了让方仲永上学读书的念头，天天带着他轮流拜访县里那些富人，来博得他们的称赞和奖励。这样方仲永就失去了继续学习的机会，作诗的水平每况愈下。到十二三岁的时候，作的诗比以前逊色了许多，前来与他谈诗的人感到有些失望。到二十岁的时候，他的才华已经全部消失，和一个普通人没有什么不同。很多人都很遗憾，一个"天才"少年，就这样沦落为一个平庸之辈了。

问题：为何方仲永会从一个"天才"少年沦落为一个"平庸之辈"？你对其经历有何想法？

测试题

测试一下你现在的学习力。

（1）除了学校开设课程中的那些书本知识，我还热衷于通过书籍、报纸、电视、网络等方式大量接触和扩充相关知识，包括政治、经济和文化等方面。

（2）我热衷于扩充未来生活和职业发展方向的知识。

（3）我为自己学习。

（4）我对现有知识的学习常常抱着研究的态度。

（5）通常在生活或学习中，我遇到问题时总是想方设法寻找解决问题的办法，不管这个问题与考试是否相关。

（6）在钻研问题的时候，我有坚强的毅力。

（7）我找到了适合自己的学习方法，并且学习效率比较高。

（8）我有很强的自学能力。

（9）我对新事物有很强的兴趣，并尝试了解和发现。

（10）我能利用所学知识去解释和解决生活中遇到的问题，有时候还有新的发现。

阅读以上内容，结合自身情况进行打分，上述内容每项 10 分，满分为 100 分，你认为与你相符的有几项？你的得分是（　　　）。

A．70～100 分，保持目前的学习状况，你必将大有作为。

B．50～70 分，你有很大的空间发展自己，让自己的学习变得更主动积极些，你将会有更好的发展。

C．30～50 分，好好分析自己目前对待学习的状况，将自己的职业生涯目标和现在的学习结合起来，不要仅仅局限在书本知识上。

D．30 分以下，你要强化自己的学习动机，首先要解决自己为什么要学习这个问题，尝试做上面 10 项中你还没做但可以做到的。

项目 2　个人管理能力修炼

👥　一、修炼目标

知识目标

◆ 了解管理及个人管理能力的含义及主要内容。
◆ 掌握提升个人管理能力的常见方法。

能力目标

◆ 使学生具有较强的语言表达能力、沟通能力、抗压能力和个人管理能力。
◆ 培养学生具有良好的执行力，使目标清晰、具体、可落实，能准确独立决策，掌握有效的分享与学习能力。

素养目标

◆ 坚持以学生为中心，培养学生具有良好的个人管理能力。
◆ 坚持以马克思主义为指导，引导学生关注现实问题，培育学生具有德法兼修的职业素养。

👥　二、修炼情境

王宇，是一个懂事听话但学习成绩一直不太理想的学生。自从上大学后，他逐渐意识到，自己与周围同学之间存在较大的差距，因此想通过目标设定这一方式，来提升个人的能力。

在军训过程中，他决定通过设定明确的学习目标来改变现状。于是，他首先分析了自己在学习上存在的问题，确定了主要的提升方向。随后，他根据自身存在的问题制订了一个详细的学习计划，并按照计划每天复习、预习，以及做好笔记。最后，他还设立了一些相对具体的目标，如期末考试提高 10 分等。

王宇严格按照自己设定的目标和计划行动，并不断调整和优化。通过一段时间的努力，他的成绩逐渐提高，取得了显著的进步。

以上案例告诉我们，在学习过程中，个人可以通过目标管理等方式来提升个人管理能力。事实上，良好的个人管理能力不仅可以帮助我们更好地适应纪律，更能够帮助我们在日常生活和学习中取得优秀的表现。因此，我们应该不断学习个人管理的技巧和方法，提升自己的个人能力。

三、修炼内容

1. 工作任务

将全班同学按性别、性格、能力互补情况，每 5～6 人组成一个团队（小组），分别回答以下问题，时间为 6 分钟。

（1）你认为你自身最突出的能力是什么？

（2）作为一名在校学生，你觉得当前你最需要的能力是什么？为什么？

（3）对比急需的能力，你最欠缺的能力是什么？

（4）面对自身劣势，你应该如何提升这些欠缺的能力？

（5）对于自身的个人管理能力，你如何评价？

2. 解决方案

通过回答以上问题，各团队讨论总结启发和感悟，在学习通、雨课堂、钉钉、智慧职教等平台上上传团队讨论结果，要求总结简洁明了，时间为 8 分钟。

3. 教师点灯

◀ 评价要点参考 ▶

● 管理是人类各种组织活动中最普遍和最重要的一种活动。

● 管理是以计划、组织、指挥、协调及控制等职能为要素组成的活动过程。

● 管理包罗万象，渗透在各个领域中，凡是有人群活动的地方，就有管理。上至整个社会、一个国家，下到每个家庭和每个人，都离不开管理。

● 管理可以分为很多种类，如行政管理、社会管理、工商企业管理、人力资源管理、情报管理等。

● 一个地区、一个部门、一个国家的管理能力，主要取决于管理队伍的素质与结构、管理研究与教育的水平，以及管理手段的现代化程度。

● 从实践中学习，从书本上学习，从自己和他人的经验教训中学习，把学习当作一种责任、一种素质、一种觉悟、一种修养，当作提高自身管理能力的现实需要和时代要求。

● 把学习摆在重要地位，学习是提高管理者知识水平、理论素养的途径。

4. 理论指导

1）管理

在中国式管理中，可从字面上理解"管理"的内涵。"管"代表细长而中空的物品，其四周被堵塞，中央可通达；也表示有堵有疏、疏堵结合。其既包含疏通、引导、促进、肯定、打开的意思；又具有限制、规避、约束、否定、闭合的意思。而对于"理"字，其本义为顺玉之纹而剖析，可引申为事物的道理、发展的规律，包含合理、顺理的含义。

二者相结合，管理就被认为是合理地疏与堵的思维与行为。因此，可以将"管理"具体一分为二。管：管人，从人治到法治，再到追求心治。理：理事，即关注正确的事，按照流程实施。

事实上，管理活动始于人类群体生活中的共同劳动，伴随着人类社会的发展而演变。而对于什么是管理，专家和学者们仍然各抒己见，并没有统一的表述。以下列举了管理学界几位著名学者对于管理的理解。

弗雷德里克·温斯洛·泰勒（科学管理之父）指出："管理是将人力、物力、财力和时间等资源有机地组织起来，以达成既定目标的艺术和科学。"在泰勒看来，管理就是指挥他人用最好的办法去工作，这是将员工当作工具的典型代表。

赫伯特·西蒙（诺贝尔奖获得者）对管理的定义是："管理就是制定决策。"他的管理理论主要着眼于理性决策和问题解决，他强调管理者要以科学的方法和系统化思维来分析问题和制定决策。

彼得·德鲁克（现代管理学之父）认为："管理是一种实践，它是通过规划、组织、指导和控制资源，来实现组织目标的过程。"管理涉及统筹规划、组织人力、协调资源、安排工作、监督进程、评估绩效等多个方面。在德鲁克看来，管理是实现组织目标的关键，并且应该在公司的每个级别上被实践和应用。

亨利·法约尔（管理过程学派创始人）在其名著《工业管理与一般管理》中指出：管理是所有的人类组织都有的一种活动，这种活动由五项要素组成：计划、组织、指挥、协调和控制。这是法约尔在管理学理论上最突出的贡献，它奠定了管理学的基础，建立了管理学的主要框架。除此之外，法约尔还根据自己多年的工作经验提出了著名的 14 项管理原则。

这些管理学家的管理思想都对管理学的发展起到一定的促进作用。

基于此，本文将管理定义为，在特定的环境下，一定组织中的管理者通过实施计划、组织、领导、协调、控制等职能来协调他人的活动，使别人同自己一起实现既定目标的活动过程。具体而言，管理的含义可分为狭义与广义两种。广义的管理是指应用科学的手段安排组织社会活动，使其有序进行。而狭义的管理是指为保证一个单位或组织的全部业务活动，而实施的一系列计划、组织、协调、控制和决策的活动。

事实上，管理是人类各种组织活动中最为普遍及最重要的一种活动。近百年来，人们把研究管理活动所形成的基本原理和方法，统称为管理学。

作为最重要的社会活动之一，管理有五个要素，主要如下。

① 管理主体：在管理活动中，承担和实施管理职能的人或组织，包括各级各类领导者、管理者和各种管理机构。

② 管理客体：管理主体直接作用和影响的对象，是管理中的一个重要领域，包括人、物质、资金、科技和信息等资源，在这些资源中，人是最重要的，管理要以人为中心。

③ 管理目标：管理主体预期要达到的新境界，是管理活动的出发点和归宿点，要反映上级领导机关和下属人员的意志。

④ 管理方法：在管理活动中，为实现管理目标，保证管理活动顺利进行所采取的具体

方案和措施。管理的基本方法包括行政方法、经济方法、法律方法和思想教育方法。

⑤ 管理理论：指导管理的规范和理论。

此外，管理还有五大职能，分别为计划、组织、指挥、协调和控制，其中计划是最基本的职能。

对于管理的目标任务，就是在一定的环境条件下，有效地动员和运用组织的各种资源，以实现组织在一定时期的特定目标。具体来说，管理的任务主要有三个：实现组织的特殊目的和使命；创造和维持组织内部良好的工作环境和气氛，使工作富有活力，使员工有所成就；关心组织对社会的影响和承担组织对社会的责任。而管理的意义在于，组织能够更有效地开展活动，改善工作，更有效地满足客户需要，从而提高组织的效果、效率或效益。

2）个人管理与个人管理能力

个人管理主要依据第四代时间管理理论来实现。与以往时间管理理论的不同之处在于，第四代时间管理理论的关键不仅在于时间管理，还在于个人管理。在个人管理中，个体既是管理者，也是被管理者。

对于个人管理，其管理的内容包含多个方面。①时间管理：个人管理的一个重要方面。时间管理需要个体有效利用时间来完成任务和达成目标，提高工作效率，避免浪费时间。②目标管理：个人能够制定清晰的目标，认真考虑如何实现它们，设置具体的成果，并为之着手行动。③情绪管理：个体能够较好地处理自己的情绪、控制情绪及了解如何管理和平衡自己的感受。情绪管理包括认识自己的情绪触发点、应对压力的策略、积极的情绪调节和保持积极心态等。④自我管理：个人管理的另一个重要方面，主要指个体能够很好地维护自己的身体和心理状态，以确保自身身心健康，保持积极的生活态度。⑤效率管理：个体能学会如何高效地、有条理地完成任务，并且能够通过合理地安排时间和任务来提高工作效率。⑥个人成长管理：个体能很好地识别自己的优缺点，并持续学习和不断成长，从而推动自己在职业领域和生活中不断进步。

而所谓的个人管理能力，是指个人在生活和工作中管理自己的行为、时间和资源的能力。通常来说，一个具备良好个人管理能力的人，能够更加高效地利用时间，合理安排并规划任务，从而更好地实现个人目标。而对于个人而言，提升个人管理能力不仅可以提高工作效率，还能提升自律的能力，这对个人发展具有重要意义。

5. 技能点拨

就个人而言，为实现自身全面发展，应努力提升个人管理能力。而提升个人管理能力通常是一个持续的过程，需要从多个方面进行努力。

第一，不断学习，从知识结构上优化与提升。个人的知识结构大体上包含三种类型：专业知识、管理知识及其他相关知识。而只有建立并不断完善知识结构，才能有效地支撑和提升个人能力。事实上，管理能力并非一成不变的，随着企业和市场的发展，个人需要持续学习，从而不断调整和提升自己的管理技能。对于学习，除了阅读经典管理书籍，还可以参加培训、研讨会、网络课程等，以了解最新的管理理念和方法。同时，还要学会借鉴他人的成功经验和教训，不断吸收新的知识，形成自己的管理观念。

第二，注重自我管理。对于个人而言，要想提高个人管理能力，成为一名优秀的管理者，首先要管理好自我。前面提到，自我管理是个人管理的一个重要方面。事实上，自我管理能力是提升管理能力的基础，自我管理包括自我时间管理、自我情绪管理及自我压力管理等方面。因此，要提升个人的自我管理能力，首先要明确自己的目标和任务，并合理安排时间和资源。同时，要培养良好的情绪管理能力，学会调整心态，保持积极的态度。此外，还要学会应对压力，保持身心健康，确保自己能够在工作中保持高效和专注。

第三，培养良好的沟通能力。在一个组织中，如果一个人是一名优秀的管理人员，那么其员工肯定从心底敬佩该管理人员，理解信任他，并且甘心情愿地支持他、服从其管理。反之，就容易出现关系疏远、相互怀疑、猜忌，甚至相互敌视、离心离德的局面。而个人要想成为一名优秀的管理人员，就需要其克服性格孤僻并杜绝与人沟通和交流等方面的问题；要做到善于沟通、相互交流，以达到相互帮助。因为，沟通是人类社会发展的基础和核心，无论是在个人生活还是职场中，沟通都是不可或缺的。今天的社会本来就具有前所未有的开放性，这就要求人与人之间应该有更多的沟通、交流、合作，否则就不能扬长避短，集合大家的力量去完成工作。除此之外，如果个人缺乏一定的沟通能力，那么其在很多场合都很有可能四处碰壁。所以，沟通能力对于个人而言有着非常重要的作用，尤其是对于想提升个人管理能力的人，更应该努力向那些比自身沟通能力强的同志学习，不断提高自身的沟通能力，进而提升自身的个人管理水平。

第四，正确处理好人际关系。当今社会，人与人之间的交往是必不可少的，而良好的人际关系是取得他人信任或与他人融洽相处的前提条件。作为一名优秀的管理者，通常应表现得平易近人、和蔼可亲，这样在与同事交往的过程中，才能更容易获得别人的支持与信任。事实上，在社会生活中，人际关系常常表现为一种感情上的联系和心理上的相互吸引。无论是谁，在社会交往中建立起来的人际关系越好，他的朋友就越多，就越能使自己得到温暖、勇气，从而增加自己的资源，提高自己各方面的能力。

人际关系，作为一种最基本的关系，也可以是一种最复杂的关系。主观上，人们常常想尽善尽美地处理好各种人际关系。但实际上，人们常常因为各种人际关系的纠葛与矛盾而感到烦恼和痛苦。大家都希望自己与周围人的关系是和谐且融洽的，尤其是年轻人，更希望与别人友好相处，获得他人的信任、理解和友谊。然而良好的人际关系的产生往往取决于交往的双方，即一个人不仅能接受他人，同时还能为他人所接受，相互间的关系才会不断发展。否则，就难以继续发展下去。即使个人其他方面的品质再优秀，也很难获得周围人员的认可。

因此，要想提升个人管理能力，还需以平常心待人，学会换位思考，正确处理好与周围人的关系，在人际关系方面多下功夫。

第五，要有良好的思维能力。前面提到，要想提升个人管理能力，必须保持不断学习，而在学习的过程中，个人需要具备一定的思维能力。

关于思维，具体有以下几方面见解。

（1）要有跳出当前自身所处环境的思维，即换位思考，替对方着想。

（2）具有站在不同的角度、高度回头观察的思维。"欲穷千里目，更上一层楼。""会当凌绝顶，一览众山小。"如果能够到山头，就可以在一定程度上提升个人的思维境界，而境界就是高度，站得越高，看得越远，一个人的格局就越大。

（3）具有中庸的思维，即强调平衡与和谐，追求一种理想的中间状态，避免非对即错。

（4）具有适度变化的思维，即学会用发展的观点看问题，事物是在不断变化和发展的，并不是一成不变的。"道可道，非常道"，规律是可以认识的，是可以掌握的，但由于事物随时在发展变化，现在的事物并不是以往已经所认识的事物了。因此要把握规律，就要从时间和空间两个方面不断拓展我们的思维。

（5）培养遵循规律的思维。遵循规律意味着要按照一定的规则或原则行动或决策。这表明人们认识到并尊重存在于世界中的普遍规律，并试图根据这些规律行事。

对于个人而言，要想提升个人管理方面及自身其他方面的能力，除了需要改变个人以往固有的惯性、常规、单一思维模式，还需在学习与工作中合理运用上述的多种思维方式，具备全方位思维。而个人要具备全方位思维，既要拥有一定的宏观思维，又要具备微观思维，很多时候还要具有中庸的思维。除此之外，不断挖掘自己的潜意识思维和拓展有意识思维，更好地运用直接性和间接性思维，综合学会运用动作思维、形象思维、反向思维、无声思维、通讯思维、指导性思维和创造性思维等。简单而言，就是要求人们要最大限度地放开自己的想象力，不拘泥于已有和惯用的思维模式，具备良好的思维能力。

6. 企业实践

◆ 实践背景

在华为公司，每年年初，每位员工都需要根据上一年的工作情况制定绩效目标，然后根据这个目标由主管对其进行不定期的辅导、调整。考察目标完成的情况和存在的问题，在年中六七月时回顾和反馈，最后才是年底的评估考核，并将绩效结果和激励机制挂钩。

任正非强调，一定要真正地实行量化考核。"我们问一个干部，这个员工好不好？如果干部回答说他还不错，这就说明这个干部本身就不合格。在干部提拔过程中，需要用数据来衡量，只有用数据说话，才不会冤枉一个人，也不会乱提拔一个人。凭着感觉说话，不是拉帮结伙，就是糊里糊涂。评价一个干部，要用真实数据看这个干部是不是会做，是不是踏踏实实认真去做。"

而对于某一干部关键时间的过程行为评价，华为都有相关评定的依据。"从不同层面主观上去看那些关键时间的过程行为，或者有意让其在一些关键时间中去锻炼，在锻炼中得出过程行为评价的结果，它和干部的薪酬是直接挂钩的。"

针对目标完成结果的考核，企业中高层管理者年底目标完成率低于80%的，正职要降为副职或者给予免职；对于年度各级主管PBC完成情况最差的10%要降职或者职位调整，且不能提拔副职为正职；对于业绩不好的团队成员，原则上不能提拔为干部；对于具有重大过失的管理者，就地免职；被处分的干部一年内不得提拔，更不能跨部门提拔；关键时间过程行为评价不合格的干部也不得提拔。

任正非表示，这是公司内部人力资源管理的一些变革，可以很好地整合企业的人力资源管理体系及干部培养和选拔的体系，使得公司做任何事情都有章可依、有法可循。

华为的绩效管理强调以责任结果为价值导向，力图建立一种自我激励、自我管理、自我约束的机制。希望通过管理者与员工之间持续不断设立目标、辅导、评价、反馈，实现绩效改进和员工执行能力的提升。

任正非表示，华为实行的是"小改进大奖励，大建议只鼓励"制度。因为他认为，能提大建议的人已经不是一般的员工了，也不需要奖励；而一般员工提大建议，任正非也不提倡。通常，企业大的经营决策要有阶段稳定性，不能每个阶段大家都不停地提意见。而任正非鼓励企业员工工作上能不断有小改进，如果将每个缺憾都弥补起来，那么华为的整体执行力也就有了较大进步。

任正非提倡，华为员工一定要从小处着手，一点点地进步，把小事情都执行到位，而不是只关注大问题、大方向。他说："我经常看到一些员工给公司写的大规划，但我都把它们扔到垃圾桶里去了。而那些在自己 IDE 管理岗位上进步和提高了自己工作效率的同志，如果这时候向我提建议和批评，我倒是很愿意听的。把生命注入到管理口去，不是要你去研究如何赶上 IBM，而是研究你在某个管理环节上是如何做到全世界最优的，然后踏踏实实地进行管理上的改进，这样公司才会有希望。而现在，公司说空话的人比干实事的人多，幼稚的干部比成熟的干部多。所以，要把生命理解成一种灵魂和精神，就是要将这种灵魂和精神注入到管理中去。"

"我们华为公司因为迫切需要大量的干部能够参加到我们的大发展中去，所以我们才坚持以'小改进'这种方法来改善我们干部的工作方法与作风。当我们每个干部都只会唱高调，不会集体干活时，我们这个公司就被掏空了，这种局面就很危险。"

华为内部曾经流传着这样一个故事：以前有一个新员工，进入公司后，觉得这里也不行，那里也不好。于是，给任正非写了一封关于公司经营策略建议的"万言书"。任正非看后批复建议辞退。

因此，华为有一条不成文的惯例——小改进大奖励，大建议只鼓励。

"小改进大奖励"即员工不断归纳、综合分析，坚持一点点地改进工作，一旦工作有一点点小进步，就会得到奖励。任正非指出，要坚持"小改进大奖励"，这会提高员工的本领，提高员工的能力，提高员工的管理技巧，员工一辈子都会受益。"小改进大奖励"中重要的是"小改进"。任正非希望华为员工不要太关注"大奖励"，"我们现在要推行的是任职资格考评体系，因此你的每一次'小改进'，都向任职资格逼近了一步，对你的一生而言将是大奖励，能够让你受用一辈子，它将给你永恒的前进动力。我们坚持'小改进'，就是希望能使我们身边的工作不断地优化、规范化、合理化。"

◆ **实践任务**

以团队为单位，通过阅读以上案例材料，集体研讨以下问题：

（1）上述材料中，任正非为何一直强调"小改进大奖励"，该理念对于华为公司的发展起到了什么作用？

（2）华为为提高员工能力都做了哪些方面的努力？

◆ **实践指南**

（1）坚持"小改进大奖励"，可以很好地提高员工的本领、能力及管理技巧，这对于企业员工而言一辈子都会受益。而"小改进大奖励"这一理念重要的是"小改进"，因为任正非希望华为的员工在工作的过程中不要太关注"大奖励"，而应该不断坚持工作上的"小改进"，这能使工作不断地优化、规范化、合理化，从而使企业的整体执行力也有更大的进步。

（2）第一，华为的绩效管理强调以责任结果为价值导向，力图在企业内部建立一种员工自我激励、自我管理、自我约束的机制。希望通过在企业管理者与员工之间持续不断设立目标、辅导、评价、反馈，实现绩效改进和员工执行能力的提升。第二，华为坚持实行"小改进大奖励，大建议只鼓励"的制度。"小改进大奖励"即企业员工在工作的过程中不断归纳、综合分析，一点点地改进工作，一旦工作有一点点小改进，就会得到奖励。任正非提倡，华为员工一定要从小处着手，坚持一点点进步，努力把小事情都执行到位，而不是只关注大问题、大方向，这样才能使工作不断优化、规范化、合理化，进而促进企业的整体发展。

◁ **思政园地：自我管理** ▷

自我管理是个人成功的关键，强调内因的主导作用。商务人士要想取得成功，就必须将自身置于国家和社会这一更大的系统中，不仅要能够"独善其身"，还要有"兼济天下"的家国情怀、勇于承担责任的创业精神和贡献意识。自我管理技能一般用形容词描述，如诚实、正直、大度、耐心、细致、认真、负责、诚恳、真诚等。

四、修炼巩固

案例题一

在西门子公司里，有个口号是"自己培养自己"，该口号反映出公司在员工管理上的深刻见解。

和世界上其他所有的顶级公司一样，西门子公司也把企业员工的全面职业培训和继续教育列入公司战略发展规划，并认真地加以贯彻实施。但实际上，他们所做的并非止于此。他们把相当多的注意力放在了激发公司员工的学习愿望、营造环境让员工承担责任，并使员工在创造性的工作中体会到成就感上。同时，公司引导员工不断地进行自我激励，以便能和公司共同成长。这种理念能够贯彻的前提就是，经过挑选的员工绝大部分都是优秀的，而且公司也正是因为有了这些优秀的员工，获得了业绩和其他利益的增长。

问题：为什么西门子要提出这样的口号？这对员工及企业有什么好处？

案例题二

在学校的一次管理课程上，教授在桌子上放了一个罐子，然后又从桌子下面拿出一些正好可以从罐口放进罐子里的"鹅卵石"。石块全部放完后，教授问他的学生："各位你们说，这罐子现在是不是满的？"

"是。"所有的学生几乎异口同声地回答。"真的吗？"教授笑着问。随后，他从桌底下又拿出一袋碎石子，把碎石子从罐口倒下去，摇一摇，再加一些，再问学生："那你们说，这罐子现在是不是满的？"这次，他的学生不敢回答得太快。最后，班上有一位学生怯生生地细声回答道："也许没满。"

"很好！"教授说完后，又从桌下拿出了一袋沙子，慢慢地倒进罐子里。倒完后，再次询问班上的学生："现在你们告诉我，这个罐子是满的，还是不满的？"

"不满的。"全班同学学乖了，大家都很有信心地回答说。"好极了！"教授再一次称赞这些"孺子可教"的学生们。称赞完了后，教授从桌底下拿出一大瓶水，把水倒在看起来已经被鹅卵石、小碎石、沙子填满的罐子中。这些事都做完之后，教授正色问他班上的同学："我们从上面这件事情可以得到什么重要的信息呢？"

班上一阵沉默，然后一位学生回答说："无论我们的工作多忙，行程安排得多满，但如果再逼一下的话，还是可以多做些事的。"

教授听到这样的回答后，点了点头，微笑道："答案不错，但这并不是我想要告诉你们的重要信息。"说到这里，这位教授故意顿住，用眼睛向全班同学扫了一遍说："我想告诉各位的最重要的信息其实是……"

问题：你觉得教授想通过这些行为表达什么想法？这则故事给我们带来了什么启示？

案例题三

从前，有这样一个小伙子，他生性暴躁，经常难以控制自己的情绪。

因此，他的老父亲就要求儿子，如果日后有控制不住自己情绪的时候，就到后院的墙板上钉上一颗钉子，等情绪稳定后再将钉子拔起来。

于是，小伙子便遵从父亲的指示。最开始，他一天甚至会钉上 30 颗钉子，但是当小伙子每次要将钉子拔出时便深深感觉到，拔钉子要比钉钉子花费更多的力气。于是，他慢慢地开始控制自己的情绪，从而减少钉钉子的机会。渐渐地，小伙子从每天钉 30 颗钉子减少到 15 颗，一直到再也不去后院钉钉子了。

后来，老父亲带着小伙子来到后院，指着满目苍夷的墙板说："当我们情绪失控时，说的话其实就像在别人心上钉钉子，后面即使拔出了钉子，但是伤痕依旧累累难以恢复。"

问题：我们为什么要对自己的情绪进行管理？如果想控制好自己的情绪，你认为有哪些有效的方法？

案例题四

美国人布芬在年轻的时候，非常懒惰，整天就只知道吃喝玩乐。人们认为这个人因为生活在富裕之家，所以养成了浪荡公子的习性，一辈子都只能碌碌无为了。面对人们的指责，布芬决心痛改前非，立志在科学研究领域做出一番事业，但人们对他的志向也只是付之一笑。

为了实现自己的人生目标，布芬决定改掉自己爱睡懒觉的毛病。为了使自己早起，他要求佣人在每天早上六点以前叫醒他，并保证让他准时起床，只要任务完成得好，佣人就可以额外地获得一笔小费。

但是，当早上佣人叫醒他的时候，他却装病不起来，还生气地骂佣人打搅了他睡觉。随后，当他起床时发现已经是上午十一点了，他大发雷霆，训斥佣人没有及时把他叫醒。这样一来，佣人决意拉下脸来，强迫他起床。

有一次，布芬赖在床上，无论如何也不肯起来。佣人立即端来一盆凉水，泼进了他的被窝，这一办法立刻见效，并且屡试不爽。最终，在其佣人的督促下，布芬终于养成了早起的好习惯。从此，他坚持每天从早上九点工作到午后两点，又从下午五点工作到晚上九点，日复一日，年复一年，坚持了四十年从未间断过。后来，他完成了巨著《自然史的变迁》，最终成为一名享誉国内外的作家。

问题：你认为布芬为何能从"浪荡公子"变成一位享誉国内外的作家？他的故事给我们带来了什么启示？

管理能力测试题

阅读以下题目，根据自己的判断做出选择。

今天你穿了件自认为非常得体的衣服却遭到众人的非议，你将（　　　　）。

A. 立即换掉　　　　　　　　　　B. 明天再换

C. 明天接着穿　　　　　　　　　D. 以后再也不穿

测试结果：

选择 A：你注重他人对自己的看法，相信团队的力量是事业成功的核心，对别人的指正能够快速接纳并付诸实践，但你的随从意识过强，往往会使企业管理陷入困境。

选择 B：你能善意地接受他人的意见，并会结合自我观点冷静思考，你做事有说服力，能够为员工提供更多的发展机会，是位让人信服的出色管理者。

选择 C：在商业竞争中你能够雷厉风行、抢夺商机，但做事易独断专行的你不愿接受任何不同于自己的意见，这不免会造成企业内部管理上的瘫痪。记住"主外还得能安内"!

选择 D：你有为事业成功甘愿放弃一切的精神。作为管理者，你为人处事力求完美，因此自己与他人备感劳累，长此以往不免会造成团队中优秀员工的流失。

实训题

以团队为单位，利用周末时间采访三位企业管理人员，草拟一份简要的采访报告，内容包括他们所从事的行业、在企业中的职位、岗位的工作内容或工作职能、胜任该工作所必备的管理技能等情况。采访结束后，提交相应的采访报告，并对采访结果在课堂上进行详细汇报。

参 考 文 献

[1] 李德建. 商务礼仪与职业素养[M]. 北京：中国财政经济出版社，2018.

[2] 黄磊. 职业素养[M]. 北京：中国人民大学出版社，2024.

[3] 孙参运，范方舟. 商业文化与素养[M]. 2 版. 北京：高等教育出版社，2021.

[4] 张淑英. 商务礼仪与职业素养[M]. 杭州：浙江大学出版社，2021.

[5] 肖剑锋. 营销素养训练——团队与个人管理实务[M]. 北京：中国财政经济出版社，2023.

[6] 周方遒. 思想政治教育视域下大学生积极社会心态培育研究[J]. 渤海大学学报（哲学社会科学版），2018（03）：126-130.

[7] 赵志君. 新时代大学生积极社会心态培育研究[D]. 武汉：武汉理工大学，2018.

[8] 高祖原. 基于核心竞争力的中国企业跨国并购研究：以中国联想收购 IBM PC 全球业务为例[D]. 武汉：华中农业大学，2013.

[9] 卢思宇，杨俊凯. 基于利益一致性的国际商务谈判让步策略研究——以吉利收购沃尔沃为例[J]. 现代商业，2022（28）：45-47.

[10] 李浚，张敖. 互联网企业内部控制问题研究——以腾讯和老干妈乌龙事件为例[J]. 现代营销（下旬刊），2022（7）：99-101.

[11] 方明亮，刘华. 商务谈判与礼仪[M]. 北京：科学出版社，2011.

[12] 张幸花，李冬芹. 推销与商务谈判[M]. 大连：大连理工大学出版社，2019.

[13] 余柏，陶雪楠. 新编实用谈判案例详解与应用[M]. 哈尔滨：哈尔滨出版社，2014.

[14] 胡善林. 先做朋友后做销售[M]. 北京：中华工商联合出版社，2018.

[15] 王蓉晖. 社交礼仪与形象设计[M]. 北京：企业管理出版社，2007.

[16] 文心，凡禹. 你的形象价值百万[M]. 上海：立信会计出版社，2011.

[17] 杨扬. 形象的力量：价值百万的商务礼仪与沟通[M]. 北京：人民邮电出版社，2012.

[18] 阮喜珍，张明勇，从静，等. 商务礼仪与沟通技巧[M]. 北京：人民教育出版社，2022.

[19] 刘志敏. 演讲与口才实用教程[M]. 北京：人民邮电出版社，2017.

[20] 童革. 表达与沟通能力训练[M]. 北京：高等教育出版社，2021.

[21] 杜鹃. 专业沟通与表达[M]. 北京：中国纺织出版社有限公司，2022.